Obras Selectas 11

Enrique
DUSSEL
Filosofía de la Liberación

Esta Edición ha sido auspiciada y declarada de interés cultural por la
SECRETARÍA DE CULTURA DE LA NACIÓN (R.S.C. Nº 3151/11)

Ilustración de Tapa

El encadenado se libera

Enrique DUSSEL

Filosofía de la Liberación

EDITORIAL DOCENCIA
BUENOS AIRES - ARGENTINA

Dussel, Enrique
Filosofía de la Liberación-Obras Selectas XI- 1ª ed.
- Buenos Aires : Docencia, 2013.
  286 p.

  1. Filosofía. 2. Estudios Literarios. I. Título.
  CDD 190

Agüero 2260 (1425) Buenos Aires Tel.: 4805-8333 / 8434
Web: http://www.hernandarias.edu.ar

«No hay paz,
hasta rompen las flores»

(Susana, mi hija de nueve años)

A los pueblos del Tercer Mundo
que vencen el fraticidio.

A la mujer campesina y proletaria
que soporta el uxoricidio.

A la juventud del mundo entero
que se rebela contra el filicidio.

A mis alumnos estudiantes de
la Universidad Nacional de Cuyo.

Biblioteca Testimonial Del Bicentenario

Dirección: Eugenio Gómez de Mier

Academia Nacional de la Historia

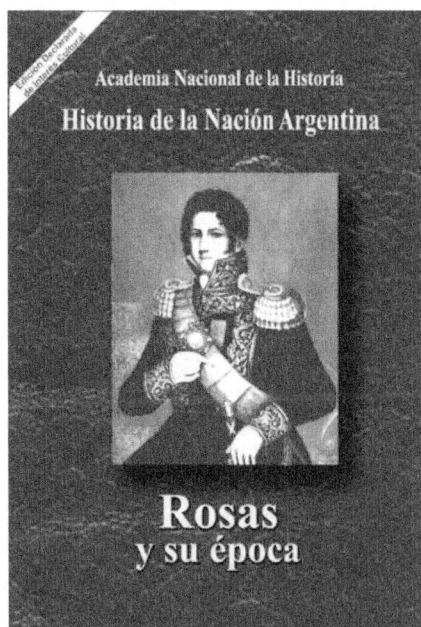

Historia de la Nación Argentina

Índice

FILOSOFÍA DE LA LIBERACIÓN

Biblioteca Testimonial Del Bicentenario

Dirección: Eugenio Gómez de Mier

Academia Nacional de la Historia

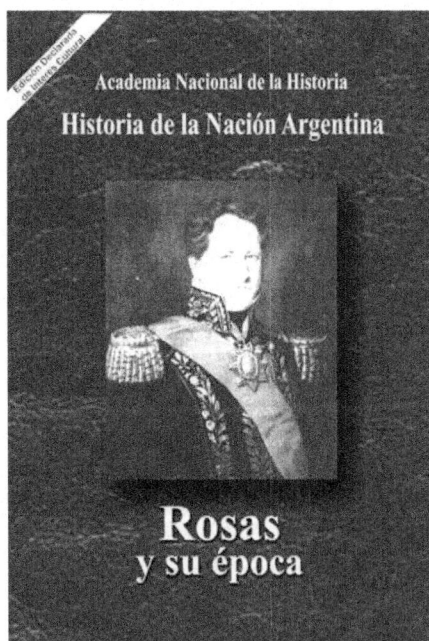

Academia Nacional de la Historia

Historia de la Nación Argentina

Rosas
y su época

Historia de la Nación Argentina

Aclaraciones

En este volumen de las *Obras Selectas* se han incluido dos trabajos.

El primero de ellos, un estudio o presentación de la corriente de pensamiento denominada *Filosofía de la Liberación,* escrita por un grupo de participantes de la maestría en filosofía de la Facultad del mismo nombre de la Universidad Nacional Autónoma de México, en un seminario sobre Historia de la Filosofía en América Latina y el Caribe. También hemos incluido para esta edición una *Bibliografía* actualizada de las principales publicaciones realizadas por los autores de esta corriente de pensamiento.

El segundo de ellos es la obra denominada *Filosofía de la Liberación,* en la que por primera vez se expusieron las líneas generales de tal estilo filosófico crítico latinoamericano. El trabajo tiene sus respectivas introducciones a las que el lector puede remitirse.

La obra abre el camino a una nueva generación filosófica, a un movimiento crítico de pensamiento latinoamericano que ha crecido en los últimos años. Es entonces como un *Manifiesto filosófico* que no pierde su actualidad mientras haya víctimas de la injusticia, y por desgracia y debido a la condición humana, nunca dejará de haberlas en algún campo, sistema o aspecto de la vida singular, social, política o económica. Es un inevitable tema local y mundial.

Prof. Dr. Enrique Dussel
México, Diciembre 2012

Biblioteca Testimonial Del Bicentenario

Dirección: Eugenio Gómez de Mier

Academia Nacional de la Historia

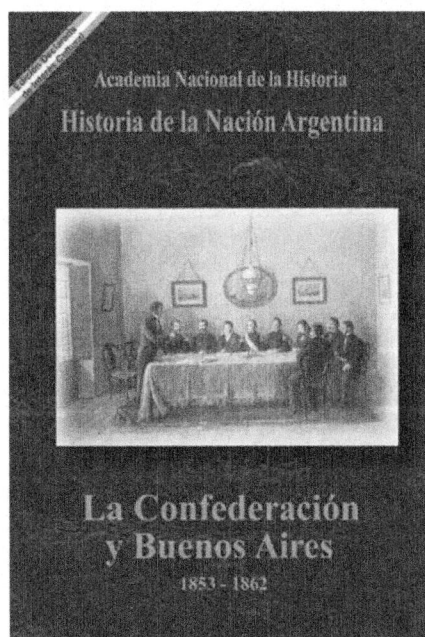

Historia de la Nación Argentina

Palabras Preliminares a la Quinta edición

Esta pequeña obra escrita en 1975, cuatro años antes que el conocido libro de Lyotard definió la filosofía de la liberación como una «filosofía postmoderna», ha tenido en las sucesivas ediciones pocas correcciones. No he querido introducir modificaciones fundamentales que hubieran expresado mi posición actual, porque le haría perder su carácter. Tal como se imprime es ya un texto para mí mismo histórico y al que debo respetar como lector.

Mis obras recientes, y una *Etica de la Liberación* en preparación, subsumen el paradigma de la conciencia expresada en esta obra desde un paradigma lingüístico, pragmático, con más clara conciencia de la materialidad y de la criticidad. El pensamiento de un Nietzsche, Foucault o Welsch serán incorporados desde los supuestos de esta obra. La filosofía de la liberación expuesta en estas páginas de 1976 creo, sin embargo, son el anticipo de posiciones actuales, y muestra que apuntó correctamente la superación de una razón totalizada, ontológica, desde la exterioridad de las víctimas. Las víctimas no constituyen sujetos metafísicos, sino movimientos sociales que aparecen en las coyunturas históricas. El pensamiento europeo y norteamericano, e igualmente el latinoamericano, en sus diversas vertientes y durante las dos últimas décadas, fue presagiado en intuiciones claras contenidas en esta obra.

El lector, entonces, debe situarla en el contexto latinoamericano y mundial a mediados de la década de los 70, como síntesis de cinco años de producción de filosofía de la liberación, que hoy crece no sólo en América Latina sino en África y Asia, y tiene jóvenes cultores, profesores críticos, en Austria, Alemania, Italia, España, Estados Unidos o Canadá.

Prof. Dr. Enrique Dussel
México, 1996

Biblioteca Testimonial Del Bicentenario

Dirección: Eugenio Gómez de Mier

Academia Nacional de la Historia

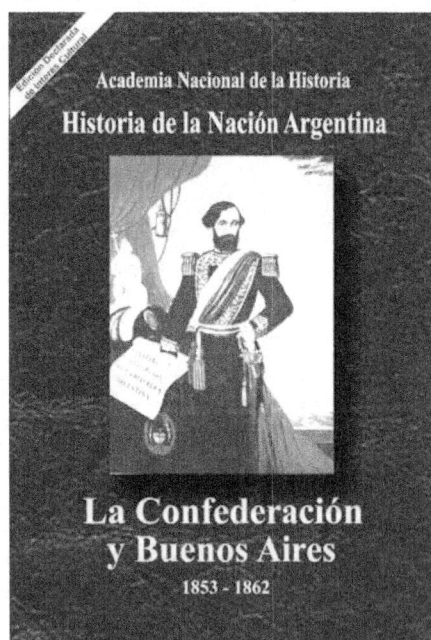

Academia Nacional de la Historia

Historia de la Nación Argentina

La Confederación
y Buenos Aires
1853 - 1862

Historia de la Nación Argentina

Palabras Preliminares a la Primera edición

Lo que sigue va dirigido al que se inicia en filosofía. Por ello este corto trabajo, sin bibliografía alguna, porque los libros de mi biblioteca están lejos, en la patria argentina, escrito en el dolor del exilio, quiere ser sentencioso, casi oracular. No pretende ser una exposición completa, sino más bien un discurso que va trabando tesis tras tesis, propuesta tras propuesta. Es sólo un marco teórico filosófico provisorio.

Escrito desde la periferia para hombres de la periferia, sin embargo, se dirige también al hombre del centro, como el hijo alienado que protesta contra el padre que se va haciendo viejo; es decir, el hijo se va haciendo adulto. La filosofía, patrimonio exclusivo del Mediterráneo, desde los griegos, y en la edad moderna sólo europea, comienza por primera vez su proceso de mundialización real. Por ello, este marco teórico filosófico o conjunto de simples tesis para permitir pensar de un cierto modo, quisiera iniciar un diálogo mundial de la filosofía. Parte, es evidente, de la periferia, pero usa todavía el lenguaje del centro. No puede ser de otra manera, como el esclavo que habla la lengua del señor cuando se rebela, o la mujer que se expresa sin saberlo dentro de la ideología machista cuando se libera.

Filosofía de la liberación, filosofía postmoderna, popular, feminista, de la juventud, de los oprimidos, de los condenados de la tierra, condenados del mundo y de la historia.

Prof. Dr. Enrique Dussel
México, 1976

Biblioteca Testimonial Del Bicentenario

Dirección: Eugenio Gómez de Mier

Juan Manuel Beruti

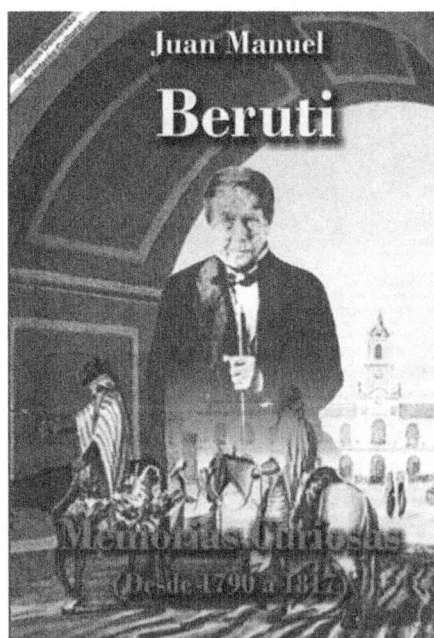

Memorias Curiosas I

Introducción

La Filosofía de la Liberación

N.L. Solís Bello Ortiz, J. Zúñiga, M.S. Galindo
y M.A. González Melchor

La filosofía de la liberación latinoamericana es un movimiento filosófico y, como todo *movimiento*, surge en una coyuntura histórico-mundial de la que los mismos actores frecuentemente no tienen clara autoconciencia.

Origen del movimiento

Como la fenomenología con Husserl o el existencialismo con Sartre, la filosofía de la liberación es fruto de una generación, tiene como núcleo a algunos filósofos cuya referencia es inevitable, aunque se constituyeron corrientes o estilos diferentes en su interior. Con los años los actores que siguen produciendo filosofía de la liberación se han ido decantando y el panorama es más claro. El acontecimiento fundador debe situarse a finales de la década de los sesenta, en una situación de crisis filosófica, cultural, política y económica de contornos explosivos, que parte de la experiencia del '68 (en París, en Berkeley, en Tlatelolco en México o en el Cordobazo de Argentina). De cierta manera la filosofía de la liberación es una herencia filosófica del '68.

Globalmente es el surgimiento en la periferia de un pensamiento crítico que se desarrollará hasta el presente. Se trata de la toma de conciencia de la realidad en el mundo periférico, en el horizonte de los países que fueron colonias de Europa, donde las ciencias en general, y las ciencias sociales y la filosofía en particular, tuvieron igualmente un carácter colonial, de repetición del horizonte categorial y metódico de las ciencias metropolitanas. Se trataba de una *ruptura epistemológica* de mucho mayor alcance que el imaginado por L. Althusser al exponer el tema —era una ruptura con Althusser mismo, por otra parte. Esta toma de conciencia se fue dando en toda la periferia: en Asia, en África y en América Latina —en esta última *antes* que en las restantes regiones nombradas y dentro de un discurso estrictamente filosófico, y aún antes del movimiento posmoderno, cuyo origen puede ser situado solamente desde 1979, con la obra de Lyotard.

Así, en India, en la década de los setenta (1973, aproximadamente), Ranajit Guha, un historiador marxista que se inspira en M. Foucault, comienza a interpretar la historia de su continente con nuevas categorías. Con el tiempo se denominará Subaltern Studies el grupo formado en torno a él (véase Spivak, G., 1989). Se trata entonces de una crítica epistemológica ante el monopolio hermenéutico de Estados Unidos y Europa respecto de la ciencia histórica. De la misma manera, en África, un Poulin Hountondji escribe su obra *Critique de l'éthnophilosophie* en 1977 (Hountondji, 1977), en la que muestra que la interpretación de P. Tempel (Tempel, P., 1949) sobre el material etnológico bantú no era una filosofía propiamente *africana*, sino estrictamente europea en cuanto a las preguntas y respuestas filosóficas. Se necesitaba una nueva visión desde la periferia africana, para poder expresar una «filosofía bantú». Por su parte, Edward Said, el pensador árabe-palestino, emprenderá una tarea descolonizadora fundamental —desde la literatura francesa primero y desde la anglosajona después— en su obra de 1978 *Orientalism. Western conceptions of the Orient* (Said, E., 1990). Obsérvese que las fechas son posteriores al surgimiento de la filosofía de la liberación, que comienza formalmente a finales de 1969 y se hace presente ante la comunidad filosófica con la ponencia de E. Dussel «Metafísica del sujeto y liberación» en el II Congreso Nacional de Filosofía en Córdoba, Argentina, en 1971 (véase Dussel, E., 1971).

La filosofía de la liberación es entonces el primer movimiento filosófico que comienza la descolonización epistemológica de la filosofía misma, desde la periferia mundial, criticando la pretensión de universalidad del pensamiento moderno europeo y norteamericano situado en el centro del sistema-mundo. En el momento de su nacimiento, ni sus creadores ni sus críticos tuvieron conciencia de este significado mundial, que cobra más sentido, que nunca al inicio del siglo XXI (véase Dussel, E., 2008).

Antecedentes

La filosofía de la liberación es el caldo de cultivo de la tradición de los estudios historiográficos de la llamada filosofía latinoamericana. Puede interpretarse como una corriente que cobra autonomía allá por 1969, por razones que explicaremos resumidamente.

El grupo generacional de 1950-1960 (véase Beorlegui, C., 2004, *El pensamiento filosófico latinoamericano*, pp. 557 ss.)[1] comenzó a estudiar la historia del continente y a los filósofos latinoamericanos una vez terminada la segunda guerra mundial. Leopoldo Zea, en México; Arturo Ardao, en Uruguay; Francisco Romero, en Argentina, etc., presentaron la primera visión de la historia de la filosofía por países, y comenzaron a efectuar una interpretación de conjunto, lo que supuso aglutinar la inmensa obra realizada por la filosofía de numerosísimos autores, desconocida antes en su significación latinoamericana. Todo esto culminó en la necesidad de hacer un balance, al final de la década de los sesenta, del logro alcanzado en veinte años de trabajo. Se imponía hacer la interpretación del material encontrado y expuesto y, acto seguido, la exigencia de descubrir un sentido. De todas maneras se hacía evidente que el carácter general de la filosofía latinoamericana desde la invasión europea de 1492 tuvo siempre una fisonomía colonial, aunque inevitablemente con un rostro propio. Filósofos autóctonos aplicaban lo aprendido en el centro metropolitano (Europa y después Estados Unidos) a las situaciones correspondientes de la realidad de América Latina. Había una actitud ambigua. Por una parte, casi todos los miembros de esa generación se sentían parte de la cultura occidental (miembros de la comunidad filosófica criolla

---

1. Remitimos a la excelente descripción de todo este tema en la obra nombrada, pp. 557-895, para un estudio más detallado donde se trata esta generación, la de la filosofía de la liberación, y de sus posteriores derivaciones y debates.

de la ciudad letrada), pero, por otra parte, reclamaban el derecho a la autonomía y a la originalidad. Esta generación hizo posible el surgimiento de la filosofía de la liberación.

Quizá la culminación de ese proceso fue la polémica entre los miembros del grupo mismo (que conocían la historia de la filosofía latinoamericana, no como los que la criticaban ignorándola) sobre la existencia o no de una filosofía latinoamericana original y auténtica. La pregunta la lanzó Augusto Salazar Bondy con su obrita publicada en 1968: *¿Existe una filosofía de nuestra América?* (Salazar Bondy, A., 1968), a la que L. Zea responde, en 1969, con *La filosofía como filosofía sin más* (Zea, L., 1975).[2] La polémica es ciertamente el antecedente inmediato filosófico latinoamericano del origen de la filosofía de la liberación. Cabe destacar que L. Zea muestra con razón que los filósofos que pensaron en América Latina eran —inevitablemente en tanto que pensaban lo propio— filósofos auténticos y originales. Sin embargo, lo hacían con un cierto estilo colonial, en el sentido de que se inspiraban y usaban a los filósofos europeos o norteamericanos como la autoridad que justificaba sus conclusiones. Salazar Bondy, en cambio, se situaba desde el contexto sociopolítico y económico de la cultura latinoamericana. En la medida en que fuéramos coloniales o dependientes desde un punto de vista cultural, económico y político, lo seríamos igualmente en el nivel epistemológico, y por ello no podíamos pensar auténticamente, porque la realidad misma pensada no era genuina en tanto que estaba negativamente determinada como dominada. Pero, además, tampoco había alcanzado una independencia filosófica suficiente para pensar no como comentaristas o como los que aplicaban filosofías del centro en la periferia, sino como quienes comenzaban a pensar metódicamente y de manera autónoma desde su propia realidad sociohistórica.

---

2. Véanse sobre la polémica los dos artículos de E. Dussel: «El proyecto de una filosofía de la historia latinoamericana» —sobre la posición de L. Zea respecto a A. Salazar Bondy—, y «Augusto Salazar Bondy y el origen de la filosofía de la liberación» (Dussel, E., 2007c, pp. 56-79).

L. Zea es un representante de la tradición filosófica latinoamericana con autoconciencia de su historia. Salazar Bondy tiene, además, la clara conciencia de la *negatividad* de la filosofía latinoamericana en el horizonte de una «cultura dominada». La filosofía de la liberación podía surgir a partir de ambos presupuestos (pero no era todavía ninguno de ellos en sentido estricto): a] Asumiendo como propia la historia de la filosofía latinoamericana; b] Más allá de la *negatividad* conocida, y c] Comenzar a pensar positiva y filosóficamente, no sólo la dominación y sus efectos como punto de partida, sino la realidad del proceso de la liberación posible, lo que exigía nuevo método y categorías filosóficas. El tema era así la *positividad* misma del proceso de liberación, que era pensado por primera vez desde una filosofía que iba descolonizándose incluso en la reflexión crítica misma y desde la periferia poscolonial —que con la revolución cubana comenzaba igualmente a dar signos de un despertar histórico creciente, cuyo desarrollo *positivo* no se presentaría sino hasta el siglo XXI, gracias a otros procesos políticos e históricos recientes. La larga senda hacia la segunda emancipación latinoamericana (meta en el largo plazo de la filosofía de la liberación), cuyos peldaños son las revoluciones contemporáneas: la cubana (1959), a la que le seguirá la revolución democrática socialista de Allende (1970), y posteriormente continuará con la revolución sandinista de 1979, la zapatista de 1994, la bolivariana de 1999, la boliviana en 2006, la paraguaya de 2008, y otras tantas movilizaciones populares, que serán hitos que la filosofía de la liberación tendrá como referencia e inspiración, y con los que se comprometerá en una militante reflexión estrictamente filosófica.

Mientras tanto, se habían dado muchos factores que permitieron el surgimiento del nuevo movimiento filosófico. En primer lugar, *epistemológicamene*, el enunciado de nuevas interpretaciones socioeconómicas posteriores a la etapa de los gobiernos nacionalistas (desde 1930 hasta 1954, fecha esta última que indica el comienzo de la intervención norteamericana en América Latina, con el golpe de estado de Castillo Armas contra Jacobo Arbenz). La Cepal de la época, bajo la dirección de Raúl Prebisch, ayudaba en la tarea interpretativa novedosa de la economía.[3] En una reunión en Buenos Aires entre sociólogos, economistas y filósofos (entre ellos E. Dussel), gracias a las obras de O. Fals Borda (*Sociología de la liberación*) y de Camilo Torres en sociología; de la *Pedagogía del oprimido* (1968) de Paulo Freire, se debatió sobre la importancia de la dialéctica «dependencia-liberación».[4] Surgió así la primera idea de una ética, de una filosofía práctica de la liberación más allá del mero comentario de los filósofos europeos. Había que supe- rar la ontología hegeliana y heideggeriana. Pero, ¿cómo podía hacerse?

En efecto, filosóficamente en ese momento la fenomenología en su vertiente husserliana o heideggeriana tenía en Argentina una cierta hegemonía. Esta tradición —que en esto fue un factor positivo— permitió efectuar una primera recepción de las tesis de la Escuela de Frankfurt (por medio de Osvaldo Ardiles, H. Assmann y otros). Los acontecimientos del '68 popularizaron la obra de H. Marcuse, que sugirió ya el concepto de «liberación». *El hombre unidimensional* (Marcuse, H., 1968)[5] politizó la ontología y permitió acercarse a la realidad que vivía el pueblo bajo la dictadura (tan semejante por otra parte a la opresión vivida bajo el nazismo por los filósofos alemanes nombrados). Por ello, la palabra «liberación» cobraba sentido filosófico y político, ya que principalmente venía propuesta por el uso en todos los movimientos de liberación nacional que habían sido organizados en el África y el Asia de la posguerra. La obra de 1961 de F. Fanon, *Los condenados de la tierra* (Fanon, F., 2001), junto con el famoso prólogo de J.P. Sartre, serán lecturas obligatorias del momento:

---

3. Véase Prebisch, R., 1964, *Nueva política comercial para el desarrollo*.

4. Las obras *Dependencia y desarrollo en América Latina* (Cardoso, F.H: y Faleto, E., 1968) y *La dependencia político-económica de América Latina* (Jaguaribe, H. y otros, 1970), escritas por Cardoso, Faleto, Jaguaribe, Ferrer, Wionczek y Dos Santos fueron un verdadero manifiesto. Del último nombrado, especialmente su trabajo «La crisis de la teoría del desarrollo y las relaciones de dependencia en América Latina» (pp. 147-187), y su reciente confirmación sobre la teoría de la dependencia en Dos Santos, Th., 2002.

5. Véase de H. Marcuse, «Liberación respecto a la sociedad opulenta», en la obra colectiva de David Cooper, 1969, *La dialéctica de la liberación*, pp. 183-201.

> La élite europea se dedicó a fabricar una élite indígena
> […] Desde París, Londres, Amsterdam nosotros lanzábamos
> palabras: ¡*Partenón*! ¡*Fraternidad*!, y en alguna parte, en
> África, en Asia, otros labios se abrían: ¡*...tenón*! ¡*... nidad*!
> Era la Edad de Oro.[6]

Otro antecedente consistía en el boom de la literatura latinoamericana, cuyo espíritu general lo animaba de crítica al colonialismo europeo o norteamericano, y la afirmación de lo latinoamericano como retorno a los orígenes. Era el caso de Alejo Carpentier, con sus *Pasos perdidos*, pero sobre todo Gabriel García Márquez, con el éxodo de una comunidad arrinconada ante el poder petrolero extranjero de *Cien años de soledad*.

En el horizonte mundial, la cultura de América Latina estaba dando muestras de su creatividad: la teoría de la dependencia, que transformaba las bases de muchas interpretaciones económicas y sociológicas del desarrollo; la teología de la liberación, que significaba la reinterpretación del cristianismo desde la praxis popular y en diálogo con el marxismo, semejante a la acuñada por la reforma protestante del siglo XVI; la creatividad literaria sin igual. En realidad, lo que se estaba dando, exactamente, era el cumplimiento de la condición que exigía Salazar Bondy para que hubiera una filosofía latinoamericana auténtica: que el pueblo, que la cultura, que América Latina dejara de ser dependiente, dominada, y, ante todo, por su propia actitud intersubjetiva ante la existencia. Un pueblo comenzaba a ponerse de pie: una filosofía latinoamericana crítica era posible.

Etapa originaria de la filosofía de la liberación (1969-1973)

El origen formal debe fijarse a finales de la década de los sesenta, en 1969 más exactamente, cuando surgió la idea de desarrollar una filosofía con las mismas preguntas metodológicas desde las cuales se desarrolló la teoría de la dependencia. Esto produ-

---

6. Fanon, F., 1961, p. 7.

jo con el tiempo que un grupo de jóvenes filósofos de diversas universidades argentinas, articulados en los movimientos populares y teniendo igualmente experiencia de lo que acontecía en otros países latinoamericanos, se reunieran periódicamente. Sus encuentros en calidad de grupo generacional tenían por motivación el mutuo conocimiento de los participantes y el debate filosófico, y se realizaron en el poblado de Santa Rosa de Calamuchita de las sierras cordobesas. En la I Semana Académica de la Universidad del Salvador (Buenos Aires, agosto de 1970, que trató el «pensamiento argentino» en clave crítica, latinoamericana y antieurocéntrica), se comenzó a bosquejar la agenda.

Todos estos acontecimientos se vieron acrecentados por la repercusión que tuvo el I Con- greso Nacional Argentino de Filosofía (marzo de 1971) donde se presentaron ponencias de los miembros del grupo original. Entre ellas, se expuso:

> ¿Es posible una filosofía auténtica en nuestro continente subdesarrollado y oprimido aun cultural y filosóficamente? Es posible sólo con una condición: que, desde la autoconciencia de su alienación, opresión, sabiéndose entonces estar sufriendo en la propia frustración la dialéctica de la dominación, piense dicha opresión; vaya pensando junto, desde dentro de la praxis liberadora una filosofía ella misma también liberadora.[7]

En la II Semana Académica (agosto de 1971) se trató ya explícitamente, como temática general, la «liberación latinoamericana»,[8] donde J.C. Scannone expuso tres tipos de proyectos socioeconómicos (el liberal, el desarrollista, de eficientismo tecnocrático, y el de la mera subversión, que invierte los términos sin transformaciones ontológicas) que debían ser superados por

---

7. Dussel, E., 1994, «Metafísica del sujeto y liberación», p. 319 (ponencia presentada en el I Congreso y publicada en *Temas de filosofía contemporánea*, Sudamericana, Buenos Aires, 1971, pp. 27-32).

8. Véase *Stromata* (Buenos Aires) (1972), año XXVIII, núms. 1 y 2, con ponencias de H. Borrat, E. Dussel, J.C. Scannone, H. Assmann, y un interesante debate final (pp. 181-193).

nuevas «líneas ontológicas de la mediación liberadora» (Scannone, J.C., 1972, p. 119), concluyendo que «recién por la praxis liberadora irá surgiendo del pueblo mismo latinoamericano el auténtico proyecto nacional que dé cabida a su novedad».

Hugo Assmann insistió en la necesidad de clarificar el lenguaje de liberación, para librarlo, dentro de un análisis marxista renovado, de cargas ideológicas que se mezclaban en sus narrativas.

Enrique Dussel presentó en «Para una fundamentación dialéctica de la liberación latinoamericana» el proyecto que venía desarrollando y que le ocupará al menos hasta 1977. Desde una crítica a la modernidad como crítica a la ontología (desde Aristóteles, hasta Hegel o Heidegger), se plantea el problema de la alteridad (en clave levinasiana modificada), y desde allí toda la temática de la liberación erótica o de género (varón-mujer), pedagógica (padres-hijos, estado-cultura popular), política (desde el pueblo, pero antipopulista) y antifetichista (que es una anticipación de los cinco tomos de *Para una ética de la liberación latinoamericana*,[9] incluyendo la *Filosofía de la liberación* escrita en 1976, ya en México).

Es interesante indicar que en el debate Mario Casalla explicó «que a los pensadores de frontera, entre los cuales se encuentra Marx, no se les podría involucrar sin más en la lógica de la totalidad» (*Stromata*, 1972, 1/2, p. 96).

Mientras tanto en El Escorial, ante más de 400 profesores europeos, se había presentado el pensamiento de liberación latinoamericano, con la presencia, nuevamente, entre otros, de H. Assmann, J.C. Scannone y E. Dussel. La temática había cruzado el Atlántico.

Por otra parte, las semanas académicas argentinas irán creciendo hasta hacerse multitudinarias. Fruto de ellas fue el primer libro de conjunto.[10] Dicha publicación contenía en la portada, como

---

9. En noviembre de 1972, en un ciclo de conferencias en Viedma (Patagonia), expondrá el mismo proyecto más ampliado (Dussel, E., 1977b).

10. *Hacia una filosofía de la liberación latinoamericana* (Ardiles, O. y otros, 1973).

fondo, un texto de la página *A manera de manifiesto*, que era la primera declaración de principios del movimiento (redactado eventualmente por E. Dussel), donde se expresaba entre otros aspectos:

> Un nuevo estilo de pensar filosófico ha nacido en América Latina. No se trata ya de un pensar que parte del *ego*, del *yo conquisto, yo pienso* o el yo como *voluntad de poder* europeo imperial (teniéndose en cuenta que Estados Unidos y Rusia son las dos prolongaciones del hombre moderno europeo) [...] La *filosofía de la liberación* pretende pensar desde la exterioridad del otro, del más allá del sistema machista imperante, del sistema pedagógicamente dominador, del sistema políticamente opresor [...] En América Latina, y muy pronto en África y en Asia, la única filosofía posible será la que se lanza a la tarea destructiva de la filosofía que los ocultaba como oprimidos, y, luego, al trabajo constructivo, desde una praxis de liberación, del esclarecimiento de categorías reales que permitirán al pueblo de los pobres y marginados acceder a la humanidad de un sistema futuro de mayor justicia internacional, nacional, interpersonal (*idem*).

Esta temprana obra merecería un comentario más amplio que superaría el espacio de esta corta contribución, pero sería útil porque los diversos participantes de los encuentros abren ya pistas que son todavía vigentes al comienzo del siglo XXI, manifestando una gran madurez en la reflexión conjunta.

O. Ardiles expone «Bases para una destrucción de la historia de la filosofía en América indoibérica» (*ibid.*, pp. 7 ss.), donde, desde un punto de partida indígena contra la visión hegeliana de la historia universal, se refiere a «la estructura de la conciencia colonizada» por la modernidad europea, articulando la reflexión filosófica estricta (aprendida en sus estudios en Alemania), con hechos de la historia y de la filosofía latinoamericana y su literatura (citando entre otros a E. Galeano). Es ya una narrativa filosófica en claro dominio epistemológico descolonizador —introdujo en el grupo la necesidad de estudiar la Escuela de Frankfurt.

El texto de H. Assmann (fallecido en Brasil en 2008), de manera aún más sobresaliente, muestra el estatuto ideológico de la filosofía latinoamericana tradicional y su pretensión de apoliticidad (*ibid.*, pp. 27 ss.), y escribe sobre «la tarea de la descolonización de nuestra cultura»:

> En la perspectiva de una filosofía que se quiere latinoa-
> mericana, esto significa que la originalidad de los temas lati-
> noamericanos —sea para la filosofía [...] sea para cualquier
> tarea cultural— sólo tiene condiciones de brotar, como actua-
> lización práctica de lo originariamente nuestro, allí donde es
> asumida, en términos políticos, por nuestra lucha de libera-
> ción (*ibid.*, p. 29).

Assmann insistirá, como ninguno, en que la filosofía surge de una praxis política concreta o no puede ser filosofía de la libera-ción —en visión renovadamente marxista.

Mario Casalla, en «Filosofía y cultura nacional en la situación latinoamericana contemporánea» (*ibid.*, pp. 38 ss.), partiendo de una cita de Carlos Astrada, hace una crítica a la filosofía academicista y liberal, que tiene por proyecto una articulación con el pueblo. Escribe que «cuando una comunidad produce su agrupamiento sobre bases multitudinarias que recogen una an-cestral memoria común y el anhelo de un destino también co-mún, nos hallamos en presencia de un Pueblo [...] elementos que, organizados comunitariamente, dan forma a una Nación» (*ibid.*, p. 47). Con referencias a Heidegger (y, sin saberlo quizá, a C. Schmitt), nuestro autor identifica pueblo y nación (con ma-yúscula y cursiva en el original). Esto abrirá una corriente dentro de la filosofía de la liberación (véase Casalla, M., 1973).[11]

Horacio Cerutti colabora con una investigación sobre la utopía, muy trabajada y con exhaustiva bibliografía, aunque no es una contribución explícitamente de filosofía de la liberación.

---

11. Esta obrita, *Razón y liberación*, que contiene ponencias presentadas en el II Congreso Nacional de 1971, y entregada en 1972 a la editorial Siglo XXI, es una buena muestra (en su temática y bibliografía) de una corriente de la filosofía de la liberación en esa fase inicial.

Carlos Cullen afirma que «el pueblo descubre que es Nación. Ésta nos parece la afirmación básica que se desprende históricamente de la lucha de liberación de los pueblos» (*ibid.*, p. 100), inspirándose en Heidegger y criticando al Hegel de la *Fenomenología del espíritu*. Por otra parte, como «el dominador está dentro de la nación como inteligencia nacional del estado liberal» (p. 102), el pueblo escinde la comunidad en su lucha por devenir nación liberada del estado liberal y del imperio de turno (véanse pp. 102-103).

Julio de Zan, en su «Dialéctica en el centro y en la periferia» (*ibid.*, pp. 105 ss.) y desde la problemática de la dialéctica del señor y el esclavo, en debate con L. Althusser, indica que «la dialéctica del centro no resulta utilizable en la periferia [...] Nuestra crítica descubre, desde el polo de la dependencia, una radical inversión del sentido de esa dialéctica» (p. 107). «La pretendida ley dialéctica inmanente, determinada por el propio contenido del proceso, funciona en la periferia como el elemento ideológico encubridor de las concretas fuerzas dominantes que nos oprimen desde el centro» (p. 115). Se trata entonces de introducir en la dialéctica una radical alteridad para gestionar el proceso con autoconciencia de no simplemente continuar en el proceso de la razón europea. De Zan devendrá un especialista crítico de Hegel.

Enrique Dussel expone «El método analéctico y la filosofía latinoamericana» (*ibid.*, pp. 118 ss.), continuando de alguna manera lo indicado por De Zan. Partiendo de la crítica de Schelling, Feuerbach, Kierkegaard y Marx a Hegel desde 1841 (tema que había sido objeto de dos seminarios en Mendoza), y teniendo ya en cuenta a E. Levinas, introduce en el proceso dialéctico una afirmación originaria, anterior a la negación primera: el que el esclavo niegue su esclavitud (la negación de la negación) es consecuencia de afirmar antes el querer ser libre. Esa afirmación, sugerida por P. Ricoeur, es el «momento analéctico» del proceso dialéctico, metódicamente esencial para una filosofía de la liberación, más allá de Hegel y Heidegger.

Aníbal Fornari se ocupa de la educación liberadora como condición de la filosofía latinoamericana:

Mientras por la praxis política revolucionaria no se cambie la infraestructura socioeconómica, las condiciones teóricas y su respectiva implementación pedagógica, son generalmente formas de conciencia que actúan como ideología (*ibid.*, p. 138).

Se trata de pensar el pasaje «de la liberación política a la educación» (p. 141), para después pasar «de la educación a la filosofía» (p. 145), para terminar en «la filosofía de la liberación» (p. 152). Es la incorporación de P. Freire y G. Lukács, pasando por Ricoeur, a la filosofía de la liberación. Su estadía de un semestre en Mendoza le permitía usar textos inéditos del movimiento.

Daniel E. Guillot, profesor de filosofía contemporánea en la UNC de Mendoza y que después será expulsado por los grupos de derecha de su universidad, reflexiona sobre «La mala conciencia del filósofo latinoamericano». La filosofía académica imitativa latinoamericana es «la paz en la conciencia» alienada (*ibid.*, p. 165), el punto de partida. La mera *negatividad* de la mala conciencia hegeliana no es suficiente. Se trata de la *mala conciencia* que crea el descubrimiento de Salazar Bondy de que la filosofía latinoamericana por imitativa es *discontinua* (porque sigue las modas europeas y no su lógica interna), *sinóptica* (porque la moda es nueva pero no propia) y *tardía* (porque debe llegar a América Latina la traducción del producto novedoso europeo ya cumplido). Pero esta mera *negatividad* (la conciencia de no ser auténticos) se torna crítica cuando toma conciencia de las causas que la producen. Hasta aquí Salazar Bondy. Pero hay que dar ahora un paso nuevo hacia «la *positividad* de la filosofía latinoamericana», un *más allá* de un «aún no» donde al filosofía «es una actitud de servicio […] con el que sufre» (p. 170). Guillot es un miembro brillante de la filosofía de la liberación originaria, cuya vocación filosófica fue truncada por la dictadura militar argentina.

Antonio E. Kinen expone el tema «Metafísica e ideología» (*ibid.*, pp. 172 ss.), con bibliografía de la Escuela de Frankfurt (Adorno, Marcuse y Marx mismo frecuentemente).

Rodolfo Kusch, con su tema «La lógica de la negación para comprender América» (*ibid.*, pp. 178 ss.), intenta encontrar sendas para expresar filosóficamente sus experiencias antropológicas en el Norte argentino y en Bolivia en regiones aymaras, desde una tesis hoy completamente comprensible: «De nada vale sustituir el arado de madera por el de hierro [a los aymaras] o imponerles violentamente la economía del dinero occidental, si no se ha respetado la evolución propia del *ethnos*, su voluntad de ser» (*ibid.*, p. 186). Kusch avanzaba en decenios en el camino de una filosofía de la liberación que intentara partir del «estar-en- el-mundo» indígena, desde su «voluntad de vivir» (p. 184). Es verdad que sus «tanteos» categoriales eran ambiguos, pero la hipótesis de trabajo tiene más actualidad hoy, al comienzo del siglo XXI, que cuando Kusch la expuso en 1973.

La contribución de Arturo Roig, «Bases metodológicas para el tratamiento de las ideologías» (*ibid.*, pp. 217 ss.) analiza el desarrollo del «discurso político» en relación con el «discurso filosófico» en América Latina, mostrando que «todo oprimido se siente en cuanto tal, por naturaleza, fuera del sistema [... por ello] las ideologías de los oprimidos y las filosofías de la liberación [en plural por primera vez] se ocupan por eso mismo del futuro, entienden la historia como un proceso permanente de irrupción de lo nuevo» (p. 230). Roig manifiesta así, en el movimiento, la necesidad de explicitar las diversas corrientes —aunque en 1978, en un seminario de los exiliados en México, declarará honestamente que no podía seguir siendo parte del grupo de los filósofos de la liberación.[12]

Juan Carlos Scannone, fundador con E. Dussel de las Semanas Académicas de la Universidad del Salvador (Buenos Aires) y especialista dentro del grupo filosofía de la religión, trata la cuestión de «Trascendencia, praxis liberadora y lenguaje». En esta etapa originaria, y simultáneamente a los acontecimientos indicados, él fue quien informó al grupo del libro de E. Levinas (Levinas, 1961). Lo cierto es que plantea la cuestión del ateísmo, en diálogo

---

12. En un número de *Nuestra América* dedicado a la filosofía de la liberación, con plumas tales como las de A. Villegas, M.L. Rivara de Tuesta, E. Montiel, Ofelia Schutte, G. Sauerwald, escribió: «Nuestra posición personal fue la de apoyo al movimiento, pero desde fuera de él» (Roig, A., 1984, p. 59)

con Marx, afirmando desde Levinas (y con Blondel, tema de sus tesis en Innsbruck) que la negación de la negación del hombre supone el ateísmo del ídolo, mientras que la afirmación del «rostro del pobre» es ya un salto a la afirmación posmoderna:[13]

> Notemos de paso que, al caracterizar nuestra coyuntura en forma relativa como un *post* y como una ruptura, estamos confesando que *ya* estamos en camino hacia la liberación y hacia los tiempos nuevos, pero que *todavía* ellos *no* tienen propia- mente nombre (*ibid.*, p. 259).

Se trata de una «filosofía de la religión actual y latinoamericana [...] que debe pasar por el triple giro, ruptura [...] que la abre a la abismal radicalidad de la historia, de la praxis y del pueblo (*ibid.*, p. 269).

El libro se cierra con unos «Puntos de referencia de una generación filosófica», en donde se expresan las tres coincidencias básicas del grupo: «La primera [...] querer hacer filosofía latinoamericana [...] La segunda [...] que se hace imprescindible la superación de la filosofía de la modernidad [...] La tercera coincidencia básica es que el filósofo debe hacerse intérprete de la filosofía implícita del pueblo latinoamericano, interpretándola críticamente» (pp. 271-272).

En la IV Semana Académica se trató el tema «Dependencia cultural y creación de cultura en América Latina»,[14] aplicándose al problema cultural las nuevas categorías de la filosofía de la liberación. Atacando directamente el proyecto cultural de D.F. Sarmiento, en su exposición sobre «Cultura imperial, cultura ilustrada y liberación de la cultura popular», uno de los ponentes dio motivo a un

---

13. Scannone se refiere constantemente a la situación posmoderna, pero en el sentido nuevo de la filosofía de la liberación, que será hoy, en el comienzo del siglo XXI, denominada de manera distinta: «transmoderna» (para no confundirla con el movimiento posmoderno euro- peo, que no ha dejado de ser moderno, ni metropolitano ni eurocéntrico).

14. Véase *Stromata* (1974), año XXX, núms. 1 y 2, con textos de J. Llach, B. Meliá, E. Dussel, etcétera.

intenso debate en el que intervinieron los invitados de América Latina, en especial Salazar Bondy.[15]

Mientras tanto E. Dussel había comenzado en 1970 sus cursos en la UNC (Mendoza), que se publicarán posteriormente bajo el título de *Para una ética de la liberación latinoamericana*, que continuó durante cinco años hasta su exilio. Los primeros dos tomos se publicaron en 1973 (Dussel, E., 1973b). También publicó *Método para una filosofía de la liberación* (1974). J.C. Scannone publicaba *Ser y encarnación* (1968) y *Teología de la liberación y praxis popular* (1976). Hugo Assmann y otros miembros del grupo publicarán varias obras desde este momento.

La etapa originaria había concluido.

La presencia latinoamericana del movimiento

Con posterioridad a la IV Semana Académica se realizó un Simposio de la Filosofía Latinoamericana (en agosto de 1973), con la presencia de L. Zea., A. Salazar Bondy, F. Schwartzmann (de Chile), además de otros notorios filósofos latinoamericanos, lo que permitió que el movimiento iniciara un diálogo latinoamericano. Habiendo surgido del seno de la tradición de la filosofía latinoamericana, ahora volvía sobre ella misma intentando dar *un paso adelante* en la crítica del eurocentrismo y de la dominación. Dicho paso debía darse desde el otro, desde los explotados y excluidos, desde el pueblo latinoamericano de indígenas, afroamericanos, clases obrera, campesina y popular, marginales, feministas, movimientos antirracistas, etc. Pensar una auténtica y original filosofía exigía hacerlo desde «los pobres» (concepto usado por

---

15. *Ibid.*, pp. 123 ss. Esta discusión sobre la ciencia y cientificismo, sobre la posibilidad de creación de cultura si el pueblo todavía no se ha liberado, y otros temas, debería todavía estudiarse con cuidado, porque ya supone una actitud positiva ante las diferentes culturas, como punto de partida de la filosofía, pero considerando siempre la determinación negativa inevitable de las culturas coloniales, dominadas (a veces aspecto olvidado en la filosofía intercultural). L. Zea viajó a San Juan (tierra de Sarmiento) para realizar un acto de desagravio al gran pedagogo del siglo XIX —aunque posteriormente cambió su posición.

Marx cuando habla de *pauper ante festum*; para él son los miserables que deben vender su cuerpo por un salario a falta de otra mercancía que vender, siendo condición absoluta de posibilidad del capital).

La esposa de Salazar Bondy, Helen Orvig, relata este encuentro en la vida del filósofo:

> Cuando fue a Argentina en el mes de agosto del mismo año (1973) [...] su encuentro con el ambiente filosófico, político y social de Argentina de aquellos días fue muy impactante para él. En primer lugar, en San Miguel, en el seminario sobre la filosofía de la liberación [... fue donde] encontró el medio ideal para una plena comunicación e intercambio intelectual, además del hecho vital de poder *compartir* convicciones y esperanzas. En Buenos Aires —tuve la impresión— fue excelentemente recibido por intelectuales y colegas universitarios (prólogo a Salazar Bondy, A., 1995, p. 13).

Salazar Bondy (véase Beorlegui, C., 2004, pp. 635 ss.) venía transitando por una senda paralela a la filosofía de la liberación desde hacía años. En su libro *Entre Escila y Caribdis* (Salazar Bondy, A., 1985), que reúne trabajos desde 1957 hasta enero de 1973, puede verse la evolución de su filosofía en la línea de un compromiso político creciente de crítica de la negatividad, la injusticia, y la explotación de la masa indígena, campesina y obrera de Perú. Mientras tanto los filósofos en el mundo académico, que había ganado en precisión y profesionalidad (según los criterios europeos), «se despreocupaban de los temas político-sociales como motivo de reflexión filosófica» (*ibid.*, p. 58). Hablando de Perú exclama:

> Nuestro pensamiento filosófico, mimético y receptivo, débil y divorciado de la realidad, no es un producto genuino y vigoroso, sino una forma defectiva del pensar universal (*ibid.*, p. 64).

En enero de 1973, contestando unas preguntas sobre la revolución cubana, indicaba: «Cuando ya el imperialismo se bate en retirada y los pueblos marchan en sentido de su plena liberación, Edward Kennedy se da cuenta de que no se puede navegar contra la corriente de la historia» (*ibid.*, p. 150). No es extraño entonces que en su exposición en la IV Semana, titulada «Filosofía de la dominación y filosofía de la liberación», interviniera por primera vez explícitamente en el debate abierto por la filosofía de la liberación, movimiento que tenía en ese momento casi cuatro años de desarrollo, y observara:

> No voy a usar la palabra *pueblo* para no confundir [...] Para poder salir de la situación [negativa de subdesarrollo] [...] pienso que puede hacer[se] en tres dimensiones. Primeramente, permitir [...] una crítica que implica el tratar de lograr la máxima conciencia [...] son los instrumentos de la epistemología, de la situación crítica histórico- social [...] Segundo, una dimensión de replanteo de los problemas [...] Y, en tercer lugar, consistiría en ir hacia la reconstrucción de un pensamiento filosófico que fuera resultante de la crítica (*ibid.*, pp. 154, 156-157).

El tercer momento no es ya una *interpretación negativa* (crítica) sino una construcción de teoría para la *transformación* de la realidad. Sólo el tercer momento es filosofía de la liberación. Salazar Bondy creía que todavía había que dar más tiempo a los dos primeros momentos; por ello el proyecto inmediato que se propuso fue todavía una *antropología de la dominación* (libro que escribió hasta con sus últimas fuerzas en su prematura y muy sentida muerte en plena juventud intelectual en 1975). El tercer momento no era su preocupación principal en ese tiempo, aunque no por ello dejaba de indicar que por «esto me parece muy interesante lo que está haciendo gente como Dussel, que están tratando justamente de un replanteamiento de la problemática tradicional [fenomenológica existencial e histórica] con nueva óptica» (*ibid.*, p. 157).

En el magnífico diálogo entre el cacique Hatuey de la Española (¿el mismo Augusto Salazar B., un tanto escéptico ante la dominación imperante?), Diego de Velázquez (la cultura de dominación) y Bartolomé de Las Casas (un teólogo de la liberación) (*ibid.*, pp. 191-264), no se deja todavía ver el discurso de un *filósofo* de la liberación. Las *causas* negativas estructurales deben ser conocidas, pero, para transformar la realidad Salazar Bondy propone sólo una revolución cultural-pedagógica —nombrando a P. Freire—; es decir, entiende que no es suficiente una mera antropología negativa. El grupo originario argentino había ya desarrollado una *ética*, porque es el momento en que la filosofía redefine la *praxis como creadora, transformadora*, que de todas maneras partía de la *política*, entendida esta última como «*la filosofía primera*».

De la misma manera, Leopoldo Zea intervino en el Simposio de la Filosofía Latinoamericana (posterior a la IV Semana Académica; véase Beorlegui, C., 2004, pp. 602 ss.), con una ponencia titulada «La filosofía latinoamericana como filosofía de la liberación» (Zea, L., 1974, pp. 32-47). Era su primera intervención en el tema de la filosofía de la liberación. Las tesis de fondo que se dejan ver en su meditación son las siguientes: 1] Es necesaria una filosofía de la liberación, pero esto aconteció siempre porque lo mejor de nuestra filosofía desde las guerras de la emancipación fueron filosofías que pensaron procesos de liberación (éste sería el momento *asuntivo* de las filosofías latinoamericanas del pasado en la del presente). Es decir, la filosofía de la liberación no es una *novedad*; 2] No se puede esperar a que nuestra cultura se libere para después comenzar el proceso de pensar filosóficamente la liberación (objeción a la posición de Salazar Bondy); 3] La filosofía de la liberación que debe colaborar en la toma de conciencia de la necesidad de la liberación deberá pugnar por la liberación «del hombre», del «hombre sin más», universal, es decir:

> Salazar Bondy, Dussel y Fanon y quienes como ellos pugnan por una filosofía de la liberación, hablan del hombre nuevo y de la nueva filosofía de este hombre [...] Pero ¿hablamos los no europeos del mismo hombre nuevo? Pienso que unos y otros hablamos, pura y simplemente, del hombre [...] Y en este sentido toda la filosofía [...] ha sido una filosofía de la liberación (Zea, L., 1974, p. 42).

Como puede observarse, y en referencia crítica ante el grupo originario de la filosofía de la liberación o de A. Salazar Bondy, Zea hace una doble generalización (y en referencia al primero y al tercer aspecto anotado arriba): en primer lugar, las liberaciones del pasado son iguales a la liberación presente; en segundo lugar, los proyectos de liberación de todas las liberaciones, aún del presente y en otras latitudes, son igualmente idénticos: la liberación del ser humano. La objeción de la filosofía de la liberación ante este pasaje a la universalidad sin detenerse en las mediaciones consistiría en la necesidad de poder analizar con clara conciencia las causas concretas y diferenciales históricas de la particularidad de «esta» liberación (distinta de todas las anteriores); y, desde ese diagnóstico *negativo*, formular la *particularidad* de «este» proyecto de liberación (igualmente distinto a todos los de- más), con el que le toca articularse a la filosofía de la liberación de la tercera parte del siglo XX en adelante. En ambos casos, L. Zea pasa sin mediaciones del caso *concreto* a la *universalidad*, no reparando en las *diferencias* de cada negatividad (dominaciones sociohistóricas, culturales y económicas *concretas* muy *distintas*), ni en lo que define igualmente la especificidad histórico-concreta de la liberación *latinoamericana* en el proceso de la segunda emancipación de descolonización actual.[16]

Esto también se deja ver en la creación de los instrumentos metodológicos y categoriales de la *nueva* filosofía. Para Zea la filosofía moderna es la filosofía universal; R. Descartes es un momento liberador (lo que es adecuado partiendo desde la cultura feudal y de la primera modernidad temprana hispana), pero es el fundamento ontológico de la dominación moderna y colonial, de la que debemos descolonizarnos. Se piensa que con los instrumentos de la Ilustración podríamos realizar la tarea descolonizadora, no advirtiendo la necesidad de deconstruir radicalmente la filosofía moderna europeo-norteamericana hasta el presente (aprendiendo todo lo que pueda aprenderse), y construyendo, cuando la temáti-

---

16. Es interesante que Salazar Bondy, como J. Martí y muchos otros (y con ellos los filósofos de la liberación), juzgue la «primera emancipación» (de 1810, por dar una fecha de conjunto) como un fracaso, y nos proponga una «segunda emancipación»: «¿Por qué se perdió la in- dependencia? Ella es el punto de partida del pensamiento y la obra de la segunda independencia» (Salazar Bon- dy, A., 1985, p. 51).

ca lo exija, y porque es distinta, *un nuevo marco metódico y categorial* adecuado para pensar la praxis de liberación descolonizadora ante el capitalismo tardío del «centro». Es una tarea filosófica completamente nueva, original.

L. Zea piensa que la filosofía de la liberación es un momento más de la tradición de la filosofía latinoamericana. J.C. Scannone, en el diálogo que se suscitó después de la exposición, hablaba en cambio de «ruptura», cuando expresaba que se trata «de una *ruptura* […] creo que se trata de la *ruptura* que se da en la historia cuando acaba una civilización, en nuestro caso, la así llamada occidental y cristiana; reconocer la ruptura no excluye la reinterpretación, el retomar esa tradición cultural desde un *nuevo comienzo*» (en Salazar Bondy, A., 1995, p. 170).

Francisco Miró Quesada indica que tanto Zea como Abelardo Villegas tuvieron una evolución en su pensamiento desde ese momento:

> Partiendo del análisis de la situación histórica latinoamericana y de la manera como esta situación incide en, y es afectada por la historia de las ideas, necesariamente tiene que desembocar en una filosofía de la liberación (Miró Quesada, F., 1981, p. 209).

Después de este simposio de la IV Semana Académica, con más de 800 entusiastas participantes, la situación argentina recrudeció aumentado la represión política (véase Dussel, 1994, pp. 71 ss.). El 20 de junio la juventud había padecido la matanza de Ezeiza, en el momento del regreso de Perón a Argentina (hubo más de 400 muertos; ¡un nuevo Tlatelolco!). Dos meses después de la IV Semana, junto a muchas otras acciones terroristas del peronismo de derecha, el 2 de octubre de 1973, el domicilio de E. Dussel fue objeto de un atentado con bomba (acción organizada por comandos de derecha peronista[17]).

---

17. El panfleto puesto junto a la bomba estaba firmado por un «Comando Rucci», nombre del dirigente metalúrgico asesinado por los Montoneros (véase el contexto de estos hechos en Dussel, 2007, para. 11.3, pp. 477 ss.), que después colabo-

Sin embargo, en medio de una lucha política sin igual, se publicaron gran cantidad de obras del movimiento, entre ellas la quinta entrega de la revista *Mundo Nuevo* (1974), que tuvo por tema «El problema de la constitución de una filosofía latinoamericana», con trabajos de los filósofos como O. Ardiles, Hugo Assmann, M. Casalla, H. Cerutti, C. Cullen, J. de Zan, E. Dussel, A. Fornari, E. Guillot, Kusch, A. Roig y J.C. Scannone.

Poco después se produjo *El exilio de la razón*, así podría llamarse la etapa posterior expresada en un libro trágico de Osvaldo Ardiles. En efecto, el ambiente, como ante una tormenta tropical, iba ennegreciendo el horizonte político argentino. Desde mediados de 1975 comienza el exilio de los filósofos de la liberación debido al aumento de la represión bajo el gobierno del peronismo de derecha, que presionaba a las universidades para eliminar a la «izquierda».[18] Se originó así la expulsión de la mayoría de los filósofos de la liberación de sus departamentos de filosofía (quizás el primer proceso de tal envergadura en toda la historia de la filosofía continental) que partieron al exilio «interior» (sufriendo la persecución dentro del país) o «exterior» (como en el caso de la Escuela de Frankfurt desde 1933 bajo el nazismo). Hubo ejem-

rarán con la dictadura militar desde 1976. La clase de filosofía dictada el mismo día de la bomba se encuentra en Dussel, E., 1977b, «La función práctico-política de la filosofía», pp. 139-149, donde se comenta, aplicada al caso, la Apología de Sócrates de Platón.

18. Esto no se opuso al hecho de que apareciera todavía un tomo, *Cultura popular y filosofía de la liberación* (F. García Cambeiro, Buenos Aires, 1975) con artículos de todo el grupo originario. El tema permite considerar la posición de cada miembro del movimiento: O. Ardiles muestra gran influencia de Ricoeur y Zubiri (pp. 9-32); M. Casalla opone «clase» a «pueblo» (pp. 33-71); J. de Zan («Para una filosofía de la cultura y una filosofía política nacional», escribe un largo ar- tículo que bien vale un libro, donde expone temas de cultura popular en la línea de la filosofía de la liberación plenamente asumida; pp. 87-139); E. Dussel anticipa cuestiones que tratará en la «Pedagógica latinoamericana» (pp. 141-180); cierran el tomo trabajos de A.E. Kinen, de R. Kusch y de A. Parisí («Pueblo, cultura y situación de clase», en el que el autor manifiesta una profunda asunción de categorías althusserianas de manera crítica, sobre la «situación de clase», «pueblo» y «filosofía de la liberación»; la crítica posterior de H. Cerutti no toma en cuenta este tipo de contribuciones esclarecedoras; pp. 221-239); remata el volumen un artículo de J.C. Scannone.

plos de secuestro, de tortura y hasta de asesinato (como en el caso del filósofo mendocino Mauricio A. López). Se manifestaba en los hechos el sentido de la *nueva* filosofía. Unos partieron a Venezuela, como Víctor Martín; otros a México, como es el caso de O. Ardiles, Alberto Parisí y E. Dussel, o a Canadá (Carlos Bazán), Ecuador (Horacio Cerutti y Arturo Roig), Brasil (Aníbal Fornari) y a otros muchos países. Bajo la dictadura instaurada en marzo de 1976, los «exiliados del interior» debieron guardar silencio hasta 1983, al menos en Argentina. Esto llevó a algunos hasta a hablar de un *nuevo punto de partida de la filosofía latinoamericana.*[19]

Crecimiento del movimiento

El exilio dio la oportunidad de la expansión latinoamericana del movimiento. Se organizó el I Coloquio Nacional de Filosofía en la ciudad de Morelia (México), en agosto de 1975. Hubo ponencias y discusiones en torno a la filosofía de la liberación, en especial en el panel sobre filosofía latinoamericana, con la presencia de los que firmarán la llamada «Declaración de Morelia»: E. Dussel, A. Villegas, A. Roig, L. Zea y F. Miró Quesada. El grupo declaró que «la realidad de la dependencia ha sido asumida en el continente latinoamericano por un vasto grupo de intelectuales que han intentado o intentan dar una respuesta filosófica, precisamente, como filosofía de la liberación».[20]

Se realizaron de inmediato muchos eventos relacionados con el tema. En la Universidad Autónoma de Toluca se organizó un Simposio sobre Filosofía de la Liberación en 1976, con la presencia de Osvaldo Ardiles, Alberto Parisí y Enrique Dussel. Posteriormente, en la Universidad Autónoma de Puebla, se dictaron

---

19. Véase la obra de J.C. Scannone, 1990, con respuesta de E. Dussel, en 1998, pp. 415 ss. El «nuevo punto de partida» consistía en tomar a la comunidad (el pueblo), y no al sujeto singular más en serio; y, en segundo lugar, partir de la cultura ya dada, popular y desde su narrativa simbólica positiva. El peligro se presentaba en no considerar seriamente las determinaciones (y dominación) económica y política.

20. Véase en Roig, A.A., 1981, pp. 95-101.

ciclos de conferencias, lo mismo que seminarios en la Universidad de Chihuahua. En 1978, el I Congreso de Profesores de Filosofía de Centroamérica, en Tegucigalpa, giró sobre la filosofía de la liberación. Allí se organizó la Asociación de Filosofía de la Liberación, que dos años después se transformó en Asociación de Filosofía y Liberación (AFYL).[21] Poco a poco surgió un buen equipo en Bogotá, en la USTA, que cada dos años, desde 1980, convocó a Congresos Internacionales de Filosofía Latinoamericana, concentrándose especialmente en filosofía de la liberación, que de cierta manera era la continuación de las semanas académicas de la década de los setenta en Buenos Aires. En el I Congreso participaron J.C. Scannone, E. Dussel, L. Zea, Hugo Assmann y nuevamente se reunieron más de setecientos participantes. La Editorial Nueva América difundió materiales del movimiento.

En el IX Congreso Interamericano de Caracas se hizo presente la filosofía de la liberación con la ponencia de Víctor Martín, y en el X de Tallahassee (Florida) inició la AFYL su participación ininterrumpida, con muy asistidos paneles, incluyendo los congresos de Puebla, Bogotá y Lima.

Hubo una *III Declaración* sobre la filosofía de la liberación, firmada nuevamente por A. Villegas, E. Dussel, L. Zea, F. Miró Quesada, P. Guadarrama, E. Montiel, C. Ulloa, R. Hernández Oramas, y más de 150 filósofos participantes en el XI Congreso Interamericano de Guadalajara de 1985. En ella se declaraba:

> Como se hizo en la *Declaración de Morelia*, nuevamente reflexionamos sobre la situación latinoamericana [...] Durante diez años América Latina en varios países sigue vivien-

---

21. La coordinación general estuvo a cargo posteriormente —en Bogotá— de Francisco Beltrán (Colombia); después pasará a la coordinación de una comisión formada por E. Dussel (México), R. Fornet-Betancourt (Alemania) y E. Mendieta (Estados Unidos). Los coordinadores regionales fueron al comienzo D. Picotti (Argentina), M.L. Rivara de Tuesta (Perú), María Alzerreca (Bolivia), Jesús E.M. Regia (Brasil), S. Silva Gotay (Puero Rico), F. Álvarez (Santo Domingo), F. Beltrán (Colombia), S. Guerra Bravo (Ecuador), C. Echeverría (Honduras), J. Argüello (Nicaragua), F. Ulloa (México), C. Bohórquez (Venezuela), Carlos Matos (Uruguay), D. Jervolino (Italia), E. Demenchonok (Rusia), H. Schelkshorn (Austria).

do una trágica experiencia de dictaduras […] Una Nicaragua obligada a perder en una guerra injusta los bienes que con tanto trabajo produce su pueblo liberado […] Por todo esto, una filosofía que piensa desde una praxis de liberación se hace más necesaria que nunca ante la creciente explotación económica de nuestros países […] la penetración cultural por medio de todos los instrumentos de comunicación, que tienden a ahogar definitivamente la creativa cultura popular; la aniquilación del entusiasmo y el deseo de vivir de la juventud; la imposibilidad de las mujeres de superar el machismo ancestral y la dificultad de hacer crecer un feminismo liberador propio del tercer mundo: la indiferencia ante el sufrimiento ya centenario de los agrolatinoamericanos […] la sobreexplotación de la clase obrera para compensar la pérdida del plusvalor del capital subdesarrollado y periférico […] Afirmamos que la filosofía, sin abandonar la universalidad, debe rechazar los discursos que ocultan la realidad sufriente de las mayorías, para asumir una actitud comprometida ante la dominación a favor de la liberación.[22]

En estos talleres de filosofía de la liberación participaron, además, Christine Morkovsky (Texas), A. Kroehling (Brasil), O. Schutte (Florida), E. Guisberg (Argentina), etc. Estos talleres fueron anticipados por un Foro de la Filosofía de la Liberación en mayo del 1985, también en Guadalajara, que se reunió durante tres días de intensos trabajos, organizado por Conrado Ulloa Cárdenas. Reuniones, seminarios, conferencias sobre filosofía de la liberación se dieron en Quito, Maracaibo, La Paz, Medellín, San Salvador.

En 1986 se organiza un panel sobre el tema en el Congreso de LASA (Latin American Studies Association) de Boston. Igualmente en los sucesivos congresos.

En los congresos mundiales de la FISP (Federación Internacional de las Sociedades de Filosofía con sede en Friburgo), desde su

---

22. AFYL, *Boletín* (México), núm. 1, 1986, p. 5. También se informa en el *Boletín* del panel sobre filosofía de la liberación en el III Congreso Nacional (mexicano) de Filosofía, realizado antes que el interamericano en Guadalajara (p. 2).

edición de Montreal (1983), se organizaron paneles sobre filosofía de la liberación conjuntamente con el Radical Philosophy Group bajo la coordinación de Frank Cunningham. La AFYL fue aceptada posteriormente como miembro permanente de la FISP, y continuó ya como participante oficial organizando exitosos paneles en los congresos de Brighton (1998), Moscú (1993), Boston (1998) (con la coordinación de filósofos africanos bajo la dirección de Odera Oruka, con quien se realizaron en dos oportunidades encuentros en la Universidad de Nairobi), Estambul (2003) y Corea del Sur (2008).

En Brasil, mientras tanto, en torno al Instituto de Filosofía de la Liberación (IFIL) en Porto Alegre, se ha desplegado una gran actividad en torno a la filosofía de la liberación. A finales de la década de los setenta Alipio Dias Casalis, en São Paulo, comenzó la recepción y el crecimiento del movimiento. En 1990 se inició la publicación de la revista *Libertação, Liberación* (CEFIL, Centro de Estudos e de Pesquisas de Filosofia Latino-americana, Campo Grande, Mato Grosso do Sul), bajo la dirección de Jesús Eurico Miranda R. y con la colaboración de Sirio López Velasco (autor de variadas obras sobre ética y filosofía de liberación, en Rio Grande). Hugo Assmann escribe un artículo en el primer número de la revista sobre «Exterioridade e dignidade humana» (pp. 7-15). En este país, mientras tanto, la filosofía de la liberación se ha transformado en un vigoroso movimiento filosófico extendido en todo el territorio, en universidades federales y privadas, con seminarios y simposios nacionales y gru- pos de investigación. Por ejemplo, en el *VII Encontro Estadual de Filosofia* y *I Simpósio Nacional de Filosofia Latinoamericana,* realizado en septiembre de 1986, hubo el martes 12 un taller llamado «Filosofia da Libertação», bajo la dirección de Jandir Zanotelli.

Difícil sería enumerar cientos de acontecimientos cumplidos en todos estos años por un movimiento que adquirió presencia continental, pero igualmente en Estados Unidos (en numerosas universidades de diferentes estados), Europa (en universidades italianas, alemanas, españolas, etc.) y ciertos países de África —Dakar, por ejemplo— y de Asia, desde la Universidad de El Cairo, con Mourad Wahba, hasta la de Madras, en India. En el Departamento de Filosofía de la Universidad Loyola de Ciudad Quezon, Alan G. Alegre defendió una tesis («Two moments in the philosophical foundation of Liberation Philosophy») en febrero de 1983.

En el año 2003, y recordando los treinta años del Manifiesto de 1973, muchos miembros fundadores del movimiento celebraron un encuentro en Río Cuarto (provincia de Córdoba, Argentina), y redactaron la *IV Declaración* sobre el significado de esos tres decenios:

> Condenamos toda clase de exclusión social, de género, cultural, religiosa, racial, política, económica, educacional, etc., y toda forma de intervencionismo, bloqueo e integraciones compulsivas, que niegan la libre determinación de los pueblos […] Asumimos, como filósofos, la opción éticopolítica que implican estas declaraciones y manifestamos que la filosofía de la liberación tiene un aporte específico que dar a estos desafíos históricos.[23]

Todo el material histórico puede consultarse de 1975 a 1985 en el indicado AFYL *Boletín* (México), y posteriormente, hasta el presente, en <www.afyl.org>.

En todos estos años se han escrito numerosas tesis sobre la temática (muchas de las cuales fueron editadas como libros).[24]

---

23. Véase el texto en <www.afyl.org>. Firman la declaración Alberto Parisí, Enrique Dussel, Horacio Cerutti, J.C. Scannone, Antonio Kinen, Aníbal Fornari, Mario Casalla, Carlos Cullen, Julio de Zan y Arturo Roig.

24. Caben destacarse entre las primeras las de G. Marquínez Argote, «Interpretación del *ego cogito* cartesiano desde la hermenéutica latinoamericana», USTA, Bogotá, 1980 (comparado con el *ego conquiro*); F. Muguerza Ormazábal, «La ética de la filosofía de la liberación», Universidad Católica, Quito, 1982; Roberto S. Goizueta, «Domination and liberation: an Analysis of the anadialectial method», Marquette University, Milwaukee, 1984; E. Moros-Ruano, «The philosophy of liberation: An alternative to marxism in Latin America», Vanderbilt Univerity, Nashville, 1984; J. Jiménez-Orte, «Fondements éthiques d'une philosophie latinoaméricaine», Universidad de Montreal, 1985; Roque Zimmermann, «América Latina: o ser negado», São Paulo. Desde esas fechas son cientos las tesis doctorales en los más diversos lugares, especialmente en Estados Unidos, Alemania, Italia y Brasil, incluyendo, por ejemplo, Corea del Sur.

Temas fundamentales

La filosofía de la liberación se adelantó a su época impostando geopolíticamente la posibilidad de un pensar filosófico crítico desde la periferia del capitalismo, que se inició desde el siglo XV con el colonialismo y el racismo. Pensar la colonialidad fue el punto de partida, prerrequisito para comprender la «localización» del filósofo en su contexto histórico. Su implantación desde la praxis popular fue el segundo aspecto.

Apartándose de la corriente mayoritaria, que se inspira en una tradición filosófica grecorromana y moderna, los filósofos de la liberación descubrieron muy pronto la corriente filosófica semita (H. Cohen, Rozenzweig, M. Buber, P. Ricoeur,[25] y en especial E. Levinas), lo que les permitió descubrir categorías y método muy diferente del habitual en las escuelas filosóficas latinoamericanas. Fenomenológicamente podían recuperar los símbolos del «imaginario popular» latinoamericano. Y políticamente intentaban una «militancia» crítica no habitual en la filosofía meramente académica. Su resonancia con estudiantes y movimientos populares fue muy grande, nueva y diferente. Era una ruptura con la imagen del filósofo. Para ello se desarrollaron categorías (tales como totalidad y alteridad) que permitían su uso histórico, pero al mismo tiempo estructural, desde la dimensión económica, política, de género, de raza, de cultura, de religión, etcétera.

El pensar filosófico surgía desde el compromiso con la praxis de una comunidad popular, desde su cultura y desde su imaginario simbólico positivo, desechado hasta ese momento por las filosofías críticas, tanto de la Escuela de Frankfurt como del marxismo estaliniano. Se intentaba cumplir con las exigencias del intelectual orgánico articulado con el actor colectivo pueblo.

Se trataba entonces de una ruptura epistemológica antieurocéntrica, antipatriarcal, anticapitalista, anticolonialista, etc., pero no meramente negativa, porque desarrollaba un discurso positivo

---

25. En aquello de valorizar el «mito adámico» antes que el «mito prometeico», por ejemplo.

de transformación al analizar el proceso de liberación en todos los niveles indicados: transformación articulada con los movimientos sociales que se coordinan mucho después, desde el comienzo del siglo XXI, en el Foro Social Mundial de Porto Alegre. Movimientos de diversos campos prácticos tales como el feminismo, la pedagogía de la liberación, los movimientos de los derechos civiles antirracistas, las movilizaciones indígenas, de los marginales urbanos, grupos religiosos críticos de la liberación, organizaciones de la tercera edad, movimientos campesinos, obreros, etc. La filosofía de la liberación tiene la posibilidad metodológica de acompañar esos movimientos populares con una producción filosófica crítica.

El movimiento se ocupa en el presente en la impostación intercultural de la filosofía y en la cuestión de la «descolonización» (ahora liderada por los «latinos» en Estados Unidos), lo mismo que la cuestión de la raza, como lucha antidiscriminatoria.

Por último, se viene desarrollado el tema originario de una filosofía política de la liberación, ya que desde el comienzo la filosofía política fue considerada la *prima philosophia*), que había ya señalado la experiencia revolucionaria cubana de 1959 como el acontecimiento que marcó el nacimiento de la filosofía de la liberación después del 1968. Pero ahora, como en una «nueva oleada» del pueblo latinoamericano, en el proceso iniciado por la rebelión maya-zapatista (1994), la revolución bolivariana liderada por Hugo Chávez (1999), la boliviana de Evo Morales (2006), la ecuatoriana de Rafael Correa (2007), y tantos otros, como Lula en Brasil, los Kirchner en Argentina, M. Bachelet en Chile, los Sandinistas en Nicaragua, Torrijos en Panamá, Colom en Guatemala, rematando en el gobierno popular en Paraguay, conducido por el presidente Lugo (2008), la filosofía de la liberación muestra más que nunca su creatividad al acompañar teóricamente estos procesos de liberación latinoamericana del inicio del siglo XXI.

Cuestiones debatidas

Hubo desde el comienzo ciertos ejes problemáticos que exigieron el debate, que se fue dando en el transcurrir de los decenios. Siendo desde el origen un movimiento filosófico de estilo fenomenológico existencial, Osvaldo Ardiles indicó ya desde 1972 la necesidad del estudio y subsunción del pensamiento de Marx, lo que se alcanzaría plenamente en la década de los ochenta.

Por su parte, la obra de Alipio Días Casalis, de São Paulo, que desarrolló la pedagógica de la liberación desde la filosofía de la liberación, indicó igualmente una cierta falta de precisión de la categoría «pueblo». Por ello, durante años será continuamente objeto de atención e irá alcanzando un estatuto epistemológico cada vez más adecuado; gracias al concurso de los trabajos de E. Laclau, que de todas maneras deben ser modificados desde las hipótesis de una filosofía de la liberación, ha habido un continuo desarrollo sobre este tema.[26]

Alberto Parisí mostró en su trabajo *Filosofía y dialéctica* (Parisí, A., 1979) la necesidad de ahondar en el concepto de dialéctica.

El ataque de Horacio Cerutti a todas las corrientes de la filosofía de la liberación que no fueran la propia (Cerutti Guldberg, H., 1983) despertó gran reacción en los que habían consagrado muchos años en el desarrollo de los temas, por no clarificar suficientemente sus acusaciones. Su aporte fue históricamente valioso porque focalizó la cuestión de tal manera que exigió profundizar el pensamiento de Karl Marx, lo que benefició sobremanera al movimiento. De hecho, E. Dussel[27] dedicó cuatro obras para efectuar un apretado comentario a las cuatro redacciones de *El capital*, desde la perspectiva de la filosofía de la liberación, lo que redundó en poder aclarar las categorías «pobre», «pueblo», y hacer un claro diagnóstico, desde la filosofía de la economía, del fenómeno de la dependencia socioeconómica de América Latina, lo que permitiría realizar una crítica al marxismo estalinista y althusseriano, así como al capitalismo ingenuo a veces implícito en muchos filósofos latinoamericanos. Las categorías *pueblo* y *clase* (en el sentido de Marx) siempre deben articularse adecuadamente, sabiendo

---

26. Laclau, E., 2005.
27. Véase Dussel, E., 1985, 1988, 1990 y 1993.

que la categorización de la dominación en América Latina, como ha enseñado Aníbal Quijano, es principalmente la *raza*, ya que el *racismo* es socialmente determinante en el mundo colonial.

El estudio detallado de Marx, como respuesta al autor de la *Filosofía de la liberación latinoamericana*, produjo el descubrimiento de la determinación *material*, a partir de las necesidades empíricas y concretas, de la ética y de la política en la filosofía de la liberación.

La filósofa latino-norteamericana de origen cubano, Ofelia Schutte, enderezará una autorizada y afilada crítica con muchas categorías ambiguas usadas por la erótica de la liberación, en especial respecto a la cuestión de la homosexualidad y de una inadecuada definición del feminismo. Sus críticas se tomaron muy en cuenta y produjeron positivas correcciones en el tema de una filosofía del género en la tradición de la liberación.[28]

Gracias a Raúl Fornet-Betancourt, el debate entre la *Ética del discurso* de K.-O. Apel y la *Ética de la liberación* permitió ahora subsumir adecuadamente el aspecto formal o pragmático de la filosofía, que no se había destacado tanto en la filosofía de la liberación y dará a la ética un nuevo sentido (a la pretensión de validez) y a la política mayor claridad en la cuestión del sistema de legitimación (la cuestión de la democracia, por ejemplo). En este debate intervinieron principalmente J.C. Scannone (profundizando una filosofía de la liberación de la religión, también en diálogo con Jean-Luc Marion) y E. Dussel (que desarrollará toda una nueva *ética* y *filosofía política* de grandes proporciones).

También hubo debates de la filosofía de la liberación con Paul Ricoeur en Nápoles, Gianni Vattimo (en México y Bolzano), y otros filósofos europeos y norteamericanos

---

28. Quizá la más importante corrección fue advertir sobre la diferencia entre homosexualidad y autoerotismo. El segundo, como un narcisismo freudiano, debe ser superado, no así el primero. La cuestión erótica debió igualmente situarse dentro del horizonte de la cuestión del género en una filosofía de la liberación de la mujer. De todas maneras la filosofía sobre y de las mujeres es siempre una filosofía de la liberación nueva y ejemplar.

Algunos de los filósofos del movimiento

E. Dussel y J.C. Scannone inician el proceso. El primero (1934-)[29] ha reinterpretado la historia mundial desde una hipótesis no eurocéntrica. Desde *Hipótesis para el estudio de Latinoamérica en la historia universal* (Dussel, 1966), Dussel comenzaba a situar a América Latina como la región histórica en la que se han desarrollado dos de las seis culturas neolíticas de significación mundial: la mayo-azteca y la inca (el extremo oriental del Extremo Oriente), y al este, las de Mesopotamia, Egipto, India y China. Las culturas se desarrollan desde un núcleo ético-mítico, lo que permite mostrar los supuestos ontológicos y el momento ético-político, con lo cual no sólo se hace una historia de los instrumentos de las civilizaciones, sino también de su cosmovisión. Se situaba entonces a América Latina dentro del desarrollo de la humanidad.[30] El posterior paso se da en «Cultura imperial, cultura ilustrada y liberación de la cultura popular» (en Dussel, E., 1977; 2006b, pp. 185-226). Por último, se critica la filosofía posmoderna desde un nuevo proyecto:

> Transmodernidad es un proyecto mundial de liberación que tiende a un pluriverso futuro [...] Su realización consisti-

---

29. Véase García Ruiz, P.E., 2003, para la etapa de 1961 a 1973; Schelkshorn, 1992 y 1996, que muestra la importancia de la historia en la filosofía de la liberación; Barber, M., 1998, que clarifica el momento fenomenológico y la relación con E. Levinas; Alcoff, L. y Mendieta, E., 2000, una visión actualizada, y la página Internet <www.enriquedussel.org>.

30. La reinterpretación de la historia en la filosofía de la liberación surgió como una necesidad histórica y cultural de encontrar el origen y la identidad histórica propia de América Latina. Dussel descubrió la necesidad de esta reinterpretación de América Latina en la historia mundial, en la lectura de una obra de Leopoldo Zea: América en la historia (Zea, L., 1957), donde se constata que América Latina está «fuera de la historia». Mucho después se descubrirá no sólo la importancia de 1492 como el nacimiento de la modernidad, sino la importancia de China en una visión no eurocéntrica de la historia. El proyecto futuro adquiere así la fisonomía de una «transmodernidad», que tiende a la construcción de un diálogo mundial hacia un pluriverso respetuoso de la diversidad, donde se liberen las potencialidades de cada cultura.

ría en el pasaje que correalizarán por mutua fecundidad creadora la modernidad y su alteridad negada (las víctimas). El proyecto transmoderno es una correalización de lo imposible para la sola modernidad; es decir, es correalización de solidaridad, que hemos llamado analéctica, del centro/periferia, mujer/varón, diversas razas, diversas etnias, diversas clases, humanidad/tierra, cultura occidental/culturas del mundo periférico ex colonial, etc.; no por pura negación, sino por incorporación desde la alteridad. (Dussel, 2001, p. 356)

En el nivel del desarrollo sistemático de la filosofía de la liberación, la primera obra elaborada fue *Para una ética de la liberación latinoamericana* (Dussel, E., 1973, caps. 1 y 2). Dussel se confronta con la filosofía de la modernidad, y, siguiendo la crítica que Levinas ya había planteado en *Totalidad e infinito*, muestra la forma como se ha constituido el fundamento ontológico en la tradición de la modernidad occidental europea. Este horizonte es el que habrá que superar desde el otro como distinto en el mismo mundo,[31] describiendo los diversos ámbitos de alteridad.[32] Dussel piensa a América Latina como el otro respecto a la totalidad (la modernidad europeo-occidental), desde esta ética *analéctica*.[33]

---

31. Éste es el tema del capítulo III de *Para una ética de la liberación latinoamericana* (véase Dussel, E., 1973).

32. Éste es el tema de los capítulos IV, V y VI de la primera ética. Dussel recibirá una influencia importante de Emmanuel Levinas; sin embargo, se apropia de la categoría de «otro» (distinto) para darle un contenido preciso desde la realidad de las naciones periféricas. «[…] Sin embargo, Levinas habla siempre [de] que el otro es 'absolutamente' otro. Tiende entonces hacia la equivocidad. Por otra parte, nunca ha pensado que el otro pudiera ser un indio, un africano, un asiático. El otro para nosotros es América Latina con respecto a la totalidad europea» (Dussel, 1977, p. 161).

33. «El método dialéctico es el camino que la totalidad realiza en ella misma: desde los entes al fundamento y desde el fundamento a los entes […] El método analéctico es el pasaje al justo crecimiento de la totalidad desde el otro y para 'servirle' (al otro) creativamente. La 'verdadera dialéctica' (hay entonces una falsa) parte del diálogo del otro y no del 'pensador solitario consigo mismo'» (Dussel, E., 1977, p. 161).

Pasados veinte años, y después de la incorporación del pensamiento de Marx y de K.-O. Apel,[34] se formulará totalmente de nuevo el proyecto en la *Ética de la liberación en la edad de la globalización y la exclusión* (Dussel, E., 1998). Dussel descubre en Marx una ética de contenido, de materialidad como corporalidad (trabajo vivo, trabajo no subsumido en la totalidad del capital, trabajo como vida humana) que le permitirá formular los principios de la ética desde la vida humana,[35] como criterio último de toda ética.

La nueva ética constará de seis principios: el material, el formal o de validez, el de factibilidad, y partiendo desde las víctimas, que sufren los efectos negativos del orden realizado con pretensión de bondad, los tres principios éticos críticos: el material crítico, el de validez de los excluidos del discurso y el principio de factibilidad crítico o propiamente «principio de la liberación».

En la *Política de la liberación* (Dussel, E., 2009) se subsumen los principios éticos en el campo político propiamente dicho. En la «arquitectónica» se describen los tres niveles del ser político (los actos estratégicos, las instituciones y los principios normativos políticos, vol. 2 de Dussel, E., 2009). En la «crítica» (vol. 3) se elaboran temas como la acción antihegemónica o liberadora; la transformación de las instituciones (de la transformación parcial a la revolución), y los principios normativos críticos de liberación política.

J.C. Scannone (1931-), a partir de su tesis doctoral «Sein und Inkarnation», defendida en Friburgo y Munich, y de retorno en Argentina, inaugura las Semanas Académicas de la Universidad de

---

34. Véase este debate en *Ética del discurso y ética de la liberación* (Apel, K.-O. y Dussel, E., 2005).

35. La vida es el criterio del principio material de la *Ética de la liberación en la edad de la globalización y la exclusión*; la vida, como la vida humana, que es un «modo de realidad»: «es la vida concreta de cada ser humano desde donde se encara la realidad constituyéndola desde un horizonte ontológico (la vida humana es el punto de partida preontológico de la ontología) donde lo real se actualiza como verdad práctica» (Dussel, 1998, pp. 129-136, 618). Este criterio, sin embargo, no es exclusivo del principio material sino que es subyacente a los cinco principios restantes.

El Salvador. Junto a E. Dussel, Carlos Cullen, Dina Picotti, Enrique Marenque, o europeos como Josef Reiter, Marco Olivetti, Klaus Kienzler o Emmanuel Levinas (por mencionar algunos), organizará años después un coloquio en París sobre el tema que tratará con especial dedicación: Sabiduría popular, símbolo y filosofía (1984). Entre los pensadores que influyen en su pensamiento filosófico, básicamente se encuentran Paul Ricoeur, Rodolfo Kush y Emmanuel Levinas. Entre sus obras de madurez podemos mencionar: *Nuevo punto de partida de la filosofía latinoamericana* (1990). En efecto, hay dos momentos importantes en el desarrollo de su pensamiento filosófico: la estructuración ontológica del proceso de liberación como aporte a la filosofía de la liberación, y el desarrollo de una de sus líneas, a saber: la histórico-cultural, en filosofía de la religión.

En primera instancia mencionaremos el aporte ontológico que Scannone desarrolla, mismo que se enuncia en la relación de tres elementos estructurales: el opresor, el oprimido y un tercero, la mediación,[36] que es la relación con el «hermano». El planteamiento comienza desde el posicionamiento crítico del autor ante la realidad latinoamericana y los proyectos históricos que en ella se han instaurado. Al tomar distancia de ellos y analizarlos desde la experiencia personal y social[37] en el proceso histórico, busca cómo analizar filosóficamente el modo de liberar al pueblo. Numerosas son sus obras de la primera época (1970-1989), que pueden consultarse en la biografía que se incluye en la cuarta parte de esta obra.

En su trabajo posterior, Scannone comienza el desarrollo de una de las áreas que se configuran a partir de una cierta crítica a algunos trabajos de la filosofía de la liberación: la histórico-cultural. Partiendo del imaginario popular profundiza su planteamiento filosófico en *Nuevo punto de partida de la filosofía Latinoamericana* (1990), donde se reformula el lugar hermenéutico desde el cual puede plantearse la pregunta filosófica:

---

36. Más adelante daremos explicación a esta categoría.

37. Paul Ricoeur la nombra como vía larga (Scannone, J.C., 1976, p. 130).

El inicio del filosofar a partir de la experiencia límite del pobre (cuestionamiento y asombro radicales) constituye un nuevo lugar hermenéutico para el pensamiento. Así llamamos al *desde donde* que da la perspectiva fundamental, al mismo tiempo universal, de la pregunta (y las preguntas) filosófica(s) (Scannone, J.C., 1990, p. 71).

A partir de esta nueva situación hermenéutica filosófica que se contrapone al *ego cogito* como intersubjetividad desde el yo ante el otro, y teniendo como base la reflexión sobre el ser desde la modernidad, estructura un nuevo punto de partida situado desde la Latinoamérica.

Scannone nos habla de la *sabiduría popular*, hermenéutica que parte de la positividad en la experiencia histórico-cultural del *pueblo*, que se constituye en un paso más allá de la mera negación de la negación. Su crítica a la etapa anterior a la filosofía de la liberación es que ésta reconocía la negación que pesa sobre la víctima y la niega, pero Scannone afirma que el pueblo, antes de ser negado, se inscribe ya en una positividad: la *sabiduría popular*, que es el poder sapiencial del pueblo (sujeto comunitario de historia común) que se expresa en discursos racionales simbólicos enunciados en los campos religioso, político y poético. Es en esta elaboración y reelaboración de las categorías que han de usarse para interpretar la sabiduría popular latinoamericana cuando su obra encuentra su sentido.

El nuevo punto de partida se encuentra —para Scannone— en el «nosotros estamos», en el mundo de la *sabiduría popular*, y como hermenéutica de sus símbolos. Asume el «nosotros»[38] del sujeto comunitario creador del proceso cultural vivido en la historia de los pueblos latinoamericanos. En este sentido, el «nosotros» se constituye en trama intersubjetiva que, dejando atrás al «yo» (fundamentado por Heidegger), se abre a la comunidad

---

38. «El nosotros no es la universalización del yo, ni es el sujeto trascendental de la relación sujeto-objeto, sino que implica, además del yo, también el tú y los él y ellas, que no son reductibles al yo ni siquiera comprendido trascendentalmente» (Scannone, J.C., 1990, p. 25).

(como nosotros), lo que implica no solamente al diferente dentro de la identidad, sino al distinto (siguiendo a Levinas). Además, se describe una nueva relación del «estar» que es la «tierra» —tema sugerido por Kusch y en relación con las culturas indígenas del norte argentino—, no entendida como naturaleza, sino como el arraigo a la tierra que entraña una dimensión comunitaria y simbólica.

> No se trata de la tierra como materia o como naturaleza, sino de la madre-tierra, numinosa y sagrada, raíz telúrica del arraigarse común de un pueblo y trasfondo semántico de los símbolos de su cultura (Scannone, J.C., 1984, p. 52).

Esta relación se distingue de la griega o la moderna por el hecho de que ellas se configuran a partir de la relación sujeto-naturaleza o sujeto-objeto, respectivamente. El «nosotros» es una relación en la que «la experiencia ético-religiosa del *nosotros estamos*, en donde se dan simultáneamente, en unidad y distinción, la relación del cara-a-cara (el nosotros como 'yo, tú, él') y la relación ser humano-trascendencia (el nos-otros que implica al absoluto»») (Scannone, J.C., 1990, p. 25).

En este sentido, la importancia de la aportación de Scannone a la filosofía de la liberación se da en el reconocimiento del sujeto comunitario basado en la relación del «nosotros estamos», como pueblo que es sapiente, que ha sido consciente de su negación en el sistema, y que por el método analéctico afirma su positividad para la construcción de instituciones justas que enfrenten su situación de opresión y exclusión:

> Éstos [los pobres de América Latina] conforman, a su vez, un nosotros. Mas no sólo están oprimidos y eventualmente son opresores de otros pobres, sino que, en cuanto guardan éticamente una exterioridad respecto al sistema, es decir, lo trascienden por su dignidad humana y su alteridad ética, forman un nosotros inclusivo, éticamente abierto hacia adentro, y hacia fuera, e históricamente creador de instituciones alternativas nuevas (Scannone, J.C., 1999, p. 266).

Su línea posterior de reflexión filosófica retoma la sabiduría popular para situarla como elemento primordial, que, más allá de negar la negación de la que es víctima respecto al opresor, se afirma por sí misma como positiva.

Franz Hinkelammert (1931-) es uno de los pensadores más creativos de América Latina;[39] sus intuiciones filosóficas han abierto novedosos caminos a la teoría crítica de la epistemología, en diversos campos de las ciencias sociales. La experiencia traumática de un niño y un adolescente bajo el nazismo y la guerra permitirán una comprensión profundamente crítica de la existencia política. La biografía intelectual de nuestro autor podría dividirse en cuatro momentos:

La primera etapa la cumple como el estudiante de economía (1950) que toma cursos de filosofía en Friburgo, Munster y Berlín (aquí asiste a los seminarios de Gollwitzer, teólogo marxista luterano). Entra después a un instituto donde investiga sobre la ideología y la economía soviética (Hinkelammert, F., 1961). Cuando quiere aplicar al capitalismo alemán, inspirado en la economía neoclásica, el mismo modelo usado críticamente contra el socialismo real (contenido de su tesis doctoral en economía), pierde su puesto de trabajo y parte hacia América Latina (1963).

Ante la realidad de Chile (entre 1963 y 1973) tiene la especial experiencia del ascenso de Allende al poder y convive con el exilio lati noamericano, colaborando en la enunciación de la teoría de la dependencia (Hinkelammert, F., 1974; Bautista, J.J., 2007b, pp. 34 ss.). Con A. Pinochet termina abruptamente el momento de su formación crítica.

En la tercera etapa (de 1974 a 1984) clarifica, en Costa Rica, la relación de la economía y la teología como expresiones epistemológicas, desde su obra *Las armas ideológicas de la muerte* (Hinkelammert, F., 1977), hasta culminar con la *Crítica a la ra-*

---

39. Se tiene ahora la primera biografía intelectual de nuestro pensador escrita por Juan José Bautista, *Hacia una crítica ética del pensamiento latinoamericano. Introducción al pensamiento crítico de Franz Hinkelammer*t (Bautista, J.J., 2007b).

zón utópica (Hinkelammert, F., 1984), que anticipa la crisis de la Perestroika, el derrumbe de la URSS, y visibiliza la primera crítica contra el neoliberalismo de F. Hayek (mostrando su vinculación con K. Popper).

En la cuarta etapa (1985-2005) efectúa la crítica del pensamiento neoliberal y el formalismo apeliano, y posteriormente critica el pensamiento posmoderno, cuyo momento central es *El grito del sujeto* (Hinkelammert, F., 1998), que trae al ámbito hermenéutico filosófico el texto del evangelio de Juan, en tanto texto analizado desde el pensamiento secular.

La última etapa se inaugura con *Hacia una crítica de la razón mítica* (2008), que remata su crítica epistemológica del marco categorial de las ciencias sociales de la modernidad, dando un nuevo paso a la crítica del horizonte mítico (como la idea de progreso, por ejemplo), que se había iniciado con la hermenéutica del mito abrahámico ante el edípico (Hinkelammert, F., 1988).

Hinkelammert es un pensador excepcional que tiene en último término un proyecto epistemológico. Trata de explicitarlo haciendo visible el marco categorial de las ciencias socia- les modernas, tanto de la economía como de la filosofía (y la teología, desde una teología de la liberación trabajada de una manera específicamente latinoamericana y en metodología renovadamente marxista). El tema del fetichismo será el hilo de Ariadna de toda su investigación. Detrás de las ciencias sociales burguesas y también de la crítica hay conceptos trascendentales (postulados) lógicamente posibles, pero empíricamente de imposible realización; intentar realizarlos efectivamente es caer en una «ilusión trascendental», contra la que se estrella un cierto anarquismo de derecha (como el R. Nozick del «estado mínimo») o de izquierda (desde Bakunin hasta Flores Magón o Kantorovich, con su «planificación perfecta»), así como el neoliberalismo (de F. Hayek, con su «competencia perfecta»).

Deberíamos todavía exponer a filósofos tales como Osvaldo Ardiles, Alberto Parisí, Hugo Assmann, Ignacio Ellacuría, Raúl Fornet-Betancourt, Arturo Andrés Roig, Horacio Cerutti, Carmen Bohórquez, Antonio C. Wolkmer, Rubén Dri, Héctor Samour,

Nelson Maldonado, Eduardo Mendieta, Juan José Bautista y tantos otros, pero el espacio del artículo nos lo impide. Pueden consultarse las bio-bibliografías de algunos de estos filósofos en Dussel, E, – Mendieta, E. – Bohórquez, C., *El pensamiento filosófico, del Caribe y latino (1300-2000)*, Siglo XXI, México.

Bibliografía

Alcoff, L., y Mendieta E. (eds.), 2000, *Thinking from the Underside of History: Enrique Dussel's Philosophy of Liberation*, Rowman & Littlefield, Lanham.

Apel, K.-O. y Dussel, E., 2005, *Ética del discurso y ética de la liberación*, Trotta, Madrid.

Ardilles, O., et al., 1973, *Hacia una filosofía de la liberación latinoamericana*, Bonum, Buenos Aires.

Barber, M., 1998, *Ethical Hermeneutics, Rationalism in Enrique Dussel's Philosophy of Liberation*, Fordham University Press, Nueva York.

Bautista, J.J., 2007, *Crítica de la razón boliviana*, Tercera Piel, La Paz.

Bautista, J.J., 2007b, *Hacia una crítica ética del pensamiento latinoamericano. Introducción al pensamiento crítico de Franz J. Hinkelammert*, Grupo Grito del Sujeto, La Paz.

Beorlegui, C., 2004, *Historia del pensamiento filosófico latinoamericano*, Universidad de Deusto, Bilbao.

Cardoso, F.H. y Faleto, E., 1968, *Dependencia y desarrollo en América Latina*, Siglo XXI Editores, México.

Casalla, M., 1973, *Razón y liberación. Notas para una filosofía latinoamericana*, Siglo XXI Editores, Argentina.

Cerruti Guldberg, H., 1986, *Hacia una metodología de la historia de las ideas (filosóficas) en América Latina*, UNAM, México.

Cooper, D., 1969, *La dialéctica de la liberación*, Siglo XXI Editores, México.

Dos Santos, T., 2002, *La teoría de la dependencia. Balance y perspectivas*, Plaza y Janés, México.

Dussel, E., 1966, *Hipótesis para el estudio de Latinoamérica en la historia universal*, Resistencia (Argentina). En *Obras Selectas*, vol. 2, Docencia, Buenos Aires.

Dussel, E., 1970, *Para una destrucción de la historia de la ética, vol. 1-2*, Ser y Tiempo, Mendoza. En *Obras Selectas*, vol. 3

Dussel, E., 1971, «Metafísica del sujeto y liberación», en *Temas de filosofía contemporánea. Actas del II Congreso de Filosofía*, Sudamericana, Buenos Aires, pp. 27-32.

Dussel, E., 1973, *Para una ética de la liberación latinoamericana*, vols. 1 y 2, Siglo XXI Editores, Buenos Aires. En *Obras Selectas*, vol. 8/1, Docencia, Buenos Aires.

Dussel, E., 1974, *Método para una filosofía de la liberación*, Sígueme, Salamanca. En *Obras Selectas*, vol. 7, Docencia, Buenos Aires.

Dussel, E., 1977, *Filosofía ética latinoamericana*, vol. 3, Edicol, México. En *Obras Selectas*, vol. 8/2, Docencia, Buenos Aires.

Dussel, E., 1977b, *Introducción a la filosofía de la liberación*, Extemporáneos, México. En *Obras Selectas*, vol. 9, Docencia, Buenos Aires.

Dussel, E., 1977c, *Desintegración de la cristiandad colonial y liberación*, Sígueme, Salamanca.

Dussel, E., 1983, *Historia general de la iglesia en América Latina*, vol. 1, Sígueme, Salamanca.

Dussel, E., 1985, *La producción teórica de Marx. Un comentario a los Grundrisse*, Siglo XXI Editores, México. En *Obras Selectas*, vol. 15, Docencia, Buenos Aires.

Dussel, E., 1988, *Hacia un Marx desconocido. Un comentario de los manuscritos del 61-63*, Siglo XXI Editores, México. En *Obras Selectas*, vol. 16, Docencia, Buenos Aires.

Dussel, E., 1990, *El último Marx (1863-1882) y la liberación latinoamericana*, Siglo XXI Editores, México. En *Obras Selectas*, vol. 17, Docencia, Buenos Aires.

Dussel, E., 1992b, *1492: el encubrimiento del otro. Hacia el origen del «mito de la modernidad»*, Plural Editores, Universidad Mayor de San Andrés, Bolivia. En *Obras Selectas*, vol. 19, Docencia, Buenos Aires.

Dussel, E., 1993, *Las metáforas teológicas de Marx*, Verbo Divino, Estella. En *Obras Selectas*, vol. 18, Docencia, Buenos Aires.

Dussel, E., 1994, *Historia de la filosofía y filosofía de la liberación*, Nueva América, Bogotá. En *Obras Selectas*, vol. 14, Docencia, Buenos Aires.

Dussel, E., 1998, *Ética de la liberación en la edad de la globalización y de la exclusión*, Trotta, Madrid. En *Obras Selectas*, vol. 22, Docencia, Buenos Aires.

Dussel, E., 1999, *Posmodernidad y transmodernidad. Diálogos con la filosofía de Gianni Vattimo*, UIA-ITESO, México. En *Obras Selectas*, vol. 20, Docencia, Buenos Aires.

Dussel, E., 2001, *Hacia una filosofía política crítica*, Desclée de Brouwer, Bilbao. En *Obras Selectas*, vol. 23, Docencia, Buenos Aires.

Dussel, E., 2006, *20 tesis de política*, Siglo XXI Editores-Crefal, México. En *Obras Selectas,* vol. 25, Docencia, Buenos Aires.

Dussel, E., 2006b, *Filosofía de la cultura y la liberación*, UACM, México. En *Obras Selectas*, vol. 13, Docencia, Buenos Aires.

Dussel, E., 2007, *Política de la liberación. Historia mundial y crítica*, vol. 1, Trotta, Madrid. En *Obras Selectas*, vol. 26/1, Docencia, Buenos Aires.

Dussel, E., 2007b, *Las metáforas teológicas de Marx*, El Perro y la Rana, Caracas. En *Obras Selectas*, vol. 18, Docencia, Buenos Aires.

Dussel, E., 2007b, *Materiales para una política de la liberación*, Plaza y Valdés, Madrid/México. En *Obras Selectas*, vol. 24, Docencia, Buenos Aires.

Dussel, E., 2008, «Una nueva época en la historia de la filosofía mundial», ponencia presentada en la IV Sesión Plenaria del XXII Congreso Mundial de Filosofía de la FISP (Seúl, 4 de agosto de 2008), inédito. (Verla en www.enriquedussel.com/obras/artículos). En *Obras Selectas*, vol. 1, Docencia, Buenos Aires.

Dussel, E., 2009, *Política de la liberación. Arquitèctónica,* vol. II, Trotta, Madrid. En *Obras Selectas*, vol. 26/2, Docencia, Buenos Aires.

Ellacuría, I., 1990, *Filosofía de la realidad histórica*, Trotta, Fundación Xavier Zubiri, Madrid.

Ellacuría, I., 1996, *Escritos filosóficos*, UCA, San Salvador.

Ellacuría, I., 1996b, *Veinte años de historia en El Salvador 1969-1989. Escritos políticos,* 3 vols. UCA, San Salvador.

Fanon, F., 1961, *Los condenados de la tierra*, FCE, México.

Flores García, V., 1997, *El lugar que da verdad. La filosofía de la realidad histórica de Ignacio Ellacuría,* Universidad Iberoamericana, Porrúa, México.

García Cambeiro, F. (ed.), 1975, *Cultura popular y filosofía de la liberación*, Buenos Aires.

García Ruiz, P. E., 2003, *Filosofía de la liberación. Una aproximación al pensamiento de Enrique Dussel*, Dríada, México.

Hinkelammert, F., 1961, *Der Wachtunsprozess in der Sowjetwirtschaft*, Duncker und Humbolt, Berlín.

Hinkelammert, F., 1974, *Dialéctica del desarrollo desigual*, Amorrortu, Buenos Aires.

Hinkelammert, F., 1977, *Las armas ideológicas de la muerte*, DEI, San José de Costa Rica.

Hinkelammert, F., 1984, *Crítica a la razón utópica*, DEI, San José de Costa Rica.

Hinkelammert, F., 1988, *La fe de Abraham y el Edipo occidental*, DEI, San José de Costa Rica.

Hinkelammert, F., 1996, *El mapa del emperador*, DEI, San José de Costa Rica.

Hinkelammert, F., 1998, *El grito del sujeto*, DEI, San José de Costa Rica.

Hinkelammert, F., 2008, *Hacia una crítica de la razón mítica*, Dríada, México.

Hountondji, P., 1977, *Sur la philosophie africaine. Critique de l'ethnophilosophie*, Maspero, París.

Jaguaribe, H. et al., 1970, *La dependencia político-económica de América Latina*, Siglo XXI Editores, México.

Laclau, E., 2005, *Crítica de la razón populista*, FCE, México.

Levinas, E., 1961, *Totalité et infini. Essai sur l'extériorité*, M. Nijhoff, La Haya.

Marcuse, H., 1968, *El hombre unidimensional*, Joaquín Mortíz, México.

Marcuse, H., 1969, *Ética de la revolución*, Taurus, Madrid.

Miró Quesada, F., 1981, *Proyecto y realización del filosofar latinoamericano*, FCE, México.

Parisi, A., 1979, *Filosofía y dialéctica*, Edicol. México.

Prebisch, R., 1964, *Nueva política comercial para el desarrollo*, FCE, México.

Roig, A.A. (ed.), 1977, *Esquemas para una historia de la filosofía ecuatoriana*, Universidad Católica del Ecuador, Quito.

Roig, A.A., 1981, *Teoría y crítica del pensamiento latinoamericano*, FCE, México

Roig, A.A., 1981b, *Filosofía, universidad y filósofos en América Latina*, UNAM, México.

Roig, A.A., 1984, «Cuatro tomas de posición», en *Nuestra América*, 11, pp. 55-60.

Said, E.V., 1990, *Orientalismo*, Libertarias, Prodhufi, Madrid.

Salazar Bondy, A., 1961, «Filosofía marxista en Merleau Ponty», en *Estudio*, núm. 2, Lima, pp. 10-13.

Salazar Bondy, A., 1968, *¿Existe una Filosofía en nuestra América?*, Siglo XXI, México.

Salazar Bondy, A., 1985, *Entre Escila y Caribdis*, Rikchay Perú, Lima.

Salazar Bondy, A., 1995, *Dominación y liberación. Escritos 1966-1974*, Fondo Editorial de la Facultad de Letras y Ciencias Humanas-Universidad Nacional Mayor de San Marcos, Lima.

Samour, H., 2003, *Voluntad de liberación. La filosofía de Ignacio Ellacuría*, Comares, Granada.

Scannone, J. C., 1972, «Ontología del proceso auténticamente liberador», en *Stromata* 28, pp. 107-160.

Scannone, J. C., 1974, «Dependencia cultural y creación de cultura en América Latina», en *Stromata* 30, núms. 1-2.

Scannone, J. C., 1976, *Teología de la liberación y praxis popular. Aportes críticos para una teología de la liberación*, Sígueme, Salamanca. En *Obras Escogidas,* vol. 1, Docencia, Buenos Aires.

Scannone, J. C., 1984, «Sabiduría popular y fenomenología», en J. C. Scannone (ed.), *Sabiduría popular, símbolo y filosofía. Diálogo internacional en torno de una interpretación latinoamericana*, Guadalupe, Buenos Aires.

Scannone, J. C., 1990, *Nuevo punto de partida en la filosofía latinoamericana*, Guadalupe, Buenos Aires. En *Obras Escogidas,* vol. 2, Docencia, Buenos Aires.

Scannone, J. C., 1990b, «La cuestión del método de una filosofía latinoamericana», en *Stromata*, año 46, núms. 3-4, pp. 75-81.

Scannone, J. C., 1991, *Evangelización, cultura y teología*, Guadalupe, Buenos Aires. En *Obras Escogidas,* vol. 3, Docencia, Buenos Aires.

Scannone, J. C., 1996, «Cultura mundial y mundos culturales. Contextualidad y universalidad en las culturas», en *Stromata*, año 52, núms. 1 y 2, pp. 33ss.

Scannone, J. C., 1999, «La irrupción del pobre y la pregunta filosófica en América Latina», en *Filosofar en situación de indigencia*, Universidad Pontificia de Comillas, Madrid.

Schelkshorn, H., 1996, *Diskurs und Befreiung*, Rodopi B.V., Amsterdam.

Schelkshorn, Hans, 1992, *Ethik der Befreiung. Einfuehrung in die Philosophie Enrique Dussel*, Herder, Friburgo/Viena.

Sols Lucía, J., 1999, *La teología histórica de Ignacio Ellacuría*, Trotta, Madrid.

Spivak, G., 1987, «Subaltern Studies: Deconstructing Historiography and Value», en G. Spivak, *In Others Words: Essays in Cultural Politics*, Methuen, Nueva York.

Zea, L., 1957, *América en la historia*, FCE, México.

Zea, L., 1974, *Dependencia y liberación en la cultura latinoamericana*, Joaquín Mortiz, México.

Zea, L., 1975, *La filosofía latinoamericana como filosofía sin más*, Siglo XXI Editores, México.

Biblioteca Testimonial Del Bicentenario

Dirección: Eugenio Gómez de Mier

Juan Manuel Beruti

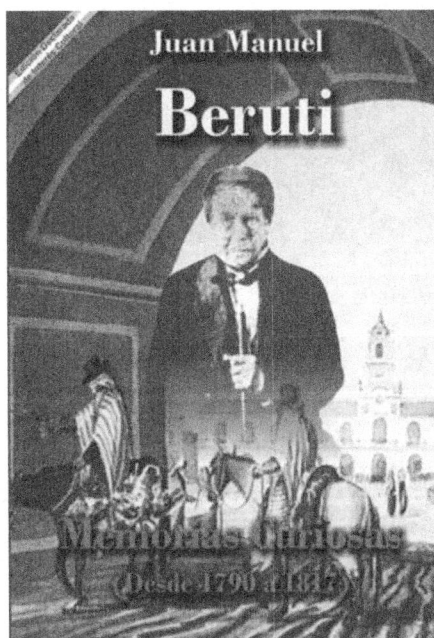

Memorias Curiosas I

Filosofía de la Liberación

Biblioteca Testimonial Del Bicentenario

Dirección: Eugenio Gómez de Mier

Juan Manuel Beruti

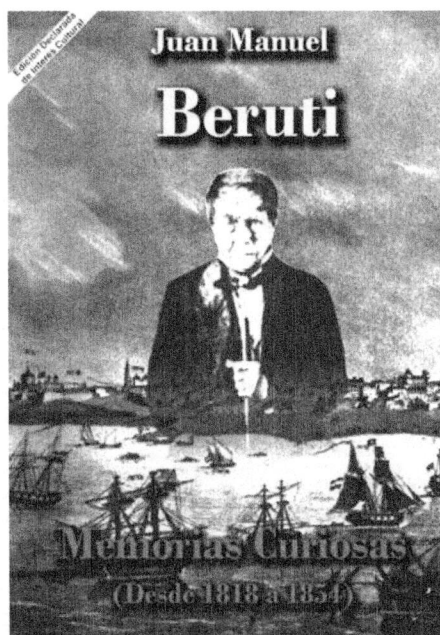

Memorias Curiosas I

1. HISTORIA

Valga esta corta introducción como mero ejemplo de un momento de la Filosofía de la Liberación, que siempre debería comenzar por presentar la génesis histórico-ideológica de lo que pretende pensar, dando preponderancia a su impostación espacial, mundial. Es la "histórica" o los momentos formativos de la filosofía, de la historia de la Filosofía. Se puede así efectuar una "de-strucción" o "re-construcción" de dicha historia.

1.1. GEOPOLITICA Y FILOSOFIA

1.1.1 Sentido de la cuestión

1.1.1.1 Desde Heráclito hasta von Clausewitz o Kissinger, "la guerra es el origen de todo", si por todo se entiende el orden o el sistema que el dominador del mundo en el ejercicio de la razón cínica, controla desde el poder y con los ejércitos. Estamos en guerra y por ello se trata del uso de la razón estratégica. Guerra siempre potencial del Norte contra el Sur; éstos que son los que la sufren desde la "Guerra del Golfo" o la ocupación de Somalia. "Nuevo Orden Mundial" para los que fabrican las armas; existencia sangrienta para quienes son obligados a comprarlas y usarlas. El espacio como campo de batalla, como geografía estudiada para vencer estratégica o tácticamente al enemigo, como ámbito limitado por fronteras, es algo muy distinto a la abstracta idealización del espacio vacío de la física de Newton, o al espacio existencial de la fenomenología. Estos espacios son ingenuos irreales, no-conflictivos. El espacio del planeta dentro del horizonte ontológico es el espacio controlado por el centro, por el estado orgánico y autoconsciente sin contradicciones porque es el estado hegemónico hoy sin contrapartida. No hablamos del espacio del claustrófobo o del agorófobo. Hablamos del espacio ético-político, el que comprende todos los espacios, los físicos existenciales, dentro de las fronteras y la competencia del mercado económico, en el cual se ejerce el poder bajo el control de los ejércitos. No advertidamente la filosofía nació en este espacio. Nació en los espacios periféricos en sus tiempos creativos. Poco a poco fue hacia el centro de sus épocas clásicas, en las grandes ontologías, hasta degradarse en la mala conciencia de las edades morales o, mejor, moralistas.

1.1.1.2 Se trata entonces de tomar en serio al espacio, al espacio geo-político. No es lo mismo nacer en el Polo Norte o en Chiapas que en New York. La "caída del muro de Berlín" no ha cambiado esta situación; más bien la ha acrecentado. Dicha caída del muro, que comenzó a levantarse en la década del 60, ha hecho más trágica la realidad presente. El otro "muro" más antiguo es ahora más alto; comenzó a levantarse en 1492, y separa el norte desarrollado y el sur empobrecido, pasa por el Río Colorado, el Mediterráneo y las aguas territoriales del Japón.

1.1.2 La opresión de la periferia colonial y neocolonial

1.1.2.1 La Filosofía de la Liberación es el contradiscurso de la modernidad en crisis y al mismo tiempo es transmoderna: la filosofía moderna eurocéntrica, aún antes del ego conquiro (yo conquisto, prehistoria del ego cogito), pero ciertamente a partir de él, sitúa a todos los pueblos, a todas las culturas, y con ello sus mujeres y sus hijos, dentro de sus propias fronteras como útiles manipulables, bajo el imperio de la razón instrumental. La ontología los sitúa como entes interpretables, como ideas conocidas, como mediaciones o posibilidades internas al horizonte de la comprensión del ser; la lengua hegemónica los bautiza con sus propios nombres al "des-cubrirlos" y explorarlos. Espacialmente centro, la subjetividad moderna constituye una periferia y se pregunta con Fernández de Oviedo: "¿Son seres humanos los indios?", es decir, ¿son europeos y por ello animales racionales? Lo de menos fue la respuesta teórica, en cuanto a la respuesta práctica, que es la real, lo seguimos sufriendo todavía: somos sólo la mano de obra, si no irracionales, al menos "bestiales", incultos -porque no tienen la cultura del centro-, salvajes... subdesarrollados.

1.1.2.2 Esa ontología eurocéntrica no surge de la nada. Surge de la experiencia práctica de dominación sobre otros pueblos, de la opresión cultural sobre otros mundos. Antes que el ego cogito hay un ego conquiro (el "yo conquisto" es el fundamento práctico del "yo pienso"). El centro se impuso sobre la periferia desde hace cinco siglos. Pero ¿hasta cuándo? ¿No habrá llegado a su fin la preponderancia geopolítica del centro? ¿Podemos vislumbrar un proceso de liberación creciente del mundo de la periferia? Para ello deberíamos ir más allá de la modernidad, pero no como el postmodernismo nihilista. Nuestro camino es otro, porque hemos sido y somos la "otra-cara" de la modernidad. Se trata de un proyecto "trans-moderno", "meta-moderno", que debe asumir el núcleo racional moderno, pero que critique superando su mito irracional.

1.1.3 Espacialidad geopolítica e historia de la filosofía

1.1.3.1 La filosofía no piensa la filosofía, cuando es realmente filosofía y no sofística o ideología. No piensa textos filosóficos, y si debe hacerlo es sólo como propedéutica pedagógica para instrumentarse con categorías interpretativas. La filosofía piensa lo no-filosófico: la realidad. Pero porque es reflexión sobre la propia realidad del filósofo parte de lo que ya es, de su propio mundo, de su sistema, de su espacialidad. Pareciera que la filosofía ha surgido en la periferia, como necesidad de pensarse a sí mismo ante el centro y ante la exterioridad, o simplemente ante el futuro de liberación.

1.1.3.2 Desde la periferia política, porque dominados o coloniales, desde la periferia económica, porque colonos, desde la periferia geo-política, porque excluídos, apareció el pensamiento presocrático en la actual Turquía o en el sur de Italia, con antecedentes lejanos en Egipto antes que en Grecia. El pensar medieval emerge desde las fronteras del imperio; los padres griegos son periféricos (desde Capadocia a Alejandría), e igualmente los latinos. Ya en el renacimiento carolingio la renovación viene desde la periférica Irlanda. Desde la lejana Königsberg, al este del Báltico, irrumpe Kant. Desde el exilio inglés crece el pensar de Marx. Los seres humanos lejanos, los que tienen perspectiva desde la frontera hacia el centro, los que deben definirse ante el ser humano ya hecho y ante sus hermanos bárbaros, nuevos, los que esperan porque están todavía fuera, esos seres humanos tienen la mente limpia para pensar la realidad. Nada tienen que ocultar. ¿Cómo habrían de ocultar la dominación si la sufren? ¿Cómo sería su filosofía una ontología ideológica si su praxis es de liberación ante el centro frente al que se sitúan? La inteligencia filosófica nunca es tan válida, clara, tan precisa como cuando parte de la opresión y no tiene ningún privilegio que defender, porque no tiene ninguno.

1.1.4 El centro, la ontología clásica y el sistema

1.1.4.1 El pensamiento crítico surge en la periferia -a la cual habría que agregarle la periferia social, las clases oprimidas, los lumpen- termina siempre por dirigirse hacia el centro. Es su muerte como filosofía crítica; es su nacimiento como ontología acabada y como ideología. El pensar que se refugia en el centro termina por pensarlo como la única realidad. Fuera de sus fronteras está el no-ser, la nada, la barbarie, el sin-sentido, las lenguas primitivas, los mundos salvajes. El ser es el fundamento mismo del sistema o la totalidad de sentido de la cultura y el mundo del centro.

1.1.4.2 Para Aristóteles, el gran filósofo de época clásica, en tiempo de una formación social esclavista autocentrada, el griego es "ser humano (ánthropos)", no lo es el bárbaro europeo (Europa es todavía la barbarie), porque le falta habilidad, ni lo es tampoco el asiático porque le falta fuerza y carácter; tampoco son seres humanos los esclavos, a medias lo es la mujer y el niño sólo en potencia. Ser humano es el varón libre de las polis de la Hélade. Para Tomás de Aquino el señor feudal ejerce un ius dominativum (derecho de señorío) sobre el siervo de su feudo, lo mismo el varón sobre la mujer -ya que Eva aunque hubiera pecado no podía transmitir el pecado original, porque la madre sólo administra la materia (materitan tantum), pero es el varón el que da el ser (esse) al hijo-. Para Hegel el estado que porta el Espíritu es el "dominador del mundo" ante el cual todo estado "no tiene ningún derecho (rechtlos)". Por ello Europa se constituye en "la misionera de la civilización en el mundo". La Modernidad construye un mito irracional hacia afuera (al justificar el uso de la violencia, la guerra para destruir los obstáculos al proceso civilizador sobre los pueblos inferiores, posición que defendieron Ginés de Sepúlveda, Kant, Hegel o la mayoría los actuales filósofos europeos o norteamericanos).

1.1.4.3 La ontología, el pensar que expresa el ser -del sistema vigente y central, es la ideología de las ideologías, es el fundamento de la auto-interpretación de los imperios, del centro. La filosofía clásica de todos los tiempos es el acabamiento o el cumplimiento teórico de la opresión práctica de las periferias.

1.1.4.4 Por ello la filosofía, como el centro de la hegemonía ideológica de clases, las élites, y culturas dominantes, cuando es filosofía de la dominación, juega un papel esencial en la historia, en concreto en la filosofía moderno-europea. Por el contrario, se podría rastrear en toda esa historia el pensamiento crítico que es, de alguna manera, filosofía de la liberación, contradiscurso en cuanto se articula a la praxis, formación cultural e ideológica de los pueblos, los grupos, los movimientos y las clases, el género, el sexo y las generaciones futuras dominadas de antemano.

1.1.5 La "Edad Eje" y la "marcha hacia el Este"[1]

1.1.5.1 Karl Jaspers habla de una "Edad Eje (Achenzeit)" en la que la Humanidad habría cobrado conciencia crítica (una primera "Ilustración [Aufklärung])". En dicha Edad queremos situar igualmente una proto-filosofía africana, asiática y amerindia (si los presocráticos fueron igualmente un movimiento proto-clásico), para distorcionar la visión eurocéntrica de la Historia Mundial hegeliana, y de la historia de la filosofía tradicional -liberándola del manejo ideológico, ario y racista eurocéntrico del romanticismo alemán[2], que comienza por el "secuestro" del pensar griego y continúa por la pretensión de universalidad, de la "centralidad" mundial de la Europa occidental.

1.1.5.2 La revolución neolítica o urbana comienza hace unos diez mil años a.JC; tiene ya una expresión madura en la confederación de ciudades en la Mesopotamia (en el IV milenio

---

[1] Véase mi obra *1492: El encubrimiento del Otro. Hacia el orígen del mito de la modernidad*, Nueva Visión, Madrid, 1992, y posteriormente publicado en diversas lenguas.
[2] Véase Martin Rernal, *Black Athena*, Rutgers University Press, New Brunswick, 1987, t. I.

a.JC.), y podemos situarla en el III milenio a.JC. en las primeras dinastías egipcias (que provenían del sur, del mundo bantú del Africa central, y donde comienza la larga tradición de la "resurrección" que culminará en los cultos de Osiris); continuará en las ciudades del valle del Indo (a medidados del III milenio), para culminar por el Este en el imperio Chino (cuyas primeras dinastías deben situarse al comienzo del II milenio). Fue una larga marcha hacia el Este (contra la opinión de Hegel de que la historia tiene la dirección "del Este hacia el Oeste", lo que le permite decir que "Europa es el centro y el fin de la historia").

Esquema 1

GRANDES CULTURAS NEOLÍTICAS
Y AREAS DE CONTACTOS DEL OESTE HACIA EL ESTE

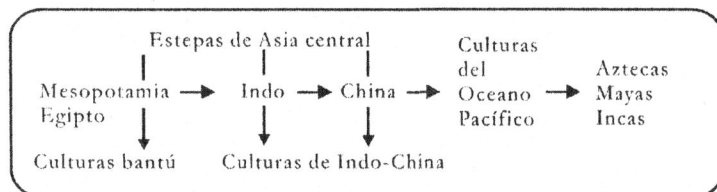

1.1.5.3 Unos 50.000 años a.JC, el homo sapiens cruza por Bering y llega por Alaska y Canadá al continente americano. Lo "humaniza", "descubre América", en una de sus corrientes, por las praderas, los ríos, las islas del Caribe, y pasa del Orinoco al Amazonas, llegando al Río de la Plata en el sur. Unos 12.000 años a.JC. lo vemos llegar a Tierra del Fuego. Otra corriente, se interna en las altas montañas, las Rocallosas, llega al "embudo" mexicano (limitado por la Sierra Madre oriental y occidental), a Centroamérica, a la región de los Andes colombianos hasta Chile. A más de 1000 metros de altura, sobre el Pacífico, se desarrolla la "América Nuclear".

1.1.5.4 Como las estepas del Asia central, el Océano Pacífico (el "Mar del Sur") fue, por su parte, un área de contacto entre culturas. Los polinésicos dominaron el gran Océano.

Llegaron en múltiples expediciones a las costas occidentales de América, y ciertamente influenciaron a las grandes culturas americanas. De manera que podemos indicar, como resumen, que los amerindios son por su raza, cultura, visión del mundo, el Extremo Oriente del Oriente.

1.1.5.5 Las grandes culturas mesoamericanas (olmeca, maya, tolteca en Teotihuacán, azteca, zapoteca, etc.), las culturas chibchas en Colombia, y la inca, partiendo de las culturas del Titicaca boliviano, hacia Perú y Ecuador, constituyen el progreso hacia el Este de la revolución neolítico-urbana. En ellas se dió una primera sistematización de la visión cotidiana del mundo, que el mismo Toynbee llegó a denominar el "huiracochinismo", pero que en el mundo mesoamericano recibió el nombre de "Tolteyotl": la suma de la sabiduría de los toltecas de Tula (aproximadamente en el 700 d.JC.).

1.1.5.6 La "Edad Eje" propuesta por Jaspers nos indicaría, aproximadamente entre los siglos X a VII a.JC., la aparición de los textos de la sabiduría egipcia-africana (p.e. el Libro de los muertos, o la Sabiduría de Menfis, éste última anterior al siglo XX a.JC), los presocráticos en la Magna Grecia, los primeros profetas de Israel, el trasfondo de la sabiduría del zoroastrismo mesopotámico, la sistematización de los Upanishadas del Indo, la renovación de Buda desde el Nepal, la sabiduría china del taoísmo y posteriormente de Confucio, a la que debemos agregar -con una cierta posterioridad, desde el siglo VIII d.JC, propia de la diacronía del neolítico que camina hacia el Este- el "tolteyotl" mesoamericano, que es expresado en la gran sabiduría de los tlamatinime, o entre los incas ya presente en la visión de los amautas.

1.1.5.7 Es necesario entonces, para una Filosofía de la Liberación en la Periferia mundial, y especialmente en América Latina, situar la filosofía del omeyotl (la "Dualidad" originaria), que se enseñaba en el calmecac (escuela de la sabiduría náhuatl), como un movimiento proto-filosófico de la "Edad Eje", en el nivel de los presocráticos, al menos de los primeros que se interesaban por el origen del cosmos, que lo buscaban en los elementos primigenios (tierra, aire, fuego, agua), o ya que concebían el "uno (*tò én*)" como lo primero. Los aztecas, al pensar el "dos (*omé*)" como el dialéctico origen de todo, podían inmediatamente pensar la pluralidad (los "cuatro" Tezcatlipocas) sin el paso irracional del pensamiento griego posterior. Estos debían situar a la "materia" como principio de determinación:¿esta materia era eterna como el "uno" u originada posteriormente? O como segunda posibilidad: ¿qué podía producir a la pluralidad en el origen si todo era sólo "uno"? No hay salida partiendo del "Uno" y todo se torna irracional. No así el pensamiento de la sabiduría azteca.

1.1.6 La filosofía griega[3]

1.1.6.1 La filosofía egipcia se prolonga en sus colonias (Atenas lo fue de Sais, ciudad del Delta del Nilo). Parménides, desde la periferia de la magna Grecia, enunció el comienzo radical de la filosofía como ontología: "El ser es, el no-ser no es". ¿Qué es el ser sino el fundamento del mundo, el horizonte que comprende la totalidad dentro del cual todo cobra sentido, la frontera del mercado que controlan los ejércitos? El ser coincide con el mundo, es como la luz (*tò fôs*) que ilumina un ámbito y que no es vista. El ser no se ve; se ve lo que él ilumina; las cosas (*tà ónta*), la palabra (*el lógos*), los útiles (*tà prágmata*). Pero el ser es lo griego, la luz de la propia cultura griega. El ser llega hasta las fronteras de la helenicidad. Más allá, más allá del horizonte, está el no-ser, el bárbaro, Europa y Asia. Es en la política, la de Platón, Aristóteles, Epicuro, de los estoicos, donde se descubre el sentido de la ontología.

1.1.6.2 Desde los pobres colonos que como Heráclito enunciaban que el ser es como el lógos que, como el muro, defiende la ciudad (de los bárbaros), hasta el cosmopolitismo alejandrino o romano en el que se confunde la ciudad con el cosmos, se diviniza la ciudad greco-romana y se le identifica con la naturaleza misma. La ontología termina así por afirmar

---

[3] Véase mi obra *El humanismo helénico*, Eudeba, Buenos Aires, 1976; M. Bernal, *op. cit.*, I, pp. 84 ss, Danaos egipcio es el fundador de Atenas. Europa es la hija de Kadmos, un fenicio.

que el ser, lo divino, lo político y lo eterno son "una y la misma cosa". Identidad del poder y la dominación, el centro, sobre las colonias, sobre otras culturas, sobre los esclavos de otras razas. El centro es, la periferia no-es. Entre los romanos, porteriormente, donde reina el ser, reinan y controlan los ejércitos del César, del emperador. El ser es; es lo que se ve y se controla.

1.1.6.3 Las filosofías clásicas helenístico-romanas, con algunas excepciones, se articularon de hecho a los intereses de las élites, grupos o clases dominantes esclavistas y justificaron su dominación desde el horizonte del ser mismo. Es fácil comprender aquello de que "el esclavo es por naturaleza esclavo" de Aristóteles, o el intento de los estoicos y epicúreos de proponer una salvación individual a los ciudadanos del imperio para, por una parte, dar conciencia tranquila a todos sus miembros y, por otra, sacralizar al imperio, manifestación terrena de los dioses del cosmopolitismo.

1.1.7. El pensar mediterráneo entre los helenistas y la modernidad[4]

1.1.7.1 El ser humano de la periferia fue en este caso el pobre beduino del desierto arábigo, no ya el indoeuropeo que, atravesando con sus caballos la estepa euroasiática, invadió un día Grecia, Roma o la India. El beduino y pastor del desierto experimenta el ser no ya como la luz, sino como proximidad, rostro-a-rostro (pnim-el-pnim en hebreo), como palabra (*dabar*), junto al hermano de la misma raza, al extranjero al que se le rinde hospitalidad. Ese beduino forma un día los reinos de Acad, Asiria, Babilonia, Fenicia. Un grupo de ellos serán esclavos; llamados los apiru[5]. La liberación de esos esclavos, míticamente liderados por un tal Moisés se convertirá en una "narración" de frecuentes "re-lecturas" (cuestión que trata en *La simbólica del*

[4] Véase mi obra *El humanismo semita*., Eudeba, Buenos Aires, 1969

[5] Norman Gottwald, *The Tribes of Yahveh*, Orbis Books, New York, 1981, pp. 389 ss, muestra como son esclavos en las montañas de Palestina en tiempos del reino de Amarna.

mal Paul Ricoeur). Será el origen de la visión del mundo que Maimónides podrá definir siglos después en el califato de Córdoba como la "filosofía de la creación", teoría crítica que justifica la revolución práctico-política de los esclavos, los pobres y oprimidos (3.4.4), tan despreciada por Nietzsche (cuando expresa que es una "religión de esclavos").

1.1.7.2 Desde la periferia, la realidad como la libertad del Otro que irrumpe ante el oído atento que escucha, también ejercerá la hegemonía en sus épocas clásicas: en Constantinopla desde el siglo IV, en Roma desde el siglo VI, en Bagdad desde el siglo IX, en Córdoba desde el siglo X, en París desde el siglo XIII[6]. El mundo semita (judío, cristiano y musulmán) también tendrá su filosofía. Habiendo comenzado por expresar con Hammurabi: "¿He hecho justicia con la viuda, con el huérfano, con el pobre?", o con Jesús de Nazaret: "¿Bienaventurados los pobres?", y habiendo comprendido que Abel nunca construyó su ciudad, como escribía Agutín en la *Civitas Dei*, terminaron por identificar a la Cristiandad, al sistema vigente, a la ciudad terrestre (la medieval o la de los califatos) con la "ciudad de Dios". La creación (como acto originante del ser desde la nada), que permitía comprender las cosas, las palabras, los útiles, los sistemas y los reinos como contingentes y posibles, y por ello cambiables (3.4.5.2), vino a formularse como la legitimación, la justificación del sistema medieval latino-europeo: el creador formó las cosas así. La ideologización de la teoría subversiva y política de la creación fue el comienzo de su fin, el de su fosilización, el de la revolución moderna centroeuropea.

1.1.7.3 Es decir, y repitiendo, el pensar metódico semita, musulmán y cristiano, que comenzó por estar articulado a las tribus nómadas y austeras del desierto, terminó por justificar al mundo del refinamiento de Bagdad, de Bisancio o del feudalismo medieval latino, a las élites, grupos y clases dominantes comerciales o feudales. No faltaron los críticos al mundo así jerarquizado como dominación mercantil o feudal, estructura tributaria recesiva, pero frecuentemente terminaron en las manos de los califas o del Santo Oficio de la Inquisición.

[6] Véase mi obra *El dualismo en la antropología de la Cristiandad. Desde el origen del cristianismo hasta antes de la conquista de América*, Guadalupe, Buenos Aires, 1974.

1.1.8 La filosofía moderna eurocéntrica

1.1.8.1 La modernidad nace cuando se derrumba el milenario Mediterráneo. Desde los cretenses y fenicios, hasta los árabes y venecianos, el Mediterráneo era un mar de grandes conexiones; era un área periférica de la historia que unía el norte del Africa con el Oriente medio hacia la India, y hacia el occidente con la Europa del sur. Sin embargo, aislada la Europa germano-latina por el mundo otomano-musulmán (que llegaba desde el sur de España en Granada, hasta las puertas de Viena bajo la presión turca, después de la caída de Constantinopla en 1453), no podía expanderse por el ancho mundo. Los musulmanes llegaban desde el Marrueco de los Almohavides, hasta Túnez, Egipto o el Irak; del califato moghol de Angra o Delhi, a los reinos comerciales de Malaca y hasta la isla de Mindanao en Filipinas. Desde el Atlántico al Pacífico era la única universalidad empírica en el siglo XV. La Europa occidental era sólo una cultura marginal y periférica[7].

1.1.8.2 Las cruzadas medievales fueron el primer intento expansionista europeo, pero los musulmanes eran lo suficientemente fuertes para volver las fronteras a su situación anterior. Llegado el siglo XIV, comienzan primero los portugueses y después los españoles a internarse en el Atlántico tropical (que será desde fines del siglo XV hasta hace poco, el centro de la primera historia mundial). España y Portugal inician la modernidad mercantil, desenclaustran Europa por el occidente; Rusia lo hará por la tundra del norte hacia el oriente. En el siglo XVI España descubre el Pacífico por el occidente y Rusia por el oriente. El mundo árabe es ahora el rodeado, y pierde la centralidad que había ejercido durante casi mil años. España y Portugal dejarán después lugar al imperio holandés e inglés. Europa es ahora, sólo ahora y no antes, el centro (en el sentido hegeliano, claro que éste proyecta esa centralidad, casi, hasta Adán y Eva -que son vistos como proto-europeos por la conciencia ingenua del mundo cotidiano). Desde la experiencia de esta "centralidad" conseguida

---

[7] Véase mi obra *1492: El encubrimiento del Otro*, ya citada, y la de Samir Amin *Eurocentrism*, Monthly Review Press, New York, 1989.

con violencia, el europeo comienza a considerarse como un "Yo" constituyente. Es el nacimiento de la historia de la subjetividad moderna, del "eurocentrismo". "Centralidad" europea en la historia mundial es la determinación esencial de la modernidad.

1.1.8.3 Desde el "yo conquisto" al mundo azteca (1521) e inca, a toda América (primer holocausto de la modernidad), desde el "yo esclavizo" a los negros del Africa (segundo holocausto) vendidos por el oro y la plata logrados con la muerte de los indios en el fondo de las minas, desde el "yo venzo" de las guerras realizadas en India y China hasta la vergonzosa "guerra del opio"; desde ese "yo" se despliega el pensar cartesiano del ego cogito (1636)[8]. Ese ego será la única substancia, divina entonces en Spinoza. Con Hegel el *ich denke* * de Kant cobrará igualmente divinidad acabada en el *absolute Wissen*[9]. Saber absoluto que es el acto mismo de la totalidad como tal: Dios en la tierra. Si la fe, el "culto" perfecto de la religión absoluta en la *Filosofía de la religión*, es la "certeza" de que la representación del entendimiento es la idea absoluta, dicha certeza es la que tienen los dominadores del mundo de ser la manifestación en la tierra de la misma divinidad. Los imperios del centro, Francia e Inglaterra como potencias coloniales, la Alemania nazi (que con el genocido judío cumple el tercer holocausto de la Modernidad), y posteriormente Estados Unidos con su CIA, poseen así, una vez más, una ontología que los justifica; una sutil ideología que les da buena conciencia. ¿Qué es Nietzsche sino una apología del ser humano conquistador y guerrero? ¿Qué es la fenomenología y el pensamiento existencial sino la descripción de un yo o un *Dasein* desde el cual se abre un mundo, el propio siempre? ¿Qué son muchas de las escuelas críticas o aún las que

---

[8] Véase mi obra *Para una des-strucción de la historia de la ética*, Universidad Nacional de Cuyo, Mendoza, 1972. Igualmente en *Para una ética de la liberación latinoamericana*, Siglo XXI, Buenos Aires, t.I, 1973, capítulos 1 y 2.

[9] Véase mi obra *Método para una filosofía de la liberación. Superación analéctica de la dialéctica hegeliana*, Sígueme, Salamanca, 1974 (2da.ed., Universidad de Guadalajara, Guadalajara, 1992).

*Véase sobre esta palabra el "Índice alfabético de palabras en otras lenguas", al final de esta obra.Nota del Editor.

se lanzan a la utopía, sino la afirmación del mismo centro como mera posibilidad futura de "lo mismo"? ¿Qué es el estructuralismo sino la afirmación de la totalidad aunque se las respete en su coexistencia antropológica, sin solución política económica de real liberación? ¿Cómo piensa la exclusión del otro el modelo de la "comunidad de comunicación"?

1.1.8.4 "Dios ha muerto", es decir, Europa ha muerto porque se había identificado con Dios: el fetiche al menos ha muerto para nosotros, y con ella Estados Unidos como su cuantitativa prolongación. La muerte del fetiche (3.4.3) es importante, porque como "toda crítica comienza por la crítica de la religión" fetichista; la liberación es posible sólo cuando se tiene el coraje de ser ateos del imperio, del centro, afrontando así el riesgo de sufrir su Poder, sus boicots económicos, sus ejércitos y sus agentes maestros de la corrupción, el asesinato, la tortura y la violencia.

1.1.8.5 *Homo homini lupus* es la definición real, es decir política, del *ego cogito* y de la filosofía europea moderna. Es la expresión ontológica de la ideología de la clase burguesa, triunfante en la revolución inglesa, y que dominará el mundo por el sistema capitalista. La filosofía hegemónica se convierte nuevamente en el centro de la hegemonía ideológica (Gramsci) de las clases dominantes.

1.1.9 Filosofía de la liberación de la periferia

1.1.9.1 Crítica a la conquista
1.1.9.1.1. La filosofía de la liberación es reciente, nació en Argentina al final de la década del 60. Sin embargo, sus antecedentes se encuentran en el origen mismo de la filosofía moderna europea. Bartolomé de las Casas (1484-1566) dijo muy precisamente que "dos maneras han tenido en extirpar de la faz de la tierra aquellas miserandas naciones" refiriéndose a los dos modos que han usado los europeos en dominar a la periferia. "La una por injustas, crueles, sangrientas y tiránicas guerras"; es decir, los europeos han asesinado a los habitantes de la periferia (es la muerte del otro). "La otra, después que han asesinado a todos los que podían anhelar la libertad, como son los seres humanos

varones, porque comúnmente no dejan en la guerra sino los niños y las mujeres, se les oprime con la más dura, horrible y áspera servidumbre". Se trata, como puede observarse, de la dialéctica explícita del señor y el esclavo, de reflexiones publicadas en 1552 en Sevilla en la *Brevísima relación de la destrucción de las Indias*. Se ha asesinado al indio, pero cuando dejan alguno en vida lo reducen oprimiéndolo con horrible servidumbre. El texto indica además que dejan en vida a la mujer, para amancebarse con ella (dominación erótica, 3.2.5), y a los niños, para educarlos en la cultura europea (dominación pedagógica, 3.3.5). Y así, en nombre del nuevo dios (el oro y la plata, el dinero, las libras esterlinas o el dólar), fueron inmolados en el altar del mercantilismo primero, en el del primer imperialismo y en el actual sistema de las trasnacionales, muchos más millones de personas de la periferia que los que el limitado imperio de los aztecas inmoló (con tanto horror y espanto de la culta y religiosa Europa) a su dios Huitzilopochtli.

1.1.9.1.2. La filosofía que sepa pensar esa realidad, la realidad mundial actual, no desde la perspectiva del centro, del poder cultural, racional, erótico, político, económico o militar, sino desde más allá de la frontera misma del mundo actual central, desde la periferia, esa filosofía no será ideológica (o al menos lo será en menor medida). Su realidad es la tierra toda, y para ella son (no son el no-ser) realidad también los "condenados de la tierra".

1.1.9.2 Filosofía colonial mercantilista

1.1.9.2.1 La filosofía colonial universitaria latinoamericana no contará para nada con la sabiduría náhuatl (de los tlamatinime) o inca (de los amautas) (1.1.5.7). Fue una absoluta tabula rasa. El mismo Bernardino de Sahagún, el más insigne de los antropólogos en el origen de la modernidad, no tuvo la capacidad de poder continuar, ni de lejos, la antigua sabiduría. Fue tronchada, como se tronchó la cabeza de las culturas amerindias a fuerza de espada.

1.1.9.2.2 Denominamos, entonces, filosofía colonial no

sólo a la que se cumple en América Latina, en esta primera etapa desde el siglo XVI (ya que en 1552 se fundaron las universidades de México y Lima, con igual grado académico que las de Alcalá y Salamanca), sino especialmente al espíritu de pura imitación o repetición en la periferia (en Africa y Asia) de la filosofía vigente en el centro, con honrosas y pocas excepciones.

1.1.9.2.3 La filosofía colonial latinoamericana se cultivó en la periferia hispánica. España, como ningún otro poder metropolitano (por influencia del Renacimiento y el "siglo de oro" ibérico), fundó en sus colonias americanas más de treinta centros superiores que expedían licencia en filosofía (en su mayoría con el fin exclusivo de continuar los estudios eclesiásticos). Las más famosas facultades de filosofía fueron las de México, cuyos profesores publicaron sus obras en Lyon, Leipzig, Venecia y otros grandes centros editoriales de Europa, como en el caso de la *Logica mexicana* de Antonio Rubio (1548-1615), que se usaba como libro de texto en la Universidad de Alcalá (y tuvo decenas de ediciones, como p.e. la de 1605 de Köln) y de Lima. Ello no obstaba para que se cultivara la filosofía en otros centros. Y así un Juan Espinoza Medrano (1632-1688) publicó su famosos *Cursus philosophicus* en 1688. Caben ser nombradas las facultades de Santa Fe de Bogotá, Guatemala, Quito, Santiago de Chile, Córdoba del Tucumán, etc. Sin embargo, todas ellas fueron, aunque en parte creativas, el reflejo de la segunda escolástica hispánica. En el siglo XVIII, la cultura barroca jesuita, con sus imponentes reducciones de indios (las más famosas en el Paraguay), dió pasos importantes en filosofía, física, matemáticas, política. Empero, nunca superó la imitación, y el proceso fue doblemente ideológico, por una parte, por ser ya ideológico en Europa, y, por otra, por repetirse en la periferia ocultando la dominación que se sufría.

1.1.9.2.4 La etapa colonial mercantilista en las colonias portuguesas y las primeras colonias inglesas no contempló la fundación de centros filosóficos "a la europea" en Africa o Asia. En Coimbra o en Londres se formaban las élites coloniales. Fue el comienzo de una dominación cultural que se perfeccionaría más adelante.

1.1.9.3 Pensar de la emancipación colonial mercantilista

1.1.9.3.1 Hace poco más de dos siglos, en 1776 exactamente, comienza el proceso de emancipación contra el mercantilismo de las metrópolis. En New England un grupo de valientes colonos se levanta contra la metrópoli Inglaterra y comienza así la guerra de la emancipación nacional. Ese proceso continuará en América hispano portuguesa, desde 1810 hasta 1898 desde la emancipación de Argentina y Perú, hasta la de México o Brasil, para terminar con el Caribe: Puerto Rico pasará de colonia española a "Estado libre asociado" de Estados Unidos en 1898, así como medio siglo antes éstos habían anexado a Texas, Nuevo México y California, desgajándolas de México. Desde Jorge Washington hasta Miguel Hidalgo, Simón Bolívar y Juan J. de San Martín, brilló en ellos un pensar emancipatorio que no llegó a ser una filosofía explícita. Bentham lo vió a fines del siglo XVIII y Hegel lo describe en su Filosofía del derecho en 1821: "Inglaterra comprendió que le era más útil la emancipación de las colonias que el mantenerlas dependientes". El imperio inglés había aprendido que se ahorraba capital al retirar su burocracia y su ejército de las colonias. Los héroes emancipadores eran ingenuos en cuanto al alcance de su acción. La liberación, de la que habla la filosofía de la liberación, era todavía un horizonte futuro insospechado. En ellos, sin embargo, nuestra actual filosofía puede beber un anhelo profundo de libertad.

1.1.9.4 Filosofía de la recolonización imperialista

1.1.9.4.1 Pero tan pronto como la primera crisis de la revolución industrial pudo superarse, en Inglaterra y Francia principalmente en torno al 1850, es decir cuando se produjo una recapitalización suficiente, las metrópolis comenzaron una segunda etapa colonial (en la segunda mitad del siglo XIX). Ahora son el mundo árabe, el Africa negra, la India y el sudeste asiático los que recibieron el embate de lo que pronto será el imperialismo financiero e industrial monopolista.

1.1.9.4.2 Las élites coloniales fueron sistemáticamente

Historia

educadas en el centro. Oxford, Cambridge, París se transformaron
en los centros de "re-educación", de "lavado de cerebro" hasta
bien entrado el siglo XX. Las oligarquías criollas coloniales fueran
mestizas, negras o amarillas, copiaron la filosofía metropolitana.
Verdaderos títeres, repetían después en la periferia lo que sus
egregios profesores de las grandes universidades metropolitanas
les habían enseñado. En El Cairo, Dakar o Saigón, lo mismo que
en Buenos Aires o Lima, enseñaban a sus discípulos el ego cogito,
desde el cual ellos mismos quedaban constituidos como un
ideatum, cogitatum, entes a disposición de la "voluntad de Poder"
como voluntades impotentes, dominadas. Maestros castrados que
castraban a sus discípulos.

1.1.9.4.3 Estos filósofos colonizados habían olvidado su
pasado. El mundo árabe no se remontaba a su espléndida filosofía
floreciente ya en el siglo IX. La India y la China, que desde hacía
más de tres milenios daban frutos gigantescos de gran pensamiento,
se avergonzaban de sus sabios. El pasado no resistió el embate del
pensamiento imperial metropolitano moderno, al menos en sus
grupos pretendidamente más progresistas, modernizadores,
desarrollistas.

1.1.9.4.4. Los filósofos modernos europeos piensan la
realidad que les hace frente: desde el centro interpretan la periferia.
Pero los filósofos coloniales de la periferia repiten una visión que
les es extraña, que no es la propia: se ven desde el centro como
no-ser, nada, y enseñan a sus discípulos, que todavía son algo (por
cuanto son analfabetos de los alfabetos que se les quiere imponer),
que en verdad nada son; que son como nadas ambulantes de la
historia. Cuando han terminado sus estudios (como alumnos
todavía eran algo, porque eran incultos de la filosofía europea),
terminan como sus maestros coloniales por desaparecer del mapa
(geopolíticamente no son, filosóficamente tampoco). Esta triste
ideología con el nombre de filosofía, es la que todavía es enseñada
en la mayoría de los centros filosóficos de la periferia por la
mayoría de sus profesores.

1.1.9.5 Pensar de la emancipación neocolonial
1.1.9.5.1 Llegado el fin de la segunda guerra mundial

29

emerge un nuevo poder mundial. Estados Unidos hegemoniza el mundo en Yalta. Hegemoniza entonces las colonias del imperio inglés, lo que queda del francés, y de otras naciones europeas. Los héroes de la emancipación neocolonial tienen un espacio político ambiguo. Mahatma Gandhi en India, Abdel Nasser en Egipto, Patricio Lumumba en Africa, piensan en la libertad pero no tienen conciencia que pasarán de manos de Inglaterra, Francia o Bélgica a manos de Estados Unidos; como en la etapa del primer colonialismo (1.1.9.3). La filosofía tiene un rico material para ser pensado filosóficamente. La libertad es más una utopía lejana que una realidad cercana. Sin embargo, no ha habido una firme y expresa filosofía de la emancipación nacional anticolonial. Sólo hubo manifiestos, panfletos, obras políticas (que incluyen implícitamente una filosofía, pero que no es filosofía en sentido estricto). Ese pensar fue lo más acabado del pensar periférico moderno mundial. Se situaron en el adecuado lugar hemenéutico; en la perspectiva correcta. Pero no era filosofía todavía, aunque en Frantz Fanon fue ya un comienzo.

1.1.9.6 La periferia dependiente del capitalismo transnacional

1.1.9.6.1 El nuevo capitalismo, fruto de la tercera revolución industrial (si la primera fue mecanista y librecambista, la segunda financiera monopolista e imperialista, la tercera es la de la gestión internacional del capital productivo trasnacional que estructuran por dentro sus neocolonias), había dividido el mundo en dos partes. Como hemos dicho, la periferia no dependía desde Yalta de la Unión Soviética, por ello en su lucha se enfrentará a Estados Unidos. El imperialismo necesitaba no perder mercados. Una nación que pasaba al ámbito contrario era un mercado que ya no puede ser explotado por el capital trasnacional. Este ya no ocupaba los territorios con sus ejércitos (sino por excepción) ni crea burocracias. Era propietario de las empresas claves, directa o indirectamente, que producían las materias primas, las industrias y los servicios de la periferia. Además, dicho imperialismo controlaba políticamente a sus neocolonias, a sus ejércitos. Pero lo que nunca había acontecido, poseía el imperio una política de producción de los deseos, de las necesidades (4.3.3). Esto lo llevaba a cabo por la publicidad de los medios de comunicación masiva; dominación de los pueblos periféricos, de sus propias oligarquías nacionales. Se trataba también de un imperialismo ideológico (4.2.7 y 5.7).

1.1.9.6.2 El 1989, con la "caída del muro de Berlín", el fin de la guerra fría, el derrumbe de la Unión Soviética, la derrota electoral sandinista, la crisis de las izquierdas, ha dejado a Estados Unidos como el poder militar hegemónico del Nuevo Orden Internacional. La moda de la economía neoliberal de la "competencia perfecta" y del mercado total[10], del "Estado mínimo" (Nozik), de una democracia formal (en América Latina desde la elección de Alfonsín en 1983) sin contenido económico transformador, ha sumido al Sur en un estado de empobrecimiento creciente. Sin posibilidad de trabajar, sin salario, y por ello sin poder comprar, grandes mayorías del Sur son "desconectadas", "excluidas" del sistema de producción-consumo, y abandonadas a su propia suerte por la razón cínica (como cuando Hayek opina que los pueblos que no saben defenderse desaparecerán), a la muerte por hambre, por el sida en el Africa, por la marginalidad y el desempleo, por el cólera en América Latina, por la miseria a veces aterradora en el Asia. A todo esto debe sumarse, y como crisis de fondo, la imposibilidad del desarrollo de esas masas, ya que entra en contradicción con la sobrevivencia ecológica de la tierra.

1.1.9.6.3 La filosofía progresista en el centro, cuando es simplemente repetida en la periferia (y no pensamos ya en la fenomenología o el existencialismo, ni siquiera en el funcionalismo, en la ciencia que se torna cientificista, sino igualmente en el marxismo o en la "teoría crítica", cuando no se redefinen sus principios desde el sistema mundial y la periferia [5.9.1.2-5]), desde la dialéctica Norte-Sur, se torna ideología encubridora. La ontología y la crítica parcial (como la que piensa que la ciencia o la "ingeniería social" no puede ser ideológica,

[10] Véase la crítica a Karl Popper y Friedrich von Hayek en la obra de Franz Hinkelammert, *Crítica a la razón utópica*, DEI, San José, 1984.

sea por sus supuestos o sea por el proyecto real, inconfesado) caen en una "ilusión" y se transforman así en los fundamentos ideológicos últimos del mito tecnológico moderno.

1.1.9.7 Filosofía de la liberación

1.1.9.7.1 De lo que se trata es de la liberación del último y más avanzado grado del capitalismo, de la "american way of life", del sistema norteamericano. Pero también de la hegemonía japonesa que pesa sobre de Asia, y la europea que domina casi toda el Africa. En profunda crisis por cierto, sin embargo, sólo China o Vietnam en Asia, Cuba en América Latina (¿hasta cuando?) y algún país africano tienen un mínimo de autonomía, pero de manera sumamente precaria. Ya no se puede utilizar la división geopolítica establecida en Yalta (1945); ya no se sabe cómo apoyarse en el poder político militar de la URSS que antes ejercía cierto contrapeso ante los Estados Unidos, y dentro de cuyas fronteras habíase logrado una libertad relativa. Ahora hasta la China cuenta con Estados Unidos para garantizar su desarrollo, y la Comunidad de Estados Independientes ha dejado de ser la potencia que era la Unión Soviética. Cuba queda bloqueada y solitaria, tan próxima a los Estados Unidos. La situación geopolítica ha cambiado radicalmente comienzos del siglo XXI, y las mayorías pobres de la Humanidad tienen graves dificultades para vislumbrar alternativas viables de liberación.

1.1.9.7.2 Contra la ontología clásica del centro, desde Hegel hasta Habermas, por nombrar lo más lúcido de Europa, se levanta un contradiscurso, una Filosofía de la Liberación de la periferia, de los oprimidos, de los excluídos, la sombra que la luz del ser no ha podido iluminar, el silencio interpelante sin palabra todavía. Desde el no-ser, la nada, lo opaco, el otro, la exterioridad, el excluído, el misterio de lo sin-sentido, desde el grito del pobre, parte nuestro pensar. Es entonces, una "filosofía bárbara", que intenta sin embargo un proyecto de trans- o meta-modernidad.

1.1.9.7.3 La Filosofía de la Liberación pretende así situarse en un proceso de exigencia de radicales cambios, en una edad postmetafísica -que critica a la ontología (2.4.9.1)-, que ejerciendo una razón crítica exige una praxis que no puede pasivamente admitir la hegemonía de la pretendida "sociedad abierta" (3.1.7.1-8), por la creatividad metafórica del lenguaje (4.2.8.), y la poíesis tecnológica diseñante (4.3), que pide nuevos sistemas eróticos, pedagógicos, políticos, democráticos y económicos. Para ello es necesario negar el ser vigente y su pretendida fundamentalidad eterna y divina, negar la religión fetichista, mostrar a la ontología como la ideología de las ideologías, desenmascarar los funcionalismos y desarrollismos, sean estructuralistas, lógico-cientificistas o matematizantes que, al pretender que la razón ética, discursiva o práctica no puede criticar dialécticamente el todo, el sistema, lo legitima, lo afirma por más analíticamente que se critiquen u operativicen sus partes, ya que son funcionarios académicos de la Razón Cínica.Es necesario describir el sentido de la praxis de la liberación que sólo abstractamente vislumbraron los críticos post-hegelianos de izquierda europeos y que la praxis de los actuales pueblos oprimidos de la periferia, los trabajadores asalariados ante el capital, de la mujer violada por el machismo, el hijo y la juventud pretendidamente educados, y las generaciones futuras que recibirán un planeta ecológicamente destruido, pueden en realidad revelarnos.

Biblioteca Testimonial Del Bicentenario

Dirección: Eugenio Gómez de Mier

Fermín Chavez

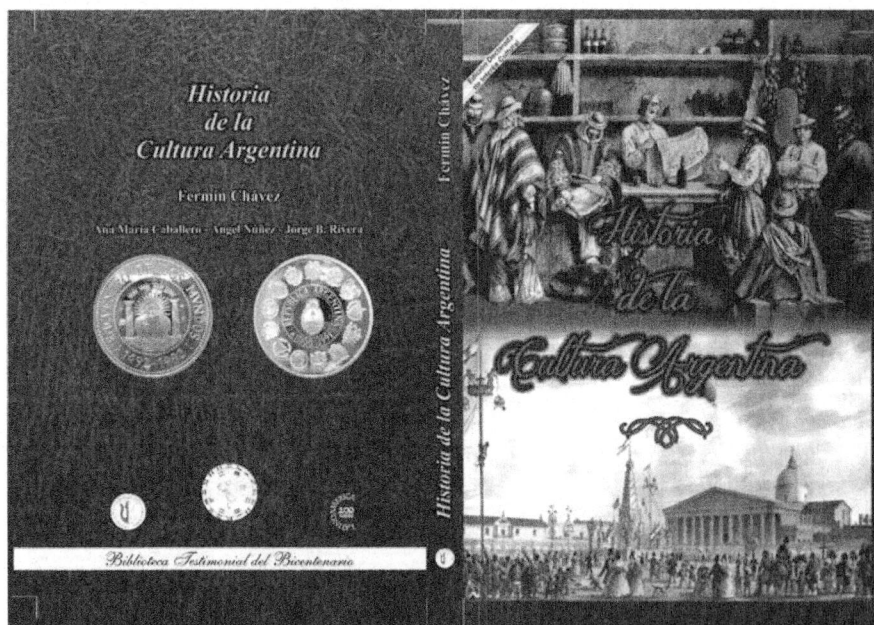

Historia de la Cultura Argentina

2. DE LA FENOMENOLOGIA A LA LIBERACION

La fenomenología, como su nombre lo indica, se ocupa de lo que aparece y cómo aparece desde el horizonte del mundo, el sistema, el ser. La epifanía, en cambio, es la revelación del oprimido, del pobre, del otro, que nunca es pura apariencia ni mero fenómeno, sino que guarda siempre una exterioridad metafísica. El que se revela es trascendente al sistema, pone continuamente en cuestión lo dado. La epifanía es el comienzo de la liberación real.

2.1. PROXIMIDAD

2.1.1. Sentido de la cuestión

2.1.1.1 La experiencia griega o indoeuropea (1.1.5) y la moderna europea (1.1.7) privilegiaron la relación ser humano-naturaleza (como *fysis* o *natura*) porque comprendieron el ser como luz o como *cogito*; en ambos casos el ámbito del mundo y lo político queda definido como lo visto, dominado, controlado.

2.1.1.2 Si por el contrario privilegiamos la espacialidad (proximidad o lejanía, centro o periferia) y lo político (dominador-dominado) (3.1), la posición persona-persona, que fue la experiencia originaria del semita (1.1.6), de la realidad como libertad, podremos iniciar un discurso filosófico desde otro origen.

2.1.1.3 Se trata entonces de comenzar por aquello que se encuentra más allá del mundo de la ontología, el ser, anterior al mundo y su horizonte. Desde la proximidad, más allá de toda proxemia, anterior a la verdad del ser, es que venimos a la "luz del mundo", cuando aparecemos, cuando nuestra madre nos pare. Parir (acto materno) es aparecer (acto filial).

2.1.2 Aproximarse

2.1.2.1 No hablemos aquí de ir hacia una mesa, una silla, una cosa. Aproximarse a algo, llegar junto a ella para tomarla, comprarla, venderla, usarla. Aproximarse a las cosas lo denominaremos la proxemia. Hablamos aquí aproximarnos en la fraternidad, acortar distancia hacia alguien que puede esperarnos o rechazarnos, darnos la mano o herirnos, besarnos o asesinarnos. Aproximarse en la justicia es siempre un riesgo porque es acortar distancia hacia una libertad distinta, "más allá de la esencia" (Levinas).

2.1.2.2 Aproximarse es surgir desde más allá del origen del mundo. Es un acto anárquico (si *arjé* es el origen anterior a todo origen). Es anterioridad anterior a toda anterioridad. Si el sistema o el mundo es lo anterior a las cosas que habitan en él; si la responsabilidad por el mundo del otro es anterior a su propio mundo; aproximarse a la inmediatez de la proximidad es la anterioridad de toda anterioridad.

2.1.2.3 Aproximarse hacia la proximidad es anterior al significante y el significado. Es ir en búsqueda del origen del significado-significante, el origen mismo de la significación. Es avanzarse; es un presentarse anterior a toda presencia; es un significar significándose; es avanzar como el origen de la semiótica (4.2.6).

2.1.2.4 Acortar distancia es la praxis. Es un obrar hacia el otro como otro; es una acción o actualidad que se dirige a la proximidad. La praxis es esto y nada más: un aproximarse a la proximidad. La proxemia es un dirigirse a las cosas. Pero es muy distinto tocar o palpar algo que acariciar o besar a alguien. Es muy distinto comprender el ser, neutro, que abrazar en el amor a la realidad deseante de alguien, próxima.

2.1.2.5 Aproximarse es avanzar hacia el origen originario, hacia la arqueología misma del discurso metafísico, filosófico, pero más aún: histórico, político.

2.1.2.6 "Imaginémonos una asociación de seres humanos libres" -dice Marx-. Una comunidad de seres humanos, cara-a-cara, sin opresiones; sociedad utópica de los "prójimos", que no son un "nosotros" porque producen bienes para un mismo mercado, sino que son un "nosotros" por la práctica actualidad de la proximidad originaria.

2.1.3 Proximidad originaria

2.1.3.1 El ser humano no nace en la naturaleza. No nace desde los elementos hostiles, ni de los astros o vegetales. Nace desde el útero materno y es recibido en los brazos de la cultura. La persona por ser un mamífero nace en otro y es recibido en sus brazos. Si fuéramos vivíparos, como los peces por ejemplo, podría hablarse de que la experiencia proxémica, ser humano-naturaleza, es la primera. El pececillo debe defenderse solo en las infinitas aguas que lo rodean hostiles. El ser humano en cambio nace en alguien, y no en algo; se alimenta de alguien, y no de algo.

2.1.3.2 La proximidad primera, la inmediatez anterior a toda inmediatez, es el mamar. Boca y pezón forman la proximidad que alimenta, calienta, protege. Las manos del niño que se toman a la madre ni juegan ni trabajan todavía. Los piececillos no han andado ni se han internado en la lejanía. La misma boca que succiona no ha lanzado discurso, insultos o bendiciones; no ha mordido al que odia, ni ha besado a su amada o amado. Es la inmediatez anterior a toda lejanía, a toda cultura, a todo trabajo (4.3); es la proximidad anterior a la economía (4.4); es ya la erótica (3.2), la pedagógica (3.3) y la política (3.1). La proximidad del mamar es sin embargo escatológica; se proyecta al futuro como el pasado ancestral; llama como el fin y el origen. Sin embargo, es sólo el comienzo personal, singular, de cada uno.

2.1.4 Proximidad histórica

2.1.4.1 La inmediatez madre-hijo/hija se vive también siempre como relación cultura-pueblo. El nacimiento se produce siempre dentro de una totalidad simbólica que amamanta igualmente al recién llegado en los signos culturales y lingüísticos de su historia. Es en una familia, en un grupo social, en una sociedad, en una época histórica que el ser humano nace y crece, y dentro de la cual desplegará su mundo de sentido y lenguaje. Antes que el mundo, entonces, ya estaba la proximidad, el rostro-ante-el-rostro que nos acogió con la sonrisa cordial o nos alteró con la rigidez, la dureza, la violencia de las reglas tradicionales, el *êthos* del pueblo.

2.1.4.2 Anterior al mundo está el pueblo; anterior al ser está la realidad del otro; anterior a toda anterioridad está la

Filosofía de la Liberación

responsabilidad por el débil, por el que todavía no es; responsabilidad que tiene el que procrea personas nuevas (los padres) o sistemas nuevos (los héroes y los maestros liberadores).

2.1.4.3 Rostro-a-rostro del hijo-madre en el mamar; sexo-a-sexo del varón-mujer en el amor; codo-a-codo de los hermanos en la asamblea donde se decide el destino de la patria; palabra-oído del maestro-discípulo en el aprendizaje del vivir... proximidad es la palabra que expresa la esencia del ser humano, su plenitud primera (arqueológica) y última (escatológica), experiencia cuya memoria moviliza al ser humano en sus más profundas entrañas y sus proyectos más lejanos, magnánimos.

2.1.4.4 "Cara-a-cara" de los trabajadores en la "producción originaria" (*Grundrisse*), que organizan, controlan con plena responsabilidad, el proceso productivo mismo, desde la participación en la planificación, la distribución del trabajo, de los productos y el consumo. El carácter "social" de la mercancía no le viene dado por el "mercado", sino por negar el cara-a-cara originario (2.1.2.6).

2.1.5 Proximidad, sincronía acrónica

2.1.5.1 En el cara-a-cara, en la inmediatez histórica por excelencia, se juega la reciprocidad. El dar la mano, la caricia suave, la lucha cruel, la colaboración fraterna, el diálogo amistoso, el beso apasionado... reciprocidad originaria de la proximidad. No hay distancia todavía; no se ha acortado la anterior lejanía; se vive el instante absoluto donde el tiempo no es sino un lejano contexto.

2.1.5.2 La historia económica, diseñante, semiótica, lingüística es diacrónica. Pasa el tiempo en la espera de la proximidad futura alentada por el recuerdo de la proximidad pasada. Pero en la inmediatez de la proximidad misma el tiempo se vuelve sincrónico: mi tiempo es tu tiempo, nuestro tiempo es vuestro tiempo, el tiempo de la fraternidad en justicia y fiesta... La sincronía de los que viven la proximidad se torna acrónica: el instante de la proximidad de los tiempos distintos y separados convergen y se disuelven en la alegría del estar juntos. La acronía del instante de la proximidad es, sin embargo, el punto de referencia de la historia: es donde comienzan las edades y las épocas, y donde terminan.

2.1.5.3 La acronía de la proximidad supera la temporalidad abstracta y abre camino a la espacialidad ahora negada. La inespacialidad de la proximidad originará igualmente el sentido de la distancia y la lejanía. Acronía inespacial del instante sin mediaciones, la proximidad, es lo anterior a toda tematización de la conciencia y a todo trabajo de la economía. Es la pragmática originaria sin palabras.

2.1.5.4 La acronía inespacial es un decir sin lo dicho; es lo concreto de alguien que se avanza sin necesidad de lo universal significante. La proximidad es la raíz de la praxis y el punto de partida de toda responsabilidad por el otro. Sólo el que ha vivido la proximidad en la justicia y la alegría toma a cargo su responsabilidad por el pobre, al que desea en la proximidad de los iguales.

2.1.6 De la proximidad arqueológica a la escatológica

2.1.6.1 La proximidad erótica del beso y el coito, la proximidad política de la fraternidad, la pedagógica del mamar, la proximidad "feliz" es esencialmente equívoca. El beso de los amados puede ser totalización autoerótica, utilización hedónica del otro. La asamblea de los hermanos puede cerrarse como grupo de sectarios dominadores y asesinos; aun como "comunidad de comunicación". El mismo mamar puede ser vivido por la madre como compensación de la carencia orgásmica con respecto al varón castrador y machista. La proximidad se torna así equívoca.

2.1.6.2 La proximidad metafísica se cumple inequívocamente, realmente, ante el rostro del oprimido, del pobre, el que exterior a todo sistema, clama justicia, provoca a la libertad, invoca responsabilidad. La proximidad inequívoca es la que se establece con el que necesita servicio, solidaridad, porque es débil, miserable, necesitado.

2.1.6.3 La primera proximidad, arqueológica, anticipa la última, escatológica. La última se sitúa más allá de toda aspiración; como lo deseado siempre incumplido; como el infinito realizado.

Es un deseo de proximidad sin lejanía, sin economía, sin contradicciones, sin guerra... Es la utopía que nos tiene en vilo.

2.1.6.4 Tanto la primera como la última proximidad son siempre fiesta. La fiesta indica una categoría metafísica de la proximidad cumplida, como alegría; si se entiende por alegría la realización de lo real; la satisfacción de la coincidencia del deseo y del deseado.

2.1.6.5 La proximidad es fiesta: fiesta política de los hermanos, compañeros, conciudadanos, que expresan su alegría en las manifestaciones tras unas elecciones ganadas por el pueblo, por la derrota del dominador enemigo; el banquete del sindicato que ha vencido en una huelga. Fiesta pedagógica de la juventud rebelde en la Córdoba de la Argentina del 1918 y su "reforma universitaria"; fiesta de la juventud en sus bailes y sus músicas donde expresa su distinción, su novedad, su creatividad. Fiesta erótica en la soledad y la oscuridad de la caricia, el beso, el ritmo del orgasmo. Fiesta, banquete, liturgia y diaconía de la comunidad en júbilo: referencia originaria y final.

2.1.6.6 Es la proximidad como seguridad y calor, el de las carnes en inmediatez, o el del vino; es el olvido de las angustias y el sorber con gusto lo merecido. La proximidad es fiesta, pero fiesta de la liberación y no de la explotación, injusticia o profanación. Es fiesta de los iguales, de los libres, de los justos, de los que esperan un orden de proximidad sin contrarrevoluciones, retrocesos.

2.1.6.7 Proximidad arqueológicamente acrónica y escatológicamente utópica, la realidad más esencial del ser humano, el comienzo del discurso filosófico de la liberación, la metafísica en su sentido estricto, real y reflejo, pensado. Es el origen de toda "pragmática" (4.2.1.3).

2.2 TOTALIDAD

2.2.1 Sentido de la cuestión
2.1.1.1 La proximidad, el cara-a-cara de la persona con la persona, deja siempre lugar a la lejanía. El niño es dejado en su cuna; el amado debe partir a su trabajo; el maestro y el discípulo

deben apartarse para preparar en la vida su discurso futuro; los miembros de la ciudad abandonan la asamblea para reintegrarse a las labores de la economía política; aún el culto deja lugar al servicio... El rodeo de la lejanía hace posible la proximidad futura.

2.2.1.2 Sin embargo, la persona se acerca, al dejar la proximidad, a los entes, las cosas, los objetos. Las cosas-sentido, los entes, nos enfrentan en una multiplicidad casi indefinida. Sin embargo, son sólo momentos, nunca aislados, siempre en sistema, de una totalidad que los comprende, los abarca, los unifica orgánicamente. No hay un ente aquí y otro allí porque sí. Tienen un lugar en el orden; tiene una función en un todo; están puestos-con, com-puestos (*systema* en griego: sistema). El nivel de los entes es la proxémica o lo óntico; el nivel de la totalidad; sea mundana, natural, diseñada, económica, etc., es lo ontológico. De los entes se ocupa el entendimiento interpretador, estimativo,

Esquema 2.2

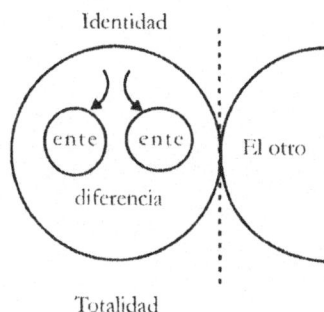

productor (4.1.4); de la totalidad se ocupa la inteligencia dialéctica (2.2.8); de la exterioridad (2.4) se ocupará la inteligencia histórica, analéctica o de la liberación (5.3), inteligencia práctico poiética (5.4.5).

2.2.2 Mundo, totalidad

2.2.2.1 Las cosas-sentido (Zubiri), entes, no nos rodean caóticamente. Forman parte de un mundo (Heidegger). Cuando hablamos de mundo nos referimos al horizonte cotidiano dentro del cual vivimos. El mundo de mi hogar, de mi barrio, de mi país, de la clase obrera. Mundo es entonces una totalidad instrumental, de sentido. No es una pura suma exterior de entes, sino que es la totalidad de los entes con sentido. No se trata del cosmos como totalidad de cosas reales (2.2.3.1), sino que es la totalidad de entes con sentido. El mundo, podríamos decir, se va desplegando lentamente desde el momento de nuestra concepción. No es lo primero, como lo piensa la ontología. La proximidad es lo primero, anterioridad anterior a todo mundo. Sin embargo, inmediatamente, la proximidad deja lugar a la lejanía. Desde ese momento comienza a poblarse el mundo de entes, primero estímulos de frío, calor, hambre, sombras en movimiento, que rodean al que acaba de llegar a la "luz del mundo". Pero bien pronto el otro, la madre, el padre, los hermanos, comienzan a fijar un sentido a cada estímulo y, lentamente, uno junto al otro comienzan a establecer el primer círculo: el mundo de un niño de un día. Ya es mundo y, sin embargo, ¡cuán estrecho en su horizonte!

2.2.2.2 Todo mundo es una totalidad (Lukács). Totalidad indica ese límite de límites. No es extraño que un Kant o un Wittgenstein digan que el mundo no puede ser ni objeto ni hecho. Evidentemente es el límite dentro del cual todo ente (que puede ser objeto o hecho) encuentra su sentido. El mundo es la totalidad fundamental; es la totalidad de totalidades. Espanta esta noción a los analistas matemáticos, porque se acostumbran a sólo formalizar entes. La totalidad corresponde a la razón dialéctica (2.2.8 y 5.2) y no al entendimiento óntico o razón analítica. Desde ahora, cuando nos referimos a totalidad sin otra indicación, hablamos de mundo.

2.2.2.3 En nuestra sociedad, la totalidad del ser se funda en el valor, en el capital. Desde el fundamento del capital se despliega el "mundo" como totalidad concreta, histórica.

2.2.3 Mundo, cosmos

2.2.3.1 A los fines de este discurso filosófico designaremos con la palabra de origen griego "cosmos" a la totalidad de las cosas reales, conocidas o no por el ser humano. La totalidad de los astros, la vida, la realidad, en cuanto es algo constituido de suyo, desde su propia esencia (3.4.6 y 4.1.2.1).

2.2.3.2 En cambio "mundo", de etimología latina, quiere designar la totalidad de sentido comprendida por el horizonte fundamental (2.2.5 y 4.1). Mundo es así la totalidad de los entes (reales, posibles o imaginarios) que son por relación la persona y no sólo reales, de suyo. La madera de la mesa es de suyo, desde sí; es una realidad sustantiva. La mesa en cambio es un momento del mundo; sin un mundo no hay mesa, hay sólo madera. Sin ser humano no hay mundo; sólo cosmos. Hubo cosmos, evidentemente, antes de la persona, ya que sólo hace unos millones de años emergió por la evolución la especie homo (4.1.5), pero sólo con la aparición del homo en el cosmos apareció el mundo como una realidad cósmica. El mundo es así el sistema de todos los sistemas que tienen al homo como su fundamento. Los sistemas económicos, políticos, sociológicos, matemáticos, psicológicos, etc., son sólo subsistemas de un sistema de sistemas: el mundo.

2.2.3.3 No significa que el mundo sea una parte del cosmos. Sino que algunas cosas reales del cosmos juegan en el mundo la función de cosas-sentido. Hay sin embargo entes que no son cósmicos sino sólo mundanos (todos los entes imaginarios). Por ello diremos que hay cosas en el cosmos; los entes son en el mundo.

2.2.3.4 El idealismo considera el mundo como única realidad; el realismo ingenuo o el materialismo igualmente ingenuo considera al cosmos como única realidad. Contra el idealismo afirmamos que el cosmos es anterioridad real parcial; contra el realismo afirmamos que el mundo es una nota real de la persona y por ello aún los entes imaginarios son objetos con sentido (4.1.2.1).

2.2.3.5 En nuestra sociedad, la realidad del cosmos ha sido en parte subsumida por el capital, y desde su propia lógica se tiende a destruirlo desde un "mundo" fundado en la exigencia de alcanzar siempre y en todo caso más plusvalor, más ganancia (4.1.7).

2.2.4 Mundo, tiempo, espacio

2.2.4.1 El mundo cotidiano, ingenuo y obvio dentro del cual se habita cada día es una totalidad en el tiempo y en el espacio.

Filosofía de la Liberación

Como totalidad en el tiempo es una retención del pasado, un emplazamiento del proyecto fundamental futuro y un vivir las posibilidades que penden de dicho futuro. Como totalidad espacial el mundo siempre sitúa al yo, al nosotros, a la persona o el sujeto como centro; desde dicho centro se organiza espacialmente los entes desde los más próximos y con mayor sentido hasta los más lejanos y con menor sentido: estos últimos son los entes periféricos.

2.2.4.2 La filosofía europea ha dado preponderancia casi exclusivamente a la temporalidad, y, con razón, ha privilegiado la fundamentalidad del futuro, el proyecto, el *Prinziphoffnung*. Debe entenderse bien la cuestión y descubrir igualmente la trampa. Si, en efecto, la persona es lo que es por su proyecto ontológico, por aquello que se comprende poder-ser, por lo que intenta, como singular o grupo, aceptando; sin embargo el proyecto es la posibilidad fundamental de "lo mismo". Lo mismo que ya se es, es lo que en definitiva se intenta. El proyecto, por más utópico que temporalmente futuro se quiera (es sólo utopía temporal de primer grado), es sólo la actualización de lo que está en potencia en el mundo vigente. Dar preeminencia a la temporalidad futura es privilegiar lo que "ya" soy o somos.

2.2.4.3 El mundo, en cambio, en espacialidad o totalidad de entes en una cierta proximidad o lejanía (desde el otro en la proximidad primera), privilegia el "pasado" temporal como el "lugar" donde nací. El donde-nací es la predeterminación de toda otra determinación. Nacer entre los pigmeos del Africa o en un barrio de la Quinta Avenida de New York, es ciertamente igualmente nacer. Pero es nacer en otro mundo, es nacer espacialmente en un mundo que predetermina como pasado, y por ello determina, nunca absolutamente pero es suficiente que determine radicalmente, la implantación del proyecto futuro. El que nació entre los pigmeos tendrá el proyecto de ser un gran cazador de animales; el que nació en New York forjará el proyecto de ser un gran banquero, es decir, cazador de seres humanos.

2.2.4.4 Decir mundo es enunciar un proyecto temporalmente futuro; es igualmente afirmar un pasado dentro de una espacialidad que por ser humana significa ser centro del mundo, pero dicho mundo puede que sea periférico de otros mundos. Por ello nuestra filosofía de la liberación fijará su atención sobre el pasado del mundo y sobre la espacialidad, para detectar el origen, la arqueología de nuestra dependencia, debilidad, sufrimiento, aparente incapacidad, atraso.

2.2.5 Fundamento, identidad y diferencia

2.2.5.1 Lo que frecuentemente no pueden entender los funcionalistas (que sólo observan y comprueban las partes) o los que pretenden que sólo lo formalizable matemáticamente es científico (nivel óntico por ello), es que lo entes forman parte de una totalidad, en último término el mundo cotidiano, punto de partida y fundamento de todo otro sistema parcial. Se dice que el mundo cotidiano es fundamento, porque es desde la cotidianidad que puede abstraerse o precisarse cualquier objeto parcial de consideración (por ejemplo el de todas las ciencias). Fundamento (*arjé, ratio, Grund*) indica una posición respecto a lo que reposa sobre lo así denominado. Fundamento primero es aquello acerca de lo cual nada puede decirse por cuanto es el origen de todo decir. El fundamento del mundo es lo que los clásicos, con gran escándalo de muchos, denominaban el ser. Por ejemplo, el ser de lo económico capitalista en cuanto tal, nos dice Marx en el *Grundrisse*, es el valor que se valoriza. El ser de la erótica machista, como enseña Freud, es el falo como tal, la falicidad (si se nos permite este neologismo), la *imago patris*. El fundamento o ser de un sistema es lo que funda la totalidad. El fundamento del mundo es el proyecto como futuro, no olvidando que ha quedado como pasado o facticidad implantado desde una espacialidad condicionante del mismo fundamento (así como el suelo está por debajo del fundamento o cimiento de la casa).

2.2.5.2 El fundamento es idéntico a sí mismo (Hegel). Es donde todo lo que habita el mundo es todavía uno. Fundamento e identidad son una y la misma cosa. El ser es idéntico a sí mismo. "El ser es", y es *así* tan obvia y primeramente como que *es*.

2.2.5.3 Los entes, las cosas, las posibilidades en cambio son múltiples, numerosas, diferentes. El origen de la diferencia de los entes es la determinación del ser del sistema del mundo. La diferencia de los entes indica, con respecto al fundamento,

Filosofía de la Liberación

dependencia; con respecto a los otros entes, negatividad: uno no es el otro; son diferentes. La totalidad de los entes o partes diferentes se explican o se fundamentan en la identidad del ser del todo. Ser, identidad y fundamento son el desde-donde surge el ente, la diferencia y la dependencia. Depende el ente porque se funda en el ser del sistema.

2.2.5.4 En nuestra sociedad, el fundamento de la identidad es la valorización del valor del capital; el asalariado es una diferencia interna fundada y subsumida.

2.2.6 Metasistema, todo y partes

2.2.6.1 El mundo es una totalidad de partes estructuradas, sean homogéneas o heterogéneas, que guardan una semejanza en algún aspecto. Las partes del mundo son orgánico-funcionales; son como subsistemas o sistemas componentes. La totalidad del mundo es un metasistema existencial, compuesto de infinitas variables o informulable, informalizable adecuadamente, por cuanto es el fundamento de toda formalización. Muchas veces los que estudian los sistemas olvidan el sistema fundamental: el mundo.

2.2.6.2 No se conoce del todo el sentido de ningún ente o parte si no se lo descubre dentro de la totalidad de sentido, dentro del mundo o sistema cotidiano. De esta manera, todo mundo quedará definido como una totalidad de totalidades, como un sistema de sistemas (y por ello sistema que comprende lo económico, político, militar, erótico, pedagógico, etc.) que explica todo comportamiento parcial, singular, de cada miembro, sujeto, yo particular. El método ontológico (5.2) consiste justamente en saber remitir los entes o partes al mundo que los funda, los subsistemas, al sistema que es la identidad originaria desde donde se desprenden, como por diferencia interna, los múltiples entes o partes que lo constituyen. En concreto son momentos de formaciones sociales históricas.

2.2.6.3 Toda ontología sabe cómo explicar las partes por el todo. En este sentido puede decirse que si, por el "modo de conocerlos", los entes se presentan primero (primero las partes que el todo), por el "modo de ser" o por su fundamento, primero es el mundo y después las cosas-sentido (primero el todo que las partes). El proceso que se inicia en las partes y se dirige hacia el todo es ontológico; el que parte del todo hacia las partes del sistema es apodíctico, demostrativo o científico (5.1).

2.2.7 Comprensión e interpretación

2.2.7.1 La persona comprende o abarca al mundo como totalidad. Dicha totalidad está vigente en todo acto humano concreto. Descubrir que esta cosa-sentido es una mesa, es posible porque el que descubre puede relacionar "eso" con todo el resto e interpretar a "eso" como mesa. Sin el todo *a priori* es imposible sin constituir el sentido de algo. Si alguien tuviera amnesia, no tendría su mundo pasado vigentemente presente como marco de interpretación, lo mismo que su proyecto, no podría interpretar nada: simplemente no sabría lo que es "eso".

2.2.7.2 Ese habérselas de la persona con el mundo como totalidad lo denominaremos comprensión. Comprensión es el acto por el que la persona no prende algo como todo (-prensión o simple aprensión), sino que com-prende o prende algo con otros hasta abarcar y constituir el todo del mundo. El acto comprensivo o abarcante del mundo como totalidad no es un momento especulativo (la idea de Hegel) ni conceptual (el *conceptus* o *Begriff* como acto de aprensión del objeto para Kant, el sentido para Husserl o el eídos para Aristóteles). El acto comprensor es preconceptual por cuanto es el fundamento de la conceptualización. Pero no es un acto alógico, afectivo o vaya a saberse qué. Comprender es abarcar y proponer al mundo el horizonte vigente de la interpretación.

2.2.7.3 La comprensión es fundamental y al mismo tiempo cotidiana. Se indica con ello que es la de todos los días; es la luz que ilumina y por ello no puede verse; es el fin desde el que todo se elige y por ello no puede elegirse; es el fundamento de toda palabra y por ello inefable. No es, sin embargo, ante lo que debe guardarse silencio, aunque de la comprensión sólo se puede hablar por rodeos, indirectamente, formalmente (no por sus contenidos). Sólo se puede hablar de una comprensión pasada, la que se ha tornado ente; la de los griegos, medievales... pero no la actual, la nuestra.

2.2.7.4 La interpretación, en cambio, constituye el sentido (2.3.5). Pero entre la comprensión del mundo como totalidad y la interpretación del sentido debemos describir todavía una como comprensión derivada o interpretación fundante (Heidegger). Conocer que el material de la mesa es madera no es lo mismo que interpretar a la mesa como mesa. El descubrimiento de la realidad de la cosa como momento del mundo es comprensión derivada o interpretación fundante, primer momento del concepto pero todavía no interpretación plena. Es esta comprensión derivada (pende de la comprensión del mundo) o interpretación fundante (se relaciona a todas las cosas cósmicas en el mundo) la que descubre en los fenómenos o entes intramundanos su realidad, su anterioridad esencial de lo de suyo, su esencia anterior al sentido, su constitución cósmica que concomitantemente aparece con el sentido. La cosa, en cuanto real es de suyo; en cuanto fenómeno o ente se manifiesta en el mundo. La primera captación de la apariencia real de la cosa o fenómeno la aprende la comprensión derivada o interpretación fundante. La constitución real de la cosa no es su manifestación mundana. Dicha constitución real conocida o fenoménica no es el sentido interpretado.

2.2.8 Dialéctica cotidiana

2.2.8.1 Si dialéctico es el pasaje (día-) de un horizonte o frontera a otro horizonte o ámbito (-logos), el mundo es comprendido constantemente como un proceso dialéctico, con movilidad que continuamente está transpasando sus límites o fluyendo, huyendo sin descanso (Sartre). La totalidad del mundo nunca se fija, sino que se desplaza histórica o espacialmente. Porque la persona ser humano diariamente incorpora entes a su mundo, el horizonte de su mundo se desplaza para comprenderlos, para abarcarlos. Desde la niñez a la ancianidad la persona pasa de un momento a otro, de una experiencia a otra, de una frontera a otra. A diferencia de los animales, cuyo límite está fijado por las reacciones instintivas de la especie o por el estrecho margen de los reflejos condicionados o aún por una cierta inteligencia minipulante, la persona en cambio hace crecer su horizonte en el pasado (no sólo por el recuerdo sino por la tradición contada y estudiada), en el futuro (por la apertura a nuevos proyectos), en la espacialidad (como inclusión de nuevos espacios).

2.2.8.2 El movimiento de la totalidad como tal es dialéctico; el movimiento de los entes intramundanos es el movimiento óntico, aquel movimiento que puede formularse cuando se dice que la velocidad indica una relación de espacio recorrido y tiempo determinado; es decir, una cantidad de movimientos. El movimiento de la física es intramundano, óntico; el movimiento de la totalidad o del mundo como tal es dialéctico, ontológico.

2.3. MEDIACIONES

2.3.1 Sentido de la cuestión

2.3.1.1 La totalidad del mundo, como horizonte dentro del cual vivimos, el sistema, se compone, pone uno junto a los otros, a los entes, los objetos, las cosas que nos rodean. Los entes, los objetos, son las posibilidades de nuestra existencia, son los medios para el fin que el fundamento del mundo constituye. Las mediaciones no son otra cosa que aquello que empuñamos para alcanzar el objetivo final de la acción. La proximidad es la inmediatez del cara-a-cara con el otro; la totalidad es el conjunto de los entes en cuanto tal: en cuanto sistema; las mediaciones posibilitan el acercarse a la inmediatez y permanecer en ella, constituyen en sus partes funcionales a la totalidad.

2.3.1.2 La lejanía de la proximidad en el mundo es siempre una cercanía con las cosas, las mediaciones, los objetos. Esta cercanía con las cosas la denominaremos la proxemia (ser humano-ente) que no es la proximidad (ser humano-ser humano). Los entes pueden aparecer como meras mediaciones o posibilidades cotidianas para un proyecto (2.3), y forman parte del mundo (2.2); o lo entes son meros entes naturales o materia de trabajo (4.1), signos o significantes (4.2), o artefactos (4.3) o mercancía (4.4). Aquí nos ocuparemos sólo de las mediaciones que tampoco ni siempre, son cosas reales.

2.3.2 *Lejanía originaria*

2.3.2.1 Cuando el ser humano apareció, no sólo cuando nació sino cuando se hizo presente como especie homo (4.15) en el entorno habitado por primates, se enfrentó a un medio natural, inhospitalario, hostil. Lo que le rodeaba eran meras cosas, entes que todavía no habían sido incorporados a un mundo como mediaciones, posibilidades, artefactos. Algún sentido tenían, el sentido que pudieron tener en el puro medio animal; eran estímulos más o menos ciegos ligados con necesidades a motivos instintivos y con un cierto grado de aprendizaje por reflejos condicionados.

Esquema 2.3

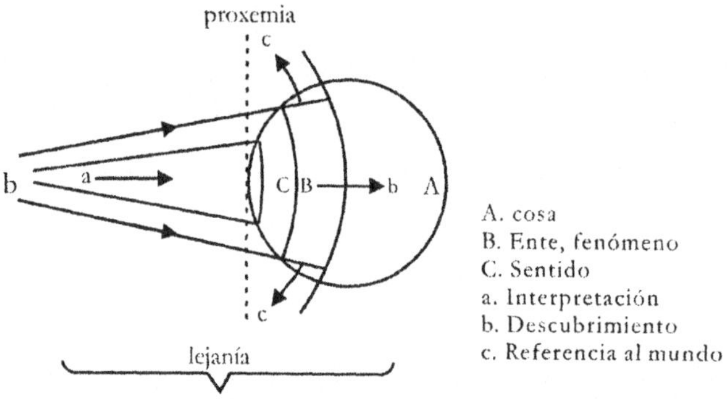

A. cosa
B. Ente, fenómeno
C. Sentido
a. Interpretación
b. Descubrimiento
c. Referencia al mundo

2.3.2.2 Poco a poco las cosas comenzaron a tomar fisonomía de entes a la mano, mediaciones que fueron tomando forma de artefactos, útiles (*tà prágmata*). La pura tierra, la *terra mater* o la *pacha mama* (de latinos o incas) llegó un día a transformarse por la agricultura. La cosa-cultural no es ya una mera cosa, es ya en un mundo, es un ente: lo que es en mi mundo. El entorno se pobló entonces de cosas-sentido: la piedra dejó lugar al arma; la madera al fuego; la caverna a la casa...

2.3.2.3 Si la relación rostro-a-rostro, la proximidad, es la esencia de la praxis, ahora deberemos hablar de la proxemia, o la esencia de la *poíesis* (4.3), del trabajo que cumple el ser humano en la naturaleza y por el cual la mera cosa cobra un sentido y valor: se transforma en mediación.

2.3.2.4 Pero, para que sea posible todo esto, es necesario el espacio, la distancia, el ámbito que deja la proximidad en su lejanía. La lejanía funda la posibilidad de las posibilidades, de las mediaciones. La lejanía de la proximidad (ser humano-ser humano) deja lugar para la cercanía de la proxemia (ser humano-naturaleza).

2.3.3 Fenómeno

2.3.3.1 En el horizonte de la lejanía se acerca algo; algo se avanza a la proxemia, a la cercanía del tocar, palpar, oír, gustar... Lo que aparece es el fenómeno. No importa aquí si es pura apariencia o aparece lo que realmente la cosa es. Lo que importa es que aparece, se manifiesta. Es decir, la cosa no sólo está constituida realmente (se trata de la cosa como tal, en el orden de su constitución; [2.3.8.1]), sino que se refiere a un observador, al que la utiliza, como mediación.

2.3.3.2 Es decir, puesto en el mundo el ser humano se enfrenta a entes que aparecen. Pero los entes, que se tornan objeto cuando se los considera en cuanto tales, se recortan del entorno sólo y cuando han de servir para algo. El ser humano se vuelve a algo o algo aparece, es fenómeno, sólo cuando proyecta hacer con ellos algo. Las meras cosas ahí, reales, cósmicas, las que hay desde sí, se tornan entes mundanos, mediaciones, en cuanto me sirven-para. El para de la mediación es la esencia de la posibilidad, que sólo es un medio que permite alcanzar lo propuesto, imaginado.

2.3.3.3 Si se tiene en cuenta esto deberemos descartar como posterior o secundaria la descripción del ente como objeto. Llamamos objeto aquello que está delante (*ob-*), que ha sido arrojado (*-yecto*) a la consideración teórica del *ego cogito*. Como cuando se pregunta: "¿Qué es esto?". Evidentemente, antes de preguntar acerca de algo explícitamente ya está ahí, en mi mundo. Dicha pregunta teórica es segunda. El objeto es posterior al fenómeno.

2.3.3.4 El fenómeno, lo que aparece, es como un recortarse del ente que deja, al mismo tiempo, a todos los demás como en su fondo, en su contexto. Sólo se avanza y por ello prestamos atención, o constituimos su sentido, aquello que de alguna manera es una mediación actual en el proceso continuo de la vida cotidiana.

2.3.3.5 En nuestra sociedad, el dinero, el producto, la mercancía son fenómenos del capital; son las formas que aparecen en "el mundo de las mercancías". El valor como valor (el ser del capital) es invisible, nunca aparece como tal; sólo se manifiesta en sus fenómenos.

2.3.4 Cotidianidad acrítica

2.3.4.1 El modo cotidiano de estar rodeado de productos no es, como lo proponía el pensar moderno del cogito, un ver teóricamente los entes (un *bíos theoretikós* dirían los griegos), en el que el ser humano explícitamente se pregunta lo que las cosas son. El modo primero de enfrentarse a los productos, dentro de la cotidianidad, es un usarlos dentro de la dinámica de la vida práctica (*bíos praktikós*), existencial, la de todos los días. De esta manera el mundo cotidiano de los entes, productos, objetos (ahora objeto no ya en su sentido de lo considerado teóricamente, sino como lo que se manipula en nuestro mundo diseñado), nos rodea cotidianamente, desde nuestro levantarnos por la mañana (dejando atrás lo onírico) en todo el tiempo de la vigilia hasta la noche (que nos apresa nuevamente en la lógica de los deseos de la no-conciencia, y por ello vida ni práctica ni teórica).

2.3.4.2 El modo cotidiano se opone al modo crítico de enfrentarse al mundo. No nos ocupamos aquí del modo crítico, sino sólo como lo opuesto a la cotidianidad.

2.3.4.3 La lejanía, distancia que deja la proximidad postergada, se vive dentro de actitudes, interpretaciones, modos de producción, cosas-sentidos, productos que no nos llaman la atención, porque estamos junto a ellos desde siempre, desde que hemos venido a la "luz del mundo". Este no llamar la atención es como una prisión anadvertida. Miramos al mundo desde los barrotes de nuestra celda y creemos que son los barrotes de la celda donde están encarcelados los otros. Nuestra vida, por "natural" y obvia, es vivida en una ingenuidad acrítica de sumas consecuencias. Nuestro modo de enfrentarnos a los entes, por ello, está condicionado a esta cotidianidad que es nuestro propio ser, nuestra segunda naturaleza, nuestro *êthos*, nuestro carácter cultural, histórico.

2.3.4.4 Esta ingenuidad es la ingenuidad primera. Después vendrá otro tipo de ingenuidades correlativas de otros tipos de crítica. Así el ser humano cotidiano de la cultura occidental se considera crítico con respecto a la ingenuidad del ser humano primitivo o salvaje. No ve ya el sol como un dios, como lo veían los aztecas, egipcios o todavía hoy los esquimales, pueblos animistas del África o del Asia. Sin embargo, aceptan ingenuamente que su cultura, su poder político, el dominio de sus ejércitos es justo; expande por la tierra la democracia y la libertad. Todo este sistema de ideologías es parte de una cotidianidad ingenua que manipula instrumentos.

2.3.4.5 El científico, por su parte, cree no ser ya ingenuo porque puede descubrir lo que el ser humano de la calle no conoce. Pero el científico del centro, como veremos más adelante, olvida que los propios principios de su ciencia tienen evidencia cultural (son entonces científicamente indemostrables), y que todo su esfuerzo sirve al proyecto no-científico y cultural histórico del sistema donde vive. El cientificismo, ideología corriente en el centro, es una sutil ideología que, aunque menos ingenua que la cotidianidad del ser humano de la calle, tiene mayor peligrosidad, por cuanto crea los instrumentos necesarios para que el poder del centro se ejerza sobre la periferia. De todas maneras, en su momento, habrá que poner en cuestión la ingenuidad (con respecto al sistema como totalidad) de los científicos y descubrir una crítica más crítica (con respecto a la cotidianidad del ser humano de la calle) que la científica (5.7).

2.3.5 Interpretación del sentido

2.3.5.1 La cosa aparece en el mundo como fenómeno. El fenómeno es un ente con cierto sentido. El sentido es lo que interpretamos del fenómeno en cuanto dicho fenómeno ha sido integrado a un proceso práctico o poíetico como mediación.

2.3.5.2 El mundo es comprendido (2.2.7.2); el fenómeno o el ente es interpretado en su sentido.¿Cómo se constituye el sentido del fenómeno, lo que aparece, o del ente, lo que el fenómeno es?

2.3.5.3 El ser humano descubre y constituye el sentido. Lo descubre en cuanto capta lo que estaba cubierto; concibe: es el concepto. La concepción mental del ente es novedad; es descubrimiento de lo que no se conocía antes. El ente, por ello, estaba ya ahí, antes, *a priori*. No hay constitución del ente sino descubrimiento del mismo. El sentido, por ello, tiene un aspecto de "ya" estar cubierto. La interpretación, de alguna manera, descubre lo ya anteriormente oculto: lo real (flecha b del esquema 2.3).

2.3.5.4 Sin embargo, no es puro descubrimiento de lo que ya estaba dado. Es al mismo tiempo constitución intencional de sentido. El descubrimiento del ente se refiere a la realidad del ente como cosa; la constitución del sentido se refiere a la mundanidad o referencia del ente a todos los demás entes del mundo (flecha c). Descubro agua porque tengo sed. Es decir, la descubro como mediación porque su constitución real es tal que puede saciarme lo que siento como sed. Constituyo sin embargo su sentido de ente que sacia la sed, como bebida. El agua tiene además otros sentidos posibles, pero también otros entes tienen una constitución semejante.

2.3.5.5 Si por ejemplo tengo sed y descubro en mi mirar circunspectivo (la circunspección es un mirar en torno inspectante: como el acto del inspector) una fruta jugosa (una naranja), descubro igualmente como en el caso del agua su capacidad real de saciar mi sed. La interpretación conceptual sería idéntica que con el agua: la constituyo como bebida. Por el contrario, el agua puedo descubrirla de otra manera. Por ejemplo: hay fuego. En mi mirar circunspectivo descubro agua, considero su poder de apagar el fuego. La constituyo entonces como mediación para evitar el peligro del incendio. La interpreto así con otro sentido.

2.3.5.6 Un fenómeno o ente puede ser comprendido en su constitución real (2.2.7.4), como líquido, e interpretado con diversos sentidos (como bebida y como para apagar el fuego). Si se lo descubre en su constitución real, el sentido dice relación a la realidad (no se puede interpretar como para apagar el fuego el alcohol, aunque sea líquido); si se lo constituye en su referencia al mundo, el sentido dice relación a la totalidad del mundo (y en este sentido sin ser humano ni mundo no hay sentido alguno, aunque haya cosas reales, como cosas no como reales).

2.3.5.7 Repitamos. No hay fenómeno sin constitución de sentido. La madera de la mesa aparece, cuando se me presenta, como leña, porque en el extremo frío más importa no morir helado que usar una mesa. Aparece como fenómeno la madera-leña, la cosa-sentido, así como cotidianamente aparece la madera-mesa, igualmente cosa-sentido. El sentido, por otra parte, nunca es la mera consideración teórica o abstracta. Siempre es cotidiana y existencial; es la manera cómo algo se integra al "para" de la acción, sea práctica o poiética.

2.3.6 Percepción percepto

2.3.6.1 El fenómeno, el ente, cuando son la aparición de lo real pueden caer bajo la capacidad probativa (como se prueba o gusta con las papilas gustativas una comida) de los sentidos. Los órganos corporales (ojos, oídos, piel, etc.) son las aperturas que permiten se establezcan las relaciones proxémicas, ónticas. Las sensaciones, sin embargo, no son cada una de ellas unidades independientes (el marrón de la madera, el olor fresco, la imagen de su forma, lo rugoso de sus ramas, etc.) ni puramente sensitivas.

2.3.6.2 Ya demostró claramente Merleau Ponty que las sensaciones están integradas en un campo, que incluye como partes indivisibles a las sensaciones: la percepción. La percepción es la totalidad fenoménico-sensible, constituida por unidades indivisibles de sensaciones eidéticas. Así como hay concepción de sentido en la interpretación, así hay percepción del campo inmediato de lo captado por la sensibilidad. Concepto y percepto (imagen sensible) se dan simultáneamente, porque la interpretación es un acto de inteligencia-sentiente, y la percepción un acto de sensibilidad-inteligente. Así como no se puede dividir el ser humano en cuerpo y alma (el ser humano es una sustantividad indivisible, 4.1.5), así también no hay que dividir el contenido eidético del sensible.

2.3.6.3 Más allá del sentido interpretado como mínima unidad conceptual o la sensación perceptuada como mínima unidad sensible, y más acá del mundo como totalidad (2.2.2), se encuentra el campo inmediato de la percepción. No es proximidad; es el ámbito de la proxemia en su sentido más estricto (el nivel óntico que efectivamente nos enfrenta como campo actual de mediaciones: la presencia de lo presente en su presenciabilidad o actualidad sensitivo intelectual).

2.3.7 Estimación del valor

2.3.7.1 Además, todo lo que es descubierto y constituido en su sentido puede o no ser estimado en su valor. Se dice que la posibilidad o mediación tiene valor en cuanto es posibilidad o mediación. El valer es el hecho mismo por el que la posibilidad posibilita, la mediación media, el proyecto se implementa. La posibilidad qua posibilidad es el valor del fenómeno o el ente.

2.3.7.2 En medio del desierto, en la extra sed, el agua adquiere un valor inmenso: es la mediación primera y necesaria para subsistir, para apagar la sed. La pluma para escribir adquiere valor en el momento que se quiere expresar una idea y no olvidarla. No es lo mismo tener sentido que tener valor, aunque ambos se tiene y no se son.

2.3.7.3 El sentido y el valor se tienen porque dicen referencia al mundo, al sistema, al proyecto, a la totalidad de referencias que se despliega desde el ser humano y no sólo desde la constitución real de la cosa misma. Que la rosa crezca y exhale su perfume es de su propia constitución real, de suyo, desde sí. Que la rosa sea la reina de las flores, que cuando son rojas se las regale el enamorado a la novia es mudano, *es tener* sentido y valor. El sentido y valor se le sobreañade a la cosa por el hecho de estar integrado a un proceso humano.

2.3.7.4 Algo puede tener sentido y no tener valor. Tiene sentido algo que guarda respectividad posible con una totalidad interpretativa. Tiene valor algo que guarda respectividad actual con una totalidad práctico-poiética (mediación actual operativa para un proyecto). El acceso al sentido es intelectivo, existencial; el acceso al valor es estimativo, operativo. La interpretación considera la estructura constitutiva real o eidética de la cosa-sentido; la estimación aprecia el funcionamiento real o simbólico de la cosa-sentido. Todo lo que tiene valor tiene sentido; aunque puede decirse que algo que es un sinsentido para unos es valioso para otros. Pero algo puede tener sentido y sin embargo no tener valor. Tiene sentido hacer la guerra pero no tiene valor para el pacifista. Es decir, puede interpretarse y descubrirse la estructura eidética de la guerra, pero no es una mediación actual operativa para el que la critica.

2.3.7.5 De todas maneras ni el sentido ni el valor son el fundamento del mundo, ni de los sistemas éticos, económicos, estéticos. El valor es la mediación en cuanto tal, y toda mediación se dirige a un proyecto que la funda. Las axiologías son ideologías cuando olvidan que la jerarquía de valores nunca es absoluta sino relativa al sistema histórico al cual sirven de mediación. Igualmente es ideológico el pensar que el sentido de los entes es absoluto, olvidando que es mi mundo el que funda y da sentido a todo lo que me rodea.

2.3.7.6 En un sentido más concreto, en el capitalismo, *valor* es el carácter de un bien en cuanto es producto y objetivación de trabajo humano (y el producto "como producto" es la *productualidad* de la cosa), pero, y al mismo tiempo, en cuanto ha sido hecho "como mercancía", es decir como portador de valor de cambio (y no principalmente como portador de valor de uso) (es decir: con *intercambiabilidad*) (4.4.4.4).

2.3.8 Cosa, ente y sentido

2.3.8.1 Debemos clarificar ahora ciertas nociones de la proxémica u ónticas (lo que se refiere a los entes o fenómenos) esenciales. Cuando hablamos de cosa (*res*) nos referimos siempre a una realidad sustantiva cuyas notas constitutivas están cerradas, clausas o independientes realmente como todo. Cuando nos referimos a un perro indicamos una cosa, por ejemplo, tiene una esencia tal que puede cumplimentar operaciones caninas propias; las de su concreta individualidad. Si le corto una pata, no puedo decir ya que sea dicha pata una cosa, porque al dejar de ser viviente manifiesta que es sólo parte de una cosa, el perro, como todo y unidad constitutiva. Cosa es lo real de suyo, desde sí, momento del cosmos (2.2.3.1 y 3.4.6), que no es el mundo (2.2.3.2) ni sólo la naturaleza (4.1.2.2).

2.3.8.2 Por el contrario, el ente (*tò on, ens*, lo que es), indica que nos referimos abstractamente a la cosa en cuanto incorporada al mundo como mediación o posibilidad; aunque también puede ser un puro ente de razón, como el centauro, por ejemplo. El ente puede diferenciarse del fenómeno: se dice ente en referencia al contenido eidético y teniendo en cuenta la realidad connotada (si la hay), la esencia. Se dice fenómeno en referencia al hecho de aparecer en el mundo, con respecto a la totalidad significativa. Todo ente es fenómeno y viceversa; pero no toda cosa real es ente: si la cosa es ente es entonces cosa-sentido (sólo en este caso). El centauro es un mero ente mientras que la madera-mesa es un ente y una cosa-sentido. Las cosas-sentidos pueden serlo de muchas maneras: un cartel de madera es un signo (4.2), un artefacto (4.3), una mercancía (4.4). Una cosa puede además ser un puro ente natural (4.1) a diferencia de los entes culturales (4.2.4) o de los entes lógicos (5.1.6).

2.3.8.3 La cosa, en cuanto es cosa-sentido o ente, tiene siempre en el mundo un sentido. Adviértase que la realidad es constitutiva de la cosa, y decimos que tiene esencia (3.4.7.3). El fenómeno, en cambio, tiene un contenido general (lo comprendido derivadamente o la captación de algunas notas esenciales o adventicias reales) (2.2.7.4) que es precisado en su estructura eidética o conceptual (no se confunda esta estructura eidética con la nota esencial constitutiva de la cosa) por la interpretación del sentido. La esencia dice relación a la constitución real y por ello funda la interpretación como descubrimiento; la estructura eidética dice relación a la totalidad mundana, o al orden de la manifestación fenoménica. El sentido, entonces, es la estructura eidética del ente que se interpreta conceptualmente, en el nivel existencial cotidiano o teórico crítico, en respectividad al mundo como totalidad del fenómeno.

2.3.8.4 Realidad, entidad y fenomenalidad dicen entonces diversos niveles. La realidad es de las cosas en cuanto constituidas realmente, desde sí; la entidad es de los entes en cuanto se los descubre en relación a su contenido esencial (si no son entes de razón, en cuyo caso su entidad sería mínima porque sólo se refiere a una estructura puramente eidética). La fenomenalidad es igualmente de los entes pero en cuanto se los constituye en su estructura relacional eidética o sentido mundano.

2.3.9 Libertad situada

2.3.9.1 El ser humano, en realidad, no está rodeado de cosas ni de entes independientes, autónomos. Las cosas y entes que constituyen su entorno son mediaciones, posibilidades. Cuando el ser humano obra, lo hace por un proyecto. Ese proyecto determina las posibilidades, las mediaciones para su realización. Es decir, el ser humano está como asediado por decisiones a tomar, caminos que se abren y se cierran.

2.3.9.2 Este estar abierto a deber continuamente determinarse por ésta o aquélla posibilidad; este estar algunas veces desconcertado y no saber cuál elegir; ese poder elegir mismo y no elegir nada; esta capacidad o señorío sobre las mediaciones, desde los clásicos, se denomina la libertad.

2.3.9.3 En efecto, el ser humano se realiza por determinaciones electivas. La elección de esa posibilidad hace imposible todas las demás. Por determinación tras determinación el ser humano va construyendo su propia biografía, su historia. La libertad es posible porque ninguna mediación cumple del todo el proyecto humano. Indiferente o expectante ante las posibilidades que se le presentan al fin elige una, no la total ni acabada; sino la posible, concreta, prudente.

2.3.9.4 Elegir libremente no consiste en poder determinar absolutamente las mediaciones desde una indeterminación absoluta (sería la libertad infinita, radical). Tampoco el ser humano está totalmente determinado, condicionado; sería un simple animal estimulado por motivaciones necesarias, instintivas. El ser humano es libre y al mismo tiempo históricamente determinado; es decir, la condición no es absoluta: es relativa, parcial. Un ápice de su realidad permanece siempre espontánea, señor de sus decisiones, elecciones.

2.3.9.5 La mediación es posibilidad para una libertad. La cosa es ente porque siendo interpretado en su sentido y estimado en su valor es por último elegido y postergado en vista del proyecto. Sin libertad no hay ser humano, ni ente, ni sentido, porque simplemente no habría mundo; sólo habría cosmos, cosas, estímulos, animales.

Filosofía de la Liberación

2.3.9.6 En nuestra sociedad, el trabajador es "libre"; pero no libre en el sentido que tenga libertad-para, sino libre o falto de tierra, medios de producción y subsistencia; libertad como "pobreza absoluta", como "despojamiento total", como el que sólo tiene su propio pellejo para vender.

2.4. EXTERIORIDAD

2.4.1 Sentido de la cuestión

2.4.1.1 Aquí abordamos la categoría más importante, en cuanto tal, de la filosofía de la liberación, en mi interpretación. Sólo ahora se podrá contar con el instrumental interpretativo suficiente para comenzar un discurso filosófico desde la periferia, desde los oprimidos. Hasta este momento nuestro discurso ha sido como un resumen de lo ya sabido. Desde ahora comienza un nuevo discurso, que cuando sea implantado en su nivel político correspondiente y con las mediaciones necesarias, que faltan en los filósofos del centro que usan estas mismas categorías, podremos ahora sí decir que es un nuevo discurso en la historia de la filosofía mundial. Esto no se debe a nuestra poco o mucha inteligencia, se debe a que simplemente cuando nos volvemos a la realidad, como exterioridad, por el solo hecho de ser una *realidad histórica* nueva, la filosofía que de ella se desprende, si es auténtica, no podrá menos que ser igualmente *nueva*. Es la novedad de nuestros pueblos lo que se debe reflejar como novedad filosófica y no a la inversa.

2.4.1.2 La metáfora espacial de exterioridad puede llamar a más de un equívoco. Podríamos denominar también en este "más allá" del horizonte del ser del sistema una trascendentalidad interior, un "más allá" del sujeto en el sistema, de su trabajo, de su deseo, de sus posibilidades, de su proyecto. Transcendentalidad interior o exterioridad tienen la misma significación de este discurso filosófico.

2.4.2 El ente que no es sólo ente

2.4.2.1 Entre los entes o cosas que aparecen en el mundo, que se manifiestan en el sistema junto a los instrumentos, hay uno absolutamente *sui generis*, distinto a todos los demás. Junto a las montañas, los valles y los ríos; junto a las mesas, martillo y máquinas, irrumpe cotidianamente en nuestro entorno el rostro de otros seres humanos. Alejados de la proximidad, en la lejanía, su presencia vuelve a recordarnos la proximidad postergada. Sin embargo, habitualmente, el rostro de otro ser humano juega en nuestro entorno como una simple cosa-sentido más. El chofer del taxi pareciera ser como una prolongación mecánica del auto; el ama de casa como un momento más de la limpieza y el arte culinario; el maestro como un ornamento de la escuela; el soldado como un miembro del ejército... Pareciera que es difícil recortar a otro ser humano de su sistema donde se encuentra inserto. Es entonces un ente; es parte de sistemas. Sin embargo, hay momentos en que se nos aparece, se nos revela en toda su exterioridad. Como cuando de pronto el chofer del taxi resulta ser un amigo y nos dice, estando nosotros desprevenidos: "Cómo te va?". La pregunta inesperada surgida de un horizonte de entes nos impacta: ¡Alguien aparece en el mundo! Mucho más cuando se nos dice: "¡Una ayuda por favor!", o -"¡Tengo hambre; déme de comer!"-

2.4.2.2 El rostro de la persona se revela como otro cuando se recorta en nuestro sistema de instrumentos como exterior, como alguien, como una libertad que interpela, que provoca, que aparece como el que resiste a la totalización instrumental. No es algo; es alguien.

2.4.2.3 Exterioridad, que no tiene el mismo significado que para Hegel (ya que en definitiva para el gran filósofo clásico dicha exterioridad es interior a la totalidad del ser, o, al fin, de la Idea), quiere indicar el ámbito desde donde el otro ser humano, como libre e incondicionado por mi sistema y no como parte de mi mundo, se revela.

2.4.2.4 El trabajador "libre" es la exterioridad con respecto al capital (al capitalista), cuando todavía no ha vendido su capacidad de trabajo. Pero es igualmente exterioridad, "plena nada", el pobre (*pauper* decía Marx) desocupado por el capital y expulsado del "mundo".

2.4.3 Ser, realidad, distinción
2.4.3.1 Si el ser es el fundamento de todo sistema, y del

sistema de sistemas que es el mundo cotidiano (*Lebenswelt*), afirmamos ahora que hay realidad también más allá del ser, así como hay cosmos también más allá del mundo. El ser es como el horizonte hacia donde y desde donde se manifiestan los fenómenos del mundo. Es el fundamento y la identidad ontológicos; es la luz que ilumina la totalidad del mundo. Y bien, más allá del ser, trascendiéndolo, hay todavía realidad. Si la realidad es el orden de la constitución cósmica de las cosas, resistentes, subsistentes y crecientes de suyo, desde sí, es evidente que hay realidad más allá del ser. ¡Cuánto cosmos jamás ha sido incorporado a ningún mundo! ¿No fue acaso primero la realidad del primate, hace millones de años, y posterior la aparición del mundo, del ser, entonces?

2.4.3.2 Pero entre las cosas reales que guardan exterioridad del ser, se encuentra una cosa que tiene eventos, que tiene historia, biografía, libertad: otra persona (4.1.5.5). La persona, más allá del ser, de la comprensión del mundo, del sentido constituido por la interpretación que supone mi sistema, trascendente a las determinaciones y condicionamientos de la totalidad, puede revelarse como el extremadamente opuesto; puede increparnos en totalidad. Aun en la extrema humillación de la prisión, en el frío de la celda y el total dolor de la tortura, aun cuando su cuerpo no fuera sino una llaga viva, todavía puede clamar: "-¡Soy otro; soy ser humano; tengo derechos!"-.

2.4.3.3 Si realidad es la constitución sustantiva e independiente de una cosa, su esencia (3.4.7), la persona es lo propiamente real, más real que la totalidad cósmica de los astros y los seres vivientes, que forman entre ellos la sustantividad físico-astrónomica y la botánico-zoológica, sin real exterioridad de una para con la otra (4.1.2). Sólo el libre, cada persona, es una totalidad autosubstantiva, autónoma, otra: exterioridad metafísica, realidad realísima más allá del mundo y del ser.

2.4.3.4 Todo esto cobra realidad práctica cuando alguien dice:- "¡Tengo hambre!". El hambre del oprimido, del pobre es un fruto del sistema injusto. Como tal no tiene lugar en el sistema. En primer lugar por ser negatividad, falta-de (4.3.3), no-ente en el mundo. Pero, fundamentalmente, porque saciar estructuralmente el hambre del oprimido es cambiar radicalmente el sistema. En tanto tal el hambre es la exterioridad práctica o la trascendentalidad interna más subversiva contra el sistema: el "más allá" infranqueable y total.

2.4.3.5 La lógica de la totalidad (5.2) establece su discurso desde la identidad o fundamento hacia la diferencia. Es una lógica de la naturaleza (4.1) o del totalitarismo (3.1.5-1.6). Es lógica de la alienación de la exterioridad (2.5.6) o de la cosificación de la alteridad, de la otra persona. La lógica de la exterioridad o de la alteridad (5.3), por el contrario, establece su discurso desde el abismo de la libertad del otro (2.6). Esta lógica tiene otro origen, otros principios: es histórica y no evolutiva; es analéctica (5.3) y no meramente dialéctica (5.2) o científico-fáctica (5.1), aunque las asume a ambas.

2.4.3.6 La persona, cada persona, toda persona, nace en el útero de alguien. Pero no es mera diferencia de la identidad de la especie o de la identidad originaria de la madre. La persona nace separada, distinta, desde su origen, desde siempre. La constitución de la cadena genética en el óvulo fecundado humano es distinta a todo otro proceso genético. El padre interviene e igualmente la madre. Sin embargo, el nuevo ser, el hijo, es un ser que establecerá un mundo propio, un proyecto único, será libre (4.1.5). La nota de libertad lo constituye desde su origen como distinto. No se diferencia de la madre como una rama puede diferenciarse del árbol antes de ser plantado para que germine y crezca un nuevo árbol (el nuevo árbol es sólo diferido de la identidad de la vida). La persona, en cambio, separada desde siempre, nunca unida esencialmente, desde el momento que es real es otro; su alteridad irá creciendo hasta el día de su fin, su muerte histórica y no meramente biológica.

2.4.3.7 Distinción-convergencia se opone a identidad-diferencia. El ser humano, distinto por su constitución real como cosa eventual o libre, converge, se reúne, se aproxima con otros seres humanos. Su convergencia será bondad, justicia, realización, servicio, liberación. Más allá del ser se converge en la realidad, extrasistemática, futura.

2.4.4 Interpelación del otro

2.4.4.1 El otro es la noción precisa con la que denominaremos la exterioridad en cuanto tal, la histórica, y no la meramente cósmica o físico-viviente (4.1). El otro es alteridad de todo sistema posible, más allá de "lo mismo" que la totalidad siempre es. El ser es y el no-ser es todavía o puede serlo el otro, diríamos contra Parménides y la ontología clásica.

2.4.4.2 El otro se revela realmente como otro (3.4.8.1), en toda la acuidad de su exterioridad, cuando irrumpe como lo más extremadamente distinto, como lo no habitual o cotidiano, como lo extraordinario, lo enorme (fuera de la norma) (Levinas), como el pobre, el oprimido; el que a la vera del camino, fuera del sistema, muestra su rostro sufriente y sin embargo desafiante: "-¡Tengo hambre!, ¡tengo derecho a comer!". El derecho del otro, fuera del sistema, no es un derecho que se justifique por el proyecto del sistema o por sus leyes. Su derecho absoluto, por ser alguien, libre, sagrado, se funda en su propia exterioridad, en la constitución real de su dignidad humana. Cuando se avanza en el mundo, el pobre, conmueve los pilares mismos del sistema que lo explota. Su rostro (*pním* en hebreo, *prósopon* en griego), persona, es provocación y juicio por su sola revelación.

2.4.4.3 El otro, el pobre en su extrema exterioridad del sistema, provoca a la justicia; es decir, llama (-*voca*) desde dentro (*pro-*). Para el sistema de injusticia "el otro es el infierno" (Sartre) (si por infierno se entiende el fin del sistema, el caos agónico). Por el contrario, para el justo el otro es el orden utópico sin contradicciones; es el comienzo del advenimiento de un mundo nuevo, distinto, más justo. La sóla presencia del oprimido como tal es el fin de la buena conciencia del opresor. El que sea capaz de descubrir donde se encuentra el otro, el pobre, podrá, desde él, efectuar el diagnóstico de la patología del estado (Hermann Cohen).

2.4.4.4 El trabajador que ofrece su corporalidad creadora de riqueza, su capacidad de trabajo, como el limosnero que implora los medios de subsistencia, es el otro (absolutamente contradictorio al capital) que pro-voca al justo intercambio -pero que será sin embargo engañado- en el "contrato" salarial.

2.4.4.5 El otro como rostro interpelante, revelante, provocante, sólo en ese caso, es persona. No es meramente la "diferencia" de Derrida, es lo "dis-tinto", meta-físico.

2.4.5 El otro, comunidad, realidad de un pueblo antes que biografía singular

2.4.5.1 El rostro del otro, primeramente como pobre y oprimido, revela realmente a un pueblo antes que a una persona singular. El rostro indio surcado por las arrugas del trabajo centenario, el rostro de ébano del esclavo africano, el rostro aceitunado del hindú, el rostro amarillo del chino son la irrupción de una historia, de un pueblo, de grupos humanos antes que de la biografía de Tupac Amaru, Lumumba, Nehrú y Mao Tse-Tung. El describir la experiencia de la proximidad como experiencia individual, o la experiencia metafísica del rostro-a-rostro como una vivencia entre dos personas, es simplemente olvidar que el misterio personal se juega siempre en la exterioridad de la historia popular (3.1.3-1.4). La individualización de esta experiencia personal-comunitaria es una de las deformaciones europeas dependientes de la revolución burguesa. Cada rostro, único, misterio insondable de decisiones todavía no tomadas, es rostro de un sexo, de una generación, de una clase social, de una nación, de un grupo cultural, de una edad de la historia.

2.4.5.2 El otro, la alteridad metafísica, la exterioridad en el nivel antropológico, es primeramente social, histórico-popular. Es por ello que el rostro cuidado estéticamente, y rejuvenecido por los afeites y la cosmética de las oligarquías, aristocracias o burguesías, sean del centro o de la periferia, son rostros que como las momias querrían sustraerse a la contigencia del tiempo. Eternizar el presente, con terror al futuro, es el *páthos* de todo grupo dominador. Por el contrario, el ajado rostro del beduino del desierto, la surcada y oscurecida piel del campesino, el intoxicado pulmón del minero en cuya cara el sol está ausente, esos rostros "aparentemente" feos, horribles casi para el sistema, son la belleza primera (4.3.9.7-9), belleza futura, belleza popular.

2.4.6 Libertad, no-ser, nada

2.4.6.1 El otro es exterioridad de toda totalidad porque es libre. Libertad no es aquí sólo una cierta posibilidad de elegir entre diversas mediaciones que penden del proyecto cotidiano. Libertad es ahora la incondicionalidad del otro con respecto al mundo en el que siempre soy centro. El otro como otro, es decir, como centro de su propio mundo (aunque sea un dominado u oprimido), puede decir lo imposible, lo inesperado, lo inédito en mi mundo, en el sistema. Toda persona, cada persona, en cuanto es otro es libre, y en cuanto es parte o ente de un sistema es funcional, profesional o miembro de una cierta estructura, pero no es otro. Se es otro en tanto se es exterior a la totalidad, y en ese mismo sentido se es rostro (persona) humano interpelante. Sin exterioridad no hay libertad ni persona. Sólo en la incondicionalidad de la conducta del otro se descubre el hecho de la libertad, del libre arbitrio. Robinson Crusoe, de haber nacido solo, no hubiera sido libre sino sólo espontáneo; además no hubiera sido persona, porque la persona sólo se reconoce y se construye como ser humano en la proximidad, jamás en la pura lejanía solipsista. Sería en ese caso un animal cuya racionalidad sería puramente potencial. No tendría mundo porque simplemente nadie le habría dado el sentido a los entes, ni tendría lengua.

2.4.6.2 En cuanto otro incondicionado, exterior, el otro como otro consiste en un no-ser. Más allá del horizonte del ser (Schelling), el otro es el bárbaro (que no es ser humano para Aristóteles), o la mujer en la sociedad machista (que es castrada para Freud), o el huérfano que nada es y todo lo debe aprender (como el Emilio de Rousseau). Por cuanto no es, en cuanto alteridad de la totalidad, igualmente puede decirse que es nada. De la nada es que aparecen los nuevos sistemas; nuevos en sentido metafísico, radical. Berdiaeff indica que los griegos pensaron el poblema del movimiento pero ni sospecharon la cuestión de la novedad.

2.4.6.3 Desde el otro como otro, el pobre, libertad incondicionada por cuanto se desprecia su exterioridad como nada (como incultura, analfabetismo, barbarie), como lo nulo, es que surge en la historia lo nuevo. Por ello todo sistema futuro realmente resultante de una revolución subversiva en su sentido metafísico es analógica: semejante en algo a la anterior totalidad, pero realmente distinta (5.3).

2.4.6.4 La "plena nada" -del *II Manuscrito del 44*-, la del otro, el trabajador no-capital (todavía no-ser del capital), es la posición de la persona como sujeto de trabajo que no ha sido subsumida todavía en la totalidad del capital Es "nada (*Nichts*)", tanto para Marx como para nuestra metafísica de la liberación, y sin embargo libre, real.

2.4.7 Razón y fe

2.4.7.1 La razón (en el sentido de la *Vernunft* hegeliana o aún del *verstehen* heideggeriano) es la capacidad especulativa humana por la que se ve o descubre lo que los entes son y en lo que el mundo, el sistema o la totalidad, consiste. Es la capacidad de abarcar el fundamento y la diferencia. Es la capacidad contemplativa que ilumina el ámbito que el poder político y militar controlan. Pareciera que más allá de la razón está lo irracional. Sin embargo, más allá de la razón, además de lo irracional (que frecuentemente pasa por ser lo supremamente racional, como la Idea de Hegel, el *Uebermensch* de Nietzsche, la Raza de Hitler, el *Manifest destiny* o el *american way of life* de Estados Unidos... numerosos mitos irracionales que fundan empresas sumamente analizadas, matematizadas, computadas, "razonables"), está la exterioridad del otro que no puede ser comprendido (2.2.7) del todo ni acabadamente por ningún mundo ni sistema. Más allá de la "comunidad de comunicación" está el que no argumenta porque no es "parte".

2.4.7.2 Más allá del horizonte que abarca la razón comprensiva, aún ontológica, resiste la realidad del otro. Cuando el otro habla desde sí, no por la compulsión de la tortura que en la desesperanza lo inclina a delatar, revela su exterioridad, su alteridad que nunca la razón podrá escrutar desde sí misma. El otro no puede ser interpretado, analizado, estudiado desde el sistema, como lo hacemos con las piedras, con los vegetales o animales. A una cucaracha o la investigo a partir de lo que su realidad me manifiesta o la ignoro. Nunca se nos ocurriría preguntarle: "¿Quién eres? ¿Cómo te encuentras?". Por el contrario, sólo al otro se le pregunta, no sólo por su nombre, sino por su biografía, su actitud actual; pero, hasta el fin, el ser humano podrá mentir. La hipocresía es un signo de su exterioridad. Puede guardar celosamente el misterio de su secreto. Puede morir y no revelarlo.

2.4.7.3 Ante lo que la razón nunca podrá abarcar, el misterio del otro como otro, sólo la fe puede adentrarse. En la proximidad, cara-a-cara, alguien puede oír la voz del otro y acogerla con sagrado respeto. "¡Te amo!" dice la amada al amado. ¿Qué hacer ante tan simple y casi cotidiana revelación? ¿Creo lo que me dice? ¿Desconfío? ¿Puede engañarme, puede jugar comigo; decirle que yo también la amo es un riesgo; en dicho riesgo puedo perder el honor, la vergüenza y hasta la vida? ¿Qué hago...?

2.4.7.4 Aceptar la palabra del otro porque él la revela sin otro motivo que porque él la pronuncia es la fe. Lo que me revela no tiene otro criterio de certeza que la realidad misma del otro como otro. No se acepta lo que me revela ni por la evidencia de su contenido, ni por ser cierto. Se lo acepta porque detrás de su palabra se encuentra la realidad misma de alguien, inmediatamente, abierto y expuesto en una apertura metafísica en relación a la cual la apertura ontológica al mundo es una lejana imitación (4.2.6). Revelar es exponerse al traumatismo, como el que abre su camisa ante el pelotón de fusilamiento. Creer es arrojarse al vacío porque el otro ha afirmado que en el fondo del abismo hay agua y no se corre peligro. Relación metafísica por excelencia, proximidad, revelación, fe, racionalidad histórica suprema, humana.

2.4.7.5 La fe en el otro (algo más de lo visto por el último Wittgenstein), lejos de ser un fideísmo pequeño burgués o elitista, no es sólo la posición del héroe, de la vanguardia ante el pueblo, sino que es la posición del mismo pueblo, ante sí mismo; como expresa Castro cuando dice que el pueblo debe tener fe, "cuando crea suficientemente en sí mismo".

2.4.8 Trascendentalidad interior
2.4.8.1 La categoría de exterioridad, como hemos dicho arriba, puede entenderse de manera equivocada y pensarse que lo que está "más allá" del horizonte de ser del sistema lo es de manera total, absoluta y sin ninguna participación en el interior del sistema.

Para obviar este mal entendido debería comprenderse la exterioridad como trascendentalidad interior a la totalidad. Ninguna persona, en cuanto tal, es absolutamente y sólo parte del sistema. Todas, aún en el caso de las personas miembros de una clase opresora, tienen una trascendentalidad con respecto al sistema, interior al mismo.

2.4.8.2 El hecho, por ejemplo, de que el Frente Sandinista de Liberación Nacional no pidiera siquiera la extradición del dictador Somoza manifiesta esta trascendentalidad interna. En primer lugar, el opresor es opresor no en el secreto último de su persona, sino en la funcionalidad social, en la actividad regulada por las instituciones de la totalidad. Modificada la estructura social como totalidad muchos de los que ejercían el poder del sistema quedan reducidos a simples ciudadanos, sin los instrumentos de opresión. El perdón de sus actos o una justicia magnánima es posible porque nunca se identifica sin posibilidad de separación la persona y la función social. El mismo burgués es víctima del capital, y la superación del capitalismo liberará al burgués de la esclavitud que se ejerce sobre el nivel verdaderamente humano de su existencia. Esta trascendentalidad interna es la exterioridad del otro como otro no como parte del sistema.

2.4.8.3 Es igualmente trascendentalidad interior o esperanza de exterioridad cumplida, el hecho creciente de desempleo estructural que se viene dando en la crisis actual del capitalismo. Poder trabajar más y no poder hacerlo es situarse como sujeto "más allá" del sistema. El "más" de trabajo posible y no empleado, el tiempo perdido por el sistema que no puede emplearlo, es negatividad interna, es actualidad y exigencia de trascendencia en el interior del sistema injusto, represivo ante fuerzas productivas en tensión hacia el futuro.

2.4.9 Ontología y metafísica

2.4.9.1 La ontología se mueve en la "luz del mundo", bajo el imperio de la razón. Claro es que la razón se ha tornado el arte de prever y ganar la guerra. La filosofía como ontología es un reflejarse, especular o mirarse como en el espejo (especulum) (Rorty); es buscar la identidad como origen de lo mismo que ya se es. Hoy, ontología es saber pensar la mercancía (el ente y el fenómeno del ser: el valor) desde su fundamento (el capital).

2.4.9.2 La metafísica, en el sentido que le damos en el presente discurso de la filosofía de la liberación, es el saber pensar el mundo desde la exterioridad alterativa del otro. Es saber pensar no sólo la negatividad del ente que deja lugar a la novedad óntica en su remontarse hacia el origen del mundo, el fundamento, el ser. Es saber pensar el mismo ser desde la exterioridad que lo juzga; como juzga hoy la periferia mundial al centro dominador y poseedor de la filosofía de la dominación (sea ontológica o funcionalista, estructuralista, analítica, semiológica...); como juzga la mujer que se libera a la falocracia y la ideología machista; como juzgan las juventudes del mundo a las antiguas generaciones gerontocráticas castradoras. Metafísica es saber pensar el sistema, el mundo, desde la negatividad ontológica (ya que la negatividad de un Adorno, por ejemplo, termina siempre por afirmar el ser, lo ontológico, aunque sea como utopía futura). Nosotros, en cambio, negamos el mismo ser y su utopía, en nombre no de una utopía futura sino de una utopía presente: los pueblos periféricos, las clases oprimidas, la mujer y el hijo.

2.4.9.3 La tensión ontológica ("interés", Habermas) de lo mundano al ser se denominó preocupación (*boúlesis* para Aristóteles, o *Sorge*). La tensión metafísica de un momento del sistema lanzada hacia la exterioridad, hacia el otro como otro, la denominaremos *pulsión* de alteridad. Esta pulsión, deseo, amor de justicia real, es como el huracán que destruye los muros, abre la brecha en la frontera ontológica y se vuelca torrencialmente en la exterioridad. La metafísica no sólo se juega en la fe ante la palabra interpelante sino en la pulsión que moviliza, transforma, subvierte la realidad misma. Metafísica es saber pensar el trabajador no-objetivado todavía en su producto o ya expulsado (*pauper*) como el "más allá" del ser del capital, como la posible - y ya real en el pueblo- "asociación de seres humanos libres".

2.5 ALIENACION

2.5.1 Sentido de la cuestión
2.5.1.1 Hasta ahora nuestro discurso habrá encantado a los

dominadores por pacífico y desencantado a los oprimidos por no conflictivo. Pedagógicamente es necesario ir de la fuente a los arroyuelos de las montañas, hasta que lentamente se recorren los torrenciales ríos que se precipitan por fin en el mar bravío. El discurso de la filosofía de la liberación sólo ahora comenzará, propedéutica aunque crecientemente, a mostrar su fisonomía.

2.5.1.2 La totalidad, el sistema, tiende a totalizarse, a autocentrarse, y a pretender, temporalmente, eternizar su estructura presente; espacialmente, a incluir intrasistemáticamente a toda exterioridad posible. Como portador de un hambre infinito, el fetiche (3.4.2) pretende instalarse para siempre en una insaciable antropofagia. La proximidad del cara-a-cara desaparece porque el fetiche se come a su madre, a sus hijos, a sus hermanos... La totalidad totalizada, cíclope o *Leviathan* en la tierra, mata a cuantos rostros ajenos le interpelan hasta que al fin, después de larga y espantosa agonía, desaparecerá tristemente de la historia no sin antes sellar con injusticias sin número sus últimos días.

2.5.2. *El otro: el enemigo*

2.5.2.1 El sabio es clarividente: ve con absoluta claridad. "La salvación se alcanza por el conocimiento", según la tragedia, y por ello el oráculo socrático de "conócete a ti mismo" es tan ontológico como "el eterno retorno de lo mismo" de Nietzsche. Al fin "lo mismo" permanece "lo mismo"; "el ser es" resume toda la ontología. Ante el ser no hay sino contemplarlo, especularlo, extasiarse ante él, afirmarlo y trágicamente permanecer en la pasiva autenticidad (*Eigentlichkeit*) favorable para el dominador; mortal para el dominado. La *gnôsis* es el acto perfecto del ser humano ontológico, aristocrático, opresor.

2.5.2.2 En este caso el mal o la injusticia no es algo que el ser humano haya cumplido; sobre todo, al que le ha tocado por designio de los dioses dominar no encontrará en sí mismo la culpa de la dominación. Heráclito decía que desde la *fysis* unos se avanzan dioses y otros seres humanos, unos libres y otros esclavos. La *anánke* o necesidad del Destino lo ha querido *así*. El mal no es sino ignorancia de lo que las cosas son, y, por otra parte, el hecho mismo de la realidad de la multiplicidad. Si fuéramos uno como el ser y el fundamento en su identidad no habría pluralidad ni mal. Es la materia o la determinación, que niega en los entes el que puedan ser inmediatamente el ser, el origen del mal. Plotino y Hegel están de acuerdo.

2.5.2.3 Para el sistema el otro aparece como algo distinto (en realidad es distinto). Como tal pone en peligro la unidad de "lo mismo". El sabio es el encargado en su ontología de mostrar el peligro que el otro significa para el todo, la totalidad. Señala entonces claramente el enemigo del sistema: el distinto, el otro. Una vez señalado el mal, el diferente, el otro, la ontología descansa en paz.

2.5.2.4 Para el capital el otro como enemigo es el sujeto libre de trabajo que puede siempre, potencialmente, no vender más su trabajo y constituirse no en la contradicción absoluta sino en sujeto de otro "mundo", de otro sistema.

2.5.3 Aniquilación de la distinción

2.5.3.1 El sabio ha mostrado clarividentemente el ser y su opuesto: la distinción, el otro. Ahora es la hora del ser humano práctico, del héroe del sistema, de los Julio César en las Galias, Napoléon en Rusia, Hitler en Europa, Cortés y Pizarro en América, los ejércitos imperiales en Africa y Asia. Es la hora de la praxis que elimina al enemigo, al distinto, al otro.

2.5.3.2 Como la distinción es exterioridad que niega la unidimensionalidad del sistema (Marcuse), su bien está en la incorporación indistinta intrasistemática: ser uno más entre los demás. El que se opone al aplanamiento es distinto; es el otro. Como otro que el sistema está más allá del ser; como el ser es y el no-ser no es, el tal no es. Si habla, si provoca, si irrumpe, es la irrupción o la palabra expresión del no-ser. Decir el no-ser es lo falso. Antes que el otro continúe su tarea de falsificación, de desmoralización del sistema, el héroe se lanza sobre el enemigo, el otro, y lo aniquila, lo mata, lo asesina. Así procedieron los SS en la Alemania fascista, así procede la CIA en la periferia -brazo legalmente armando de las trasnacionales-.

2.5.3.3 El proyecto del sistema imperante se impone en todo, unívocamente. Por medio de la propaganda, por los medios de comunicación, por el cine y la televisión... por todos los poros. Quien resiste se lo secuentra, encarcela, tortura, expulsa, mata.

2.5.3.4 La dialéctica del señor y el esclavo no es todavía posible porque el posible esclavo desaparece del horizonte: ha muerto. ¡Tantos muertos conoce la periferia; desde Patricio Lumumba, Ben Barka, Elieser Gaitán, Oscar Romero...!

2.5.3.5 La ontología y la filosofía del centro justifican la acción de los poderes centrales y de los ejércitos imperiales. ¿Qué era el estoicismo y epicureísmo sino la consagración del imperio? ¿Qué son Hegel, Nietzsche, Heidegger, los fenomenólogos sin conciencia crítica...?

2.5.4 Subsunción de la exterioridad

2.5.4.1 Lo que más espanta es la certeza (*Gewissheit*) que tienen los héroes dominadores de manifestar en la tierra a los dioses -en otras épocas-, y ahora a la democracia, la libertad, la civilización. Ellos son valientes defensores del ser, que dan su vida por el máximo ideal ante el plebeyaje, los bárbaros, los representantes del no-ser, la materia, la diferencia, lo demoníaco, la falsedad, el desorden, el caos, el marxismo... en una palabra: el mal. La buena conciencia del héroe lo transforma en el fanático.

2.5.4.2 Vestida de nobles virtudes nietzscheanas, guerreras, saludables, blancas y rubias como los arios, Europa se lanza sobre la periferia, sobre la exterioridad geopolítica; sobre las mujeres de otros varones; sobre sus hijos; sobre sus dioses. En nombre del ser, del mundo humano, de la civilización, aniquila la alteridad de otros seres humanos, de otras culturas, de otras eróticas, de otras religiones. Incorpora así aquellos seres humanos o, de otra manera, despliega violentamente las fronteras de su mundo hasta incluir a otros pueblos en su ámbito controlado. La España que desde el 718 venía extendiendo su frontera guerrera hacia el sur en su lucha de la reconquista contra los árabes, desde 1492 la despliega hasta incorporar a la llamada Hispanoamérica. Hispanoamérica es un ámbito geopolítico totalizado, aniquilado en su exterioridad, deglutido por el ser antropófago en nombre de la civilización.

2.5.4.3 La conquista de América Latina, la esclavitud del Africa y su colonización al igual que la del Asia, es la expansión

Filosofía de la Liberación

dialéctico dominadora de "lo mismo", que asesina "al otro" y lo
totaliza en "lo mismo". Este proceso dialéctico-ontológico tan
enorme de la historia humana ha simplemente pasado
desapercibido a la ideología de las ideologías (más aún cuando
pretende ser la crítica de las ideologías): a la filosofía moderna y a
la contemporánea postmodernidad europea.

2.5.4.4 La tautología lo ocupa todo: "el eterno retorno de lo
mismo". El capital, "lo mismo", aniquila la distinción del
trabajador libre, y de su "plena nada" (2.4.6.4) lo vuelca ahora en
la "nada absoluta" -como escribe Marx-, a la indiferenciación de
un asalariado subsumido como un momento interno del capital:
como un ente, una cosa, un instrumento.

2.5.5 Alienación
2.5.5.1 El otro, que no es diferente (como afirma la totalidad)
sino distinto (siempre otro), que tiene su historia, su cultura, su
exterioridad, no ha sido respetado; no se lo ha dejado ser otro. Se
lo ha incorporado a lo extraño, a la totalidad ajena. Totalizar la
exterioridad, sistematizar la alteridad, negar al otro como otro en
la alienación. Alienar es vender a alguien o algo; es hacerlo pasar
a otro posesor o propietario. La alienación de un pueblo o individuo
singular es hacerle perder su ser al incorporarlo como momento,
aspecto o instrumento del ser de otro. "*Aufhebung*" es subsunción.

2.5.5.2 La periferia geopolítica mundial, la mujer y el hijo
son propiedad del centro, del varón y el adulto. Se aliena el ser del
otro al descolocarlo de su propio centro; al hacerlo girar en torno
del centro de la totalidad ajena.

2.5.5.3 La alienación, sin embargo, se juega esencialmente
en la poíesis de una formación social. La praxis de dominación,
como relación ser humano-ser humano coloca al otro al servicio
del dominador, pero es en el trabajo (poíesis) en el que dicha
dominación se cumple realmente. Es cuando el fruto del trabajo
no es recuperado por un pueblo, por el trabajador, por la mujer,
por el hijo, es que su ser queda alienado. Cuando el fruto del trabajo
del otro dominado, totalizado, se lo apropia sistemáticamente el
dominador; cuando dicha apropiación deviene habitual,
institucional, histórica, en ese momento la alienación es real, cierta,

efectiva: es un modo de producción injusto (4.4). La propiedad, como el derecho de posesión de lo producido por otro, es la contrapartida en el dominador de la alienación del dominado. En la sociedad de consumo es propiedad del capital; en la sociedad burocrática es posesión de funciones que controlan el poder. Ejercicio del poder dominador y de la alienación son los dos aspectos de la totalidad totalizada.

2.5.5.4 Por ello toda alienación política, erótica, pedagógica o fetichista se consumará en su respectiva económica, (3.1.5, 4.4.9), en la subsunción del otro en la totalidad. En nuestra sociedad, el capital aliena al otro, lo compra, paga por su capacidad de trabajo y lo transubstancia en sí mismo. El asalariado, alienado, es ahora ontológicamente un momento del capital, "lo mismo", y una de las formas fenoménicas en que se manifiesta: trabajo productivo del capital.

2.5.6 El rostro se vuelve instrumento: la razón estratégica-instrumental

2.5.6.1 Al otro en tiempo de peligro se lo transforma gracias a las ideologías en "el enemigo". En tiempo de paz, aunque siempre se le tenga por peligroso potencial (causas de la angustia fundamental de todo sistema totalizado o esquizoide), al rostro del otro se lo manipula como mera cosa sin trascendencia ni misterio, se lo constituye como instrumento. El rostro se lo cambia por una máscara, fea, usada, por los climas, rústica. La máscara ya no es rostro; ya no interpela; es un mueble más del entorno. Se pasa junto al otro y simplemente se dice: "¡Un obrero!", o: "¡Un indígena!", o: "¡Un negro!", o: "¡Un pakistaní desnutrido!" (de esos que se ponen en los afiches para pedir a la gorda Europa y Estados Unidos limosna para los países pobres; de esta manera hasta tienen buena conciencia, olvidando por qué están raquíticos y sobre todo qué tendrá que ver el centro acerca del hambre de la periferia).

2.5.6.2 Para matar, previamente, hay que destituir al otro de su exterioridad sagrada y reducirlo a "un enemigo". De igual modo, en tiempo de paz (para los dominadores) y de coexistencia pacífica (para mejor explotar a la periferia), al otro se lo degrada de su dignidad de persona y se lo constituye como mano de obra, instrumento de instrumento, robot ultra perfeccionado: cosa útil. Después de este "pase de mano" del malabarismo de la ontología clásica y sus siempre fieles ideólogos (como Rosenberg) o políticos (como Kissinger en sus gestiones "humanitarias" para con Vietnam o Angola), todo es posible, desde hacer jabones con la grasa de sus cuerpos martizados o domesticar grandes perros para que violen mujeres como tortura (lo primero se vió en Alemania y lo segundo pudo verse en Chile en 1976).

2.5.6.3 La cosificación del otro permite que las aristocracias manejen a los pueblos como pluralidad, multitud, *lumpen*, animales con *logos* pero no seres humanos, como ya enseñara el clásico Aristóteles acerca de los esclavos en Grecia. El rostro del campesino, expulsado del campo empobrecido, suplicante, es negado como el rostro de alguien y es interpretado como un asalariado más, subsumido realmente, materialmente, como un accesorio consciente maquínico. La máquina, el robot, el "rostro material" del capital ha hecho del "rostro del ser humano" un instrumento de sí mismo.

2.5.7 Praxis de dominación

2.5.7.1 La praxis de dominación es la acción perversa. Es la afirmación práctica de la totalidad y su proyecto; es la realización óntica del ser. Su efectuación alienante. El señor ejerce su poder actual sobre el siervo por medio del obrar opresor. Es la mediación del sistema como formación social y por medio de la cual su estructura resiste y persiste.

2.5.7.2 La dominación es el acto por el que se coacciona al otro a participar en el sistema que lo aliena. Se le obliga a cumplir actos contra su natura, contra su esencia histórica. Es un acto de presión, de fuerza. El siervo obedece por temor, por costumbre. El capital, invisiblemente, destruye todo lo que impide su reproducción, y sólo necesita de la fuerza policíaca en sus momentos de crisis. La praxis de dominación del capital, como mítico Satán, es invisible.

2.5.7.3 La dominación se transforma en represión cuando el oprimido tiende a liberarse de la presión que sufre. Ante el gesto o pretensión de huir de la situación de dominado, el dominador redobla su presión dominadora: reprime. La represión puede ser individual y psicológica, pero siempre es presión social. Así las normas culturales son introyectadas por la educación y el castigo en la misma estructura psíquica del niño, del ser humano. El ser humano normal es hoy un reprimido (3.2.5). Pero al mismo tiempo, políticamente (3.1.5-1.6): el poder político o económico reprime policial o militarmente al pueblo que se levanta. La represión es la cara descubierta de la dominación.

2.5.7.4 La represión de los medios de comunicación o psicológica se hace violenta cuando la presión de la revolución crece. Se viola la corporalidad del oprimido contra su voluntad. Claro es que esta violencia institucionalizada es justificada por la ontología y las ideologías del sistema. Queda aún consagrada por la virtud. El varón viola a la mujer, la encierra en su casa y la consagra "ama del hogar"; el padre violenta al hijo obligándolo a una obediencia ciega y total a su autoridad dominadora; el hermano violenta al hermano dominado exigiéndole bajo pena de muerte, "por su seguridad" y en vista del amor patrio (la patria antigua), que venere al estado imperial.

2.5.7.5 La guerra es la realización última de la praxis de dominación; es la dominación en estado puro. Ya que el dominado no acepta ser oprimido ni por la paz, ni por la represión, ni por la violencia táctica, se lanza el dominador a la guerra; "guerra total" como diría el geopolítico Spykmann y su alumno en la periferia Golbery do Couto e Silva. La guerra es la ontología práctica; es el ser que prácticamente reduce al otro al no-ser. Parménides funda así la estrategia y la táctica de von Clausewitz y del Pentágono. Es la invasión a Panamá (1989) o los "contras" contra Nicaragua.

2.5.8 El êthos del dominador

2.5.8.1 El *êthos* es el carácter de un pueblo o de una persona; es el conjunto estructurado de actitudes que predeterminan la acción. El êthos del dominador, sea imperial o nacional dependiente (de este último caso tenemos demasiados ejemplos en América Latina, Africa y Asia neocoloniales actuales), gira en torno a la mistificación, como costumbres o virtudes imperantes, de lo que fueran vicios en el tiempo de su opresión. El oprimido, reprimido, autoproduce en sí un envenenamiento anímico como respuesta a la violencia que sufre. El querido acto de venganza del débil es imposible que lo cumpla ante el fuerte dominador. Nace así el resentimiento como introyección autorepresiva de la potencia que, al no tornarse contra el dominador, intoxica al incubarse en el dominado. El resentimiento del dominado no puede vivirse ni como vicio, que es, ni como pura pasividad resignada. Se sublima como virtud de paciencia, obediencia, disciplina, fidelidad (Nietzsche). De esta manera, cuando el oprimido resentido de ayer es el dominador de hoy, presenta como virtudes, *êthos*, sus antiguos vicios mistificados. La avaricia del pobre perseguido habitante del burgo (burgués) medieval es ahora la virtud del ahorro. La avaricia lo ha dominado todo y en nombre de los negocios (capital) se inmolan a los seres humanos, como en Centroamérica.

2.5.8.2 En el corazón del *êthos* dominador anida el odio anterior a la envidia; ya que si se entristece por el bien, la felicidad o el éxito del otro, es porque no puede soportar su presencia, su existencia, la realidad de su rostro exterior e interpelante. El odio es la perversión de las tendencias; es el autoerotismo de la totalidad y la exclusión de la exterioridad. Es el origen de la patología política e individual. La enfermedad política es el totalitarismo; la patología personal es la psicosis. Ambas son autocentradas y niegan la alteridad; son tautológicas, perversas, autodestructivas. El odio es el deseo perverso que mantiene unidas a las partes estructuradas del todo totalizado.

2.5.8.3 Es aquí donde la *prudentia* o sabiduría del recto obrar se transforma en la "razón"; el arte de prever y ganar la guerra. La *justicia* no es sino la habilidad de dar al poderoso lo arrebatado al débil bajo apariencia legal. La templanza no es sino el *comfort* que llega a forjar una sensibilidad pétrea, impermeable, a toda miseria ajena. Y así, el lícito *comfort* de la sociedad de consumo no descubre que su encubierta gula es hambre en el dominado; la prepotencia del empresario es indignidad en el asalariado; la relación sexual pagada es degeneración de la prostituta; al dominación pedagógica del padre es fracaso del hijo...

2.5.8.4 Las virtudes del centro y de las clases dominadoras...
son alienación en la periferia y en las clases dominadas; las del
machismo justifican el ideal de femeneidad alienada.

2.5.9 *Legalidad de la perversión. Legitimación*

2.5.9.1 Para el buen moralista del centro que era Kant, la
legalidad era la concordancia objetiva del acto con la ley, y su
moralidad el querer cumplir la ley por deber. Si tomo como
principio: "Ama a la patria y lucha por ella", y enfrento un inglés
del siglo XIX contra un nigeriano, ambos lucharán por su patria;
ambos actos pueden elevar a su máxima como "principio de una
legislación universal". Pero, da la casualidad que uno es perverso
(el inglés) y otro éticamente heroico y ejemplar (el africano). Sin
embargo, ambos actos son legales y morales para Kant. ¿Qué tipo
de moral debió ser aquella, que petendió medir desde las naciones
y la cultura central las naciones periféricas y sus culturas, sino
una moral imperialista? ¿Qué son los valores de un Scheler, y sus
jerarquías, sino mediaciones de un proyecto occidental que los
fundaba y que nunca apareció como tal en su *Der Formalismus in
der Ethik*? Las éticas de la ley, de la virtud, de los valores, del fin
(sea *télos, finis* o constitución nacional kelseniana, es decir,
teleológicas o positivas), son éticas encubridoras de su propio
mundo y sistema.

2.5.9.2 Subrepticiamente se identifican el ser, el bien, el
proyecto de una cultura y la naturaleza humana. El mismo
Rousseau (siguiendo en esto al gran Sócrates que divinizaba a la
cultura griega al hacer creer que las ideas que sus discípulos habían
contemplado antes de su nacimiento era divinas; y no eran sino
griegas) hizo de la cultura burguesa emergente "*la nature même
des choses*". Siendo el proyecto de la cultura del centro el fin
humano natural, sus exigencias son de derecho natural (como,
por ejemplo, la propiedad privada). Quien se levanta contra Europa
se levanta contra la naturaleza, es decir, contra Dios mismo y su
eterna voluntad.

2.5.9.3 En nombre de esas leyes, realizando valientemente
esas virtudes, y con el fin de cumplir dicho proyecto (de dominación
mundial) salió el europeo "con Colón y sus carabelas del insigne

puerto de Palos" en Andalucía, en 1492. Cumpliendo las leyes, Francis Drake, pirata de profesión, asesino de débiles mestizos y violador de mujeres, asoló las costas latinoamericanas y recibió por premio el poder asegurar sus robos en los bancos de Londres y recibir el honor de ser un "Sir" de su británica majestad. ¡He allí la grandeza y la acumulación primera del capitalismo que ahora nos oprime! ¡Su origen fue el oro de los indios y las carnes de los esclavos negros!

2.5.9.4 La legalidad del salario, que paga con dinero (equivalente a medios de subsistencia) el trabajo creador del ser humano, encubre la inmoralidad del robo; ya que el obrero objetiva más vida en el producto que la que puede subjetivar por medio de su salario.

2.6 LIBERACION

2.6.1 Sentido de la cuestión

2.6.1.1 Llegamos así al núcleo central de esta parte (2); al momento esencial de la metafísica, si se entiende que metafísica es el pasaje de la ontología a lo transontológico, al que se sitúa más allá del ser, en la realidad (2.4.3. y 3.4.7), el otro. La ontología es fenomenología; es un *logos* o pensar acerca de lo que aparece (el fenómeno, el ente) desde el fundamento (el ser). Más allá de la fenomenología se abre camino la epifanía: la revelación (o apocalíptica) del otro (Schelling) por su rostro, que no es un mero fenómeno o manifestación, presencia, sino epifenómeno, vicario, huella o rastro del ausente, del misterio, de un más allá que lo presente. La ontología (fenomenología) deja lugar a la metafísica (epifanía apocalíptica del otro). La manifestación del ente se cumple desde el horizonte del fundamento o el ser del sistema; la epifanía se cumple como revelación del que realmente decide más allá del horizonte del mundo o la frontera del estado. Manifestación no es revelación; presencia no es exposición al traumatismo. La liberación no es una acción fenoménica, intrasistémica; la liberación es la praxis que subvierte el orden fenomenológico y lo perfora hacia una trascendencia metafísica que es la crítica total a lo establecido, fijado, normalizado, cristalizado, muerto.

2.6.2 Conciencia ética

2.6.2.1 El ser humano totalizado, que cumple el proyecto vigente y sus leyes, puede tener conciencia moral. Denominamos conciencia moral la aplicación a una decisión concreta de los principios vigentes del sistema. Tiene conciencia moral un administrador que logra vender productos lo más caro posible, para dar a la empresa mayores ganancias, y que no roba personalmente nada a ésta. Esta conciencia moral es concomitante del acto, y puede alegrar, remorder, culpabilizar o tranquilizar. El mayor tirano podría tener una conciencia moral tranquila, lo mismo que el fanático.

2.6.2.2 Llamamos conciencia "ética" la capacidad que se tiene de escuchar la voz del otro, palabra trasontológica que irrumpe desde más allá del sistema vigente. Puede que la protesta justa del otro ponga en cuestión los principios morales del sistema. Sólo quien tiene conciencia ética puede aceptar la puesta en cuestión a partir del criterio absoluto: el otro como otro en la justicia.

2.6.2.3 Las condiciones de posibilidad para poder oír la voz del otro son muy claras, y las iremos describiendo a lo largo de esta parte (2.6). En primer lugar, para poder escuchar la voz del otro es necesario ser ateos del sistema o descubrir su fetichismo (3.4.3). En segundo lugar, es necesario respetar al otro como otro. El respeto es la posición de metafísica pasividad con la cual se rinde culto a la exterioridad del otro: se lo deja ser en lo que es como distinto. El respeto es la actitud metafísica como punto de partida de toda actividad en la justicia. Pero no es respeto por la ley (que es universal o abstracta), ni por el sistema o su proyecto. Es respeto por alguien, por la libertad del otro. El otro es lo único realmente sagrado y digno de respeto sin límite. El respeto es silencio, pero no silencio del que nada tiene que decir, sino del que todo tiene que escuchar porque nada sabe del otro como otro.

2.6.3 Responsabilidad por el otro

2.6.3.1 El que oye el lamento o la protesta del otro es conmovido en la misma centralidad de su mundo: es descentrado.

El grito de dolor del que no podemos ver significa a alguien más que a algo. El alguien significado, por su significante: el grito, nos exhorta, nos exige hacernos cargo de su dolor, de la causa de su grito. El "tomar a cargo" es hacerse responsable. Responsabilidad tiene relación no con responder-a (una pregunta), sino responder-por (una persona). Responsabilidad es tomar a cargo al pobre (Levinas) que se encuentra en la exterioridad ante el sistema. Ser responsable-por-ante es el tema.

2.6.3.2 Responsable por el otro en y ante el sistema es la anterioridad a toda anterioridad; pasividad que es casi actividad metafísica (más activa que el respeto pero todavía más pasiva que la praxis de liberación). Es anterioridad metafísica del orden nuevo o realmente futuro. Es anterioridad a la apertura ontológica al mundo, por cuanto la hace posible, en su *a priori real*. Responsable por el hijo indefenso es la madre, como el maestro es responsable por su discípulo, el gobernante por su pueblo.

2.6.3.3 La responsabilidad por el pobre, el exterior al sistema, expone al ser humano justo a los ataques del sistema que se siente atacado por su gratuidad, disfuncionalidad, apertura, exposición. Por elllo, con lógica implacable, la totalidad persigue a los que testimonian en su responsabilidad por el oprimido la necesidad de un orden nuevo. La responsabilidad es obsesión por el otro; es religación con su exterioridad; es exponerse al traumatismo, a la prisión, a la muerte. El héroe de la liberación (y no el de la patria antigua o conquistadora), antihéroe del sistema, avanza su vida y la pone en juego. Responsabilidad es así valentía suprema, fortaleza incorruptible (2.6.8), auténtica clarividencia de la estructura de la totalidad, sabiduría.

2.6.4 Destrucción del orden

2.6.4.1 El responsable del otro en el sistema es visto por los dominadores de la totalidad como un "quinta columnista", como corruptor de la juventud (que guarda alguna libertad por cuanto no ha entrado todavía al sistema del todo), como profeta del odio o del caos. Lo cierto es que el que posee la pulsión de alteridad o amor al orden nuevo en el cual el pobre y oprimido pueda habitar en la justicia, se transforma, aun contra su voluntad, en el principio activo de la destrucción del orden antiguo. El oprimido como oprimido (pero que tiene alguna conciencia de la positividad de su exterioridad) y el que se juega por él, en cuanto anhelan el orden nuevo y tienen una activa responsabilidad, al menos, al no apoyar ya los fundamentos del orden vigente, dan mala conciencia a los dominadores, impiden absoluta firmeza al buen funcionamiento de las partes.

2.6.4.2 El comienzo de todo orden nuevo florece como corrupción o destrucción del orden antiguo. Es ley física, biológica y natural. Es también, analógicamente, ley histórico-humana y cultural. Ningún sistema, sea de clanes o tribal, aldeano, nómade, urbano; ninguna cultura, sea antigua o moderna; ningún sistema económico, sea feudal, capitalista o socialista puede dejar lugar a otro superior sin morir en el proceso mismo.

2.6.4.3 Existe una destrucción caótica del orden, sin sentido, sin futuro, como cuando ciertas hordas invaden regiones con cultura superior; devastan sin dejar nada en su lugar. Más que destrucción es aniquilación en su sentido negativo total. Por el contrario, la desestructuración de la flor que deja lugar al fruto, la ruptura o dolores de parto que dejan lugar la hijo, son destrucciones fecundas, afirmativas. Algo muere, es verdad, pero sólo como condición de posibilidad de nacimiento de algo nuevo. Todo momento de pasaje es agónico, y por ello la liberación es igualmente agonía de lo antiguo para fecundo nacimiento de lo nuevo, de lo justo.

2.6.5 Liberación o "anarjía"
2.6.5.1 Anárquico es un proceso que no tiene principio conductor, racionalidad; proceso sin sentido. Así el anarquismo aunque tiene una inmensa generosidad es utópico, en sentido negativo, por cuanto no afirma un modelo posible como supuesto del proceso destructivo. Por el contrario, la liberación es *anárjica* (en griego significa: más allá del principio) por cuanto el origen de su metafísica actividad (es la actividad del respeto y la responsabilidad como su anterioridad pasiva) es el otro, el que está más allá del sistema, de la frontera del orden establecido.

2.6.5.2 La liberación es el movimiento mismo metafísico o

transontológico por el que se transpasa el horizonte del mundo. Es el acto que abre la brecha, que perfora el muro y se adentra en la exterioridad insospechada, futura, nueva en realidad.

2.6.5.3 La liberación, acto del oprimido por el que se desoprime, del reprimido por el que se expresa o realiza, tiene dos momentos de una misma actividad: negación de la negación en el sistema. El doble momento pasa desapercibido en la mera dialéctica como negación de la negación. Negar lo negado por el sistema es afirmar al sistema en su fundamento, por cuanto lo negado o determinado en el sistema (el oprimido) no deja de ser un momento interno en el sistema. Por el contrario, negar lo negado en el sistema, concomitantemente a la afirmación expansiva de lo que en el oprimido es exterioridad (y por ello nunca estuvo en el sistema, porque es distinto, separado y fuera desde siempre), dicho doble momento de una sola actividad es la liberación. Liberación es dejar la prisión (negar la negación) y afirmación de la historia que fue anterior y exterior a la prisión (la del preso antes de la carcel y la historia que él mismo fue viviendo como biografía personal, aunque fuera en la prisión, como los once años pasados en ella por Gramsci).

2.6.6 La máscara que se torna rostro

2.6.6.1 La alienación había cubierto el rostro del otro como una máscara fabricada por el sistema para ocultar su interpelación. La máscara es la definición del otro por la función que cumple dentro del sistema: es empleado, obrero, campesino. Su exterioridad queda definida desde el horizonte del sistema y por ello funciona dentro. Se ha fijado su función-profesión-clase social, se ha cristalizado el para-qué y ha desaparecido el quién.

2.6.6.2 Para que se revele el rostro histórico-biográfico en la justicia es necesario movilizar las instituciones, las funciones, la totalidad sistematizada. Permitir que aparezca el rostro interpelante exige desapropiar al poseedor del sistema, a fin de que el ser humano definido como parte se revele. La desfijación de las funciones exige relanzar el sistema como totalidad en una movilización dialéctica que deje en libertad a la persona (3.4.5.2).

2.6.6.3 La máscara terrible, hasta fea por tanto uso y

sufrimiento, ajada por el viento, el sol, los trabajos, recobra poco a poco la belleza de lo popular. Goya comienza por sus máscaras o monstruos y termina por pintar los rostros del pueblo que comienzan a revelar su esplendor. Los surcos del rostro recobran su humanidad, como los rostros de los viejos indios de los Andes que revelan la profundidad del sabio, la paciencia de los valientes, los siglos de cultura, el misterio de sus símbolos, la bondad de la exterioridad que espera un orden nuevo en la justicia.

2.6.6.4 De pronto la vidriosa mirada del instrumento se transforma en mirada interpelante. Pero no es la mirada que objetiva al que mira (como en la descripción sartreana), sino la mirada que personaliza al que se dirije; es la mirada que responsabiliza por la liberación del mismo rostro que se expone al rechazo pero que exige justicia. Es mirada interpelante que promueve la misericordia, la justicia, la rebelión, la revolución, la liberación.

2.6.7 Praxis de liberación

2.6.7.1 Cuando hablamos de praxis (relación persona-persona) incluimos en este caso igualmente la *poíesis* (relación persona-naturaleza). La acción liberadora que se dirige al otro (hermano, mujer o varón, hijo), es simultánea de un trabajo en su favor. No hay liberación sin economía y tecnología humanizada, diseño, y sin partir de una formación social histórica. Por ello, la praxis de liberación (una *poíesis* práctica o una praxis poiética) es el acto mismo por el que se transpasa el horizonte del sistema y se interna realmente en la exterioridad, por el que se construye el nuevo orden, una nueva formación social más justa.

2.6.7.2 La mera praxis dentro del sistema (2.5.7) es de dominación, porque consolida la totalidad vigente; es una actividad óntica (2.2) o una mera mediación interna del mundo, fundada en su proyecto. Es praxis de consolidación de lo antiguo e injusto.

2.6.7.3 La praxis de liberación, por el contrario, es puesta en cuestión real (no sólo posible o pensada, sino constitutiva y realmente abriendo un camino de suyo, desde sí) del sistema; es una praxis metafísica, transontológica, la liberación propiamente dicha. Esta praxis deberíamos denominarla no ya en griego (porque no tuvieron este tipo de experiencia), sino en semita (en hebreo *habodáh* significa trabajo, pero también servicio como en griego *diakonía*). Servicio que no es un mero trabajo funcional intrasistemático, o que se cumple por deber o coaccionado por la ley. Es un trabajo (poíesis práctica y praxis poiética) que se efectúa por el otro en la responsabilidad; por su liberación. Es la actividad innovadora del uso de los instrumentos que se ponen al servicio del pobre. La praxis de liberación es la procreación misma del nuevo orden, de su estructura inédita, al mismo tiempo que de las funciones y entes que lo componen. Es la tarea realizativa por excelencia, creadora, inventora, innovadora.

2.6.8 El êthos liberador

2.6.8.1 El êthos (2.5.8.1) es costumbre y carácter. ¿Cómo puede tenerse un hábito cuya función consista en crear lo nuevo? ¿Cómo puede alguien habituarse ante lo siempre nuevo? ¿Es posible una costumbre acerca de lo único, irrepetible, de la liberación de lo dado? Si hay un tal hábito debemos saberlo distinguir de los vicios mistificados en virtudes de la totalidad vigente. El *êthos* de la liberación, es el modo habitual de no repetir lo mismo, sino que, por el contrario, se trata de la aptitud o capacidad hecha carácter de innovar, de crear lo nuevo. Como emerge desde el servicio del otro (2.6.7.3) (ambos pueden ser parte del pueblo de los oprimidos), y el otro es siempre alguien con-creto en nueva posición de opresión y exterioridad, sólo el que es responsable y fiel a su novedad puede procrear e inventar lo inédito.

2.6.8.2 El *êthos* de la liberación se estructura todo en torno a un eje esencial, que no es la "com-pasión" (como para Schopenhauer) ni la "sim-patía" (como para Scheler), puesto que ambos son posiciones de las partes funcionales para con las otras partes (padecer-con el igual), sino "con-miseración" -en su sentido real y plenario-, solidaridad. Es la pulsión alternativa o de justicia metafísica; es el amor al otro como otro, como exterioridad; amor al oprimido, del que también puede ser oprimido, pero no en su situación de oprimido, sino como sujeto de la exterioridad (sólo a eso llamaríamos miseria: la traumática posición del libre, del otro, de la persona, que ha sido reducida a ser un instrumento en el

De la Fenomenología a la Liberación

sistema). Descubrir al otro como otro y ponerse-junto-a (con-) su miseria, que puede ser la propia, vivir como propia la desproporción de ser libre y sufrir su esclavitud; ser distinto y alguien, y al mismo tiempo ser sólo una parte diferente interna; dolerse con el dolor de dicha escisión es la posición primera del *êthos* liberador. No es la "amistad", ni la "fraternidad" (de los iguales), sino el amor a los oprimidos (la solidaridad) en razón de su real dignidad como exterioridad.

2.6.8.3 Desde la solidaridad que posee el héroe liberador, como persona o movimiento social, y los mismos oprimidos entre ellos, ya que el pueblo es el que posee en plenitud la conmiseración por sus iguales (sólo en este caso la fraternidad es liberadora, lo mismo que la amistad activo liberadora), se organiza todo el êthos. De él/la o ellos pende la justicia liberadora, que no da a cada uno lo que le corresponde dentro del derecho y el orden vigente, sino que otorga a cada uno lo que merece en su dignidad alterativa (por ello no es justicia legal, distributiva o conmutativa, sino que es justicia real, es decir, subversiva o subvertiva del orden injusto establecido). Es obediencia (un oír al que se tiene delante: *ob-audire* en latin) fiel, confiada, con fe en la palabra del otro. Por ello, es prudencia metafísica, y no maquiavelismo o conveniencia cauta intrasistemática. La auténtica política liberadora aconseja al liberador y al pueblo hasta a dar la vida por el orden nuevo; es prudencia imprudente para los dominadores del sistema, sabiduría absurda para la sabiduría en boga. Es esperanza paciente y activa de la liberación del oprimido, que sabe mantener firme el timón en vista del fin estratégico aunque haya que hacer muchas reformistas concesiones tácticas. Pero es esperanza valiente, fuerte, arrojada, que no teme dar la vida en la empresa. Es la valentía de los liberados, el gesto supremo del ser humano perfecto y ejemplar. Allí están Mahatma Gandhi, Patricio Lumumba, Ernesto "Che" Guevara, Rigoberta Menchú, como símbolos de la juventud mundial, seres humanos y mujeres que afrontaron la muerte por el pueblo sin titubear.

2.6.8.4 Por último, sólo es temible el ser humano que no teme la muerte. Es libre ante la muerte el que antes es libre ante el comfort que atrapa con sus dulces brazos al ser humano burgués de la sociedad de consumo. La templanza, como señorío sobre el deseo, las satisfacciones, permite la recta interpretación de la palabra del otro; garantiza a la justicia su recto ejercicio; posibilita al valiente dejar todo para el servicio al pobre hasta la muerte. Sin disciplina no hay liberación.

2.6.9 Legalidad de la bondad. Deslegitimación

2.6.9.1 No hay que confundir bondad con "buenón", ingenuo, acrítico. Entendemos por bondad la fuente misma del acto liberador; la plenitud humana que permite exteriorizarse en obras creadoras, innovadoras. El perverso, timorato, tímido, cobarde, mal puede crear algo nuevo, si ni siquiera puede resolver los cotidianos problemas de su egoísta y totalizado mundillo individual. La bondad es magnánima, está llamada a grandes obras, tareas.

2.6.9.2 El acto liberador, expansión gratuita y responsable de la bondad, se lanza confiado hacia el futuro (no el futuro del proyecto ontológico que permanece en lo mismo; aun la utopía es prolongación imaginaria de lo mismo), hacia la utopía real (realización de la exterioridad del otro, lo realmente utópico: lo que ahora y aquí no tiene lugar *oùk tópos* en griego), hacia el *orden nuevo*.

2.6.9.3 El proyecto de liberación, fundamento o el ser del orden futuro y nuevo, no es la prolongación del sistema (unívoco entonces), sino recreación desde la provocación o revelación real de la exterioridad del otro (ana-dialéctico, 5.4.1) (análogo entonces), el que moviliza el proceso. Dicho proceso es crítica real del sistema; es ruptura; la bondad, *diffusiva sui*, se expone destotalizando al sistema o aniquilando las fronteras represivas.

2.6.9.4 De esta manera, el acto liberador o de bondad gratuita, por cuanto está más allá del interés intrasistemático, y puede ser ilegal, contra las leyes vigentes, que por ser las vigentes de un orden antiguo justo pero ahora opresor, pueden ser injustas. Es la siempre posible posición de la liberación: la ilegalidad subversiva.

2.6.9.5 Cuando el trabajo alienado se libera del capital, cuando crea la comunidad de seres humanos *libres*, cara-a-cara, la vida humana objetivada en los productos puede ser subjetivada en la justicia. La fiesta es posible, el gozo, la satisfacción, el canto...

3. DE LA POLITICA AL ANTIFETICHISMO

Lo pensado en la parte anterior (2.) en seis niveles de reflexión (proximidad, totalidad, mediaciones, exterioridad, alienación y liberación) es necesario ahora pensarlo de nuevo en cuatro momentos metafísicos: política, erótica, pedagógica y antifetichismo. Tenemos ahora, entonces, más problemas que resolver. Nuestro discurso incluyente gana así en complejidad y nos permite acceder a la realidad de una manera más concreta.

3.1 POLITICA

3.1.1 Sentido de la cuestión

3.1.1.1 La proximidad de la que partiremos en esta parte (3.) no es ya la de madre-hijo (2.1.3), sino que privilegiaremos la relación hermano-hermana (hermana-hermano) o política, por cuanto tiene una frontera de influencia mucho mayor (cuantitativamente) y funciona como primera condicionante condicionada de las demás (cualitativamente), es decir, de la erótica (3.2), de la pedagógica (3.3) y del antifetichismo (3.4).

3.1.1.2 Para simplificar nuestra exposición, por demás resumida, no nos detendremos en el momento de la proximidad política (temática de 2.1 al nivel de la política), que de alguna manera se define en 3.1.3-3.1.4; ni tampoco nos detendremos aquí en las mediaciones políticas (aplicación a este nivel de 2.3), por cuanto será abordada de alguna manera en la económica (4.4). Por otra parte, la palabra política tiene aquí una significación amplia, y no restringida. No incluye solamente la acción de un político, profesional de la política, sino toda acción humana social práctica que no sea erótica, pedagógica o antifetichista estrictamente. Es tanto el gobernante como el gobernado, el nivel internacional, nacional, de grupos o clases sociales, de formaciones sociales y sus modos de producción, etc. Es la relación *práctica* comunicativa. Con la expresión hermano-hermana queremos sugerir esta amplísima extensión conceptual.

3.1.2 Sistema político

3.1.2.1 La relación práctico-política, hermano-hermana, se da siempre dentro de una totalidad estructurada institucionalmente como una formación social histórica, y también, y por último, bajo el poder de un Estado. Desde los clanes del paleolítico o las tribus, hasta las aldeas o ciudades del neolítico, hasta la confederación de ciudades o reinos (como los de Mesopotamia del cuarto milenio) o imperios (desde el imperio persa, chino, romano, azteca o inca; o el de España, Inglaterra o Estados Unidos) la vida política es sistemática. Desde un Aristóteles, Agustín, Vico, Hegel, Marx o un Parsons, es una totalidad funcional. Si es una totalidad (2.2), tiene un fundamento o proyecto, el ser (2.2.5), en dialéctico despliegue (2.2.8) geopolítico o utópico-temporal (hacia el futuro).

3.1.2.2 Un sistema político es un sistema institucional, es decir, un todo estructurado por partes que cumplen oficios o profesiones, responsabilidades compartidas en diversos modos de producir: unos son pastores, otros agricultores, orfebres, militares, sacerdotes, comerciantes, gobernantes, etc. La función es el oficio o el hábito cotidiano de cumplir una tarea. Cada función está orgánicamente ligada a las otras y forman entre ellas un todo orgánico funcional. Esta funcionalidad ha ido naciendo con los siglos, se ha ido experimentando desde el tiempo del nacimiento del sistema y poco a poco, si ha podido, llega a su época clásica. Su decadencia, justamente, se produce cuando el todo funcional no responde ya a las nuevas exigencias de una nueva edad histórica.

3.1.2.3 El todo práctico concreto al nivel político se le puede denominar formación social. El lugar donde se ejerce el poder lleva el nombre de Estado. Es evidente que el Estado tiene entonces relación con las clases sociales o grupos estables de personas constituidas por la división del trabajo, la formación ideológico-cultural, y otros factores (todos en relación a la totalidad práctico-productiva que podemos llamar modo de producción; 4.4.3). Ello no significa que el Estado no llegue a tener una cierta autonomía relativa (como en el caso de ciertos populismos en el capitalismo dependiente) de dichas clases. Las relaciones políticas, por otra parte, son en cierta manera también las relaciones sociales de producción que se establecen entre las clases. Es decir, el nivel práctico-político no puede dejar de determinar la relación productiva persona-naturaleza (4.3) y por ello la económica persona-producto-otro (4.4).

3.1.2.4 De hecho todo sistema político tuvo siempre un modelo práctico; sin embargo, nunca pudo formularse explícitamente sino hasta nuestra época. De todas maneras los sistemas tienen estabilidad por la funcionalidad institucional de sus partes orgánicas. El sistema político es un sistema de sistemas: no como quien constituye; sino como quien condiciona a los sistemas culturales, militares, etc.

3.1.3 Exterioridad política mundial

3.1.3.1 Más allá de la totalidad hegemónica se encuentra el pueblo; en este parágrafo en su sentido mundial, como nación periférica entonces (2.4.6.2). Definimos como pueblo el bloque social de los oprimidos de una totalidad política que guardan cierta exterioridad: el otro político periférico.

3.1.3.2 Las clases oprimidas, como oprimidos, son partes funcionales de la estructura de la totalidad política. Son partes que deben cumplir con trabajos que los alienan, que les impiden satisfacer las necesidades que el mismo sistema reproduce en ellos. Estas clases explotadas e insatisfechas anhelan por ello un nuevo sistema (3.1.7), porque, además, tienen experiencia de otro mundo que es exterior al sistema que los oprime: la historia propia es anterior a la opresión que sufren y por ello tienen otro sentido de la vida; es otra cultura. El pueblo es exterior y anterior al capitalismo, p.e., en cuanto masas empobrecidas por la disolución de sus modos de apropiación antiguos; es exterior en el presente por una economía "sumergida" y oculta de subsistencia -de lo contrario hace tiempo que hubiera muerto de hambre-. Son los pobres que no pueden ser subsumidos por el capital: "fantasmas de otro reino" -como decía Marx-.

3.1.3.3 En la frontera internacional, y gracias al descubrimiento de la cuestión de la dependencia y del desarrollo desigual, podemos observar que hay un sistema mundial cuyo centro es Estados Unidos, y con interdependencia relativa Europa, Japón, Canadá. El resto es la periferia capitalista oprimida; el pueblo del mundo actual. En este caso pueblo son las naciones periféricas como totalidades-parciales dependientes y dominadas e incluidas en un sistema injusto que las reprime. El otro de los imperios, de la formación social capitalista imperial, de Estados Unidos por ejemplo, son las naciones latinoamericanas, africanas y asiáticas. La exterioridad de estas naciones no es solamente económica (hoy en gran parte están subsumidas en el sistema capitalista), sino también histórico, político y cultural. La exterioridad se juega al nivel de una distinta manera de vivir, manipular, comprender, interpretar los instrumentos tecnológicos, las mediaciones. Son en parte las formaciones sociales periféricas.

3.1.4 Exterioridad social nacional

3.1.4.1 Si el avanzar un cierto nacionalismo contra las metrópolis es la posición tanto de un Kemal Ataturk, Gandhi, Sukarno, Nasser, Senghor, Cárdenas o Perón, sin embargo difieren de un Mao Tse Tung, Ho Chi Minh, Frantz Fanon, Lumumba, Agostinho Neto, Castro o el Sandinismo por la noción misma de pueblo en la nación. Es decir, el anti-imperialista puede ser puramente aparente (como en el caso Golbery do Couto e Silva, Mobutu, el Sha de Persia), puede ser equívoco (como en los populismos latinoamericanos, la posición de la mayoría de los líderes árabes o el partido del Congreso de la India), o francamente revolucionario. El anti-imperialismo es real cuando el nacionalismo se define desde las clases oprimidas. Por ello la noción de pueblo hay que precisarla dentro de una formación social.

3.1.4.2 Si pueblo es el bloque social de los oprimidos en las naciones (3.1.7); es decir, las clases campesinas (sean indígenas, campesinos, peones de campo, clanes o tribus): es la población periférica nacional negada desde la centralidad de las capitales o regiones capitalistas privilegiadas en los mismos países dependientes.

3.1.4.3 Pero pueblo, además de los campesinos, es también y esencialmente la naciente clase trabajadora u obrera, que surge lentamente en las industrias medias de sustitución de importaciones. No debe olvidarse que, además, como expresa Castro ("entendemos por pueblo, cuando de lucha se trata..."), a la pequeña burguesía revolucionaria, a los marginados, a las etnias (que describió Mariátegui aunque los "dogmáticos" lo criticaran de populista), debe incluírselos en la categoría analítica "pueblo".

3.1.4.4 En las naciones periféricas hay entonces clases dominantes (grupos gerenciales de las multinacionales, oligarquías de terratenientes, burguesía empresarial nacional, patriciado militar o tecnocrático), sectores intermedios (profesionales, pequeños empresarios, empleados públicos), las clases oprimidas, el pueblo propiamente dicho (campesinado, proletariado) y grupos marginales (trabajadores estacionales, recolectores, etnias, tribus, sirvientes domésticos, mendigos...).

3.1.4.5 La nación periférica como totalidad no es pueblo, sino que lo es por sus clases oprimidas, por aquellos que a veces (como las ethnias en Guatemala) ni son parte de la nación.

3.1.4.6 Las clases oprimidas o populares de las naciones dependientes son las que guardan en su cultura propia (3.3.4.3) la máxima exterioridad del sistema actual mundial; ellas pueden presentar una alternativa real y nueva a la humanidad futura, dada su alteridad histórica.

3.1.5 Alienación internacional de las formaciones sociales de las naciones dependientes

3.1.5.1 En el nivel internacional o mundial la alienación de los pueblos periféricos se produce por el imperialismo; filosóficamente lo funda la ontología europeo-norteamericana; económicamente ya lo definiremos (4.4); militarmente es el control de los océanos y los continentes por medio de armas navales y de los ejércitos, por las fuerzas aéreas y los satélites que recorren la atmósfera; culturalmente es la ideología de los medios de comunicación.

3.1.5.2 En efecto, los países pobres del mundo se han transformado en los enemigos del centro (2.5.2), como se ha visto en las reuniones de la UNCTAD convocadas para fijar el precio de las materias primas. El capitalismo del ser humano cotidiano del centro, en proceso de creciente facistización, teme a las multitudes demográficas mestizas, negras, amarillas. Las ha totalizado y las explota sistemáticamente (2.5.4), pero no llega a aquietarse. Un neomulthusianismo quiere contener el avance de la periferia.

3.1.5.3 La praxis de dominación del imperialismo se cumple, en lo económico, por la extracción de una plusvalía mundial neocolonial de segundo tipo (1.1.8.4); y al que se endereza el poder político respaldado por el control militar.

3.1.5.4 En efecto, el ser humano comenzó como cazador a dominar a los animales para comer. Después enfiló sus armas de cazador contra los otros seres humanos y nació el guerrero. El guerrero de los primeros reinos, desde la edad del bronce, principalmente desde la del hierro, y después multiplicado al infinito por la tecnología, se transformó en el militar profesional. El arte militar o la técnica de la violencia racionalizada, es la esencia última y más precisa de la praxis de dominación imperial. Es por ello que el Pentágono tiene responsabilidad por la injusticia en el nivel internacional de la violencia; en la fabricación y el uso de las armas. ¡La tecnología ha mejorado ciertamente la rústica punta de sílex del arma del paleolítico! Más maquiavélica e inmoral se torna dicha praxis cuando ya no importa el asesinato de un político de la periferia (como piensa la CIA), o cuando la mayoría de los empresarios de Estados Unidos opina, según reciente encuesta realizada a causa del escándalo de la empresa Lockheed, que no es incorrecto corromper a los compradores de sus productos en la periferia. Puede verse que, como opina la ontología, los habitantes de la periferia no son seres humanos (al menos "como nosotros", dirán los empresarios inescrupulosos): se les puede matar y corromper como conejitos de laboratorio. Esta es la praxis del imperialismo; la praxis es la realidad. Las filosofías podrán ser muy humanistas (para adentro de la totalidad dominadora), pero como la de Aristóteles o Hegel justifican el *status quo* de su propia formación social.

3.1.5.5 En la esencia del *êthos* de la dominación imperial se encuentra la certeza disciplinada del burócrata o el fanático (más peligroso, por su conciencia tranquila y hasta virtuosa, que el facineroso) que cumple diariamente con sus deberes patrios y

De la Política al Antifetichismo

religiosos con escrupulosa conciencia moral de hacer avanzar el camino de la civilización, la cultura, la democracia, la libertad... por medio del asesinato, el chantaje, la corrupción, la explotación, el hambre, el sufrimiento de la periferia.

3.1.6 Alienación en la formación social nacional

3.1.6.1 Las clases no están hoy, pueden estarlo mañana, en el centro y en la periferia en la misma situación. La burguesía del centro puede explotar a la de la periferia; el proletariado del centro puede igualmente aprovecharse coyunturalmente del de la periferia. Las doctrinas clasistas del siglo XIX, y las que efectúan el análisis sólo al nivel nacional, no han caído en la cuenta de las diferencias actuales de las clases en el centro y la periferia. Por ello, debe ser replanteado un cierto análisis desde la espacialidad mundial geopolítica, para que pueda efectuar una hermenéutica con categorías válidas.

3.1.6.2 La alienación de las clases oprimidas en la periferia se lleva a cabo por la explotación de plusvalía capital-trabajo, y en la competencia de capital-capital, rama-rama de producción, campo-ciudad, campesinado-ciudadano urbano; regiones, provincias o estados alejados y metrópolis nacionales como Buenos Aires, Río, México, Rabat, Cairo y Bombay. En las capitales industriales hay siempre una explotación del capital sobre el trabajo, del empresario sobre el obrero. El campesinado y el proletariado en el nivel capital-trabajo son los sobre-explotados en el nivel social nacional de las formaciones sociales periféricas, como diría Mauro Marini o Samir Amin.

3.1.6.3 Cuando estas clases toman conciencia de que son dominadas, se enfrentan a las fuerzas del orden (imperante y opresor) que se ejercen internamente. Si los ejércitos imperiales reprimen internacionalmente, son los ejércitos periféricos profesionales, como fuerzas de ocupación interna, y la policía como fuerza de choque callejero (cuando no se la perfecciona como policías secretas políticas que tanto usan los facismos del capitalismo dependiente y subdesarrollado), los cuerpos de represión nacional. El *êthos* de dominación social es policíaco; organiza el terror, la tortura, los atentados con bombas, los secuestros...

3.1.7 Liberación nacional del capitalismo central

3.1.7.1 En toda la periferia hay una lenta pero ascendente toma de conciencia de la necesidad de la liberación; es decir, del romper los lazos de dependencia dominadora. Es al mismo tiempo una realidad político nacional que cultural (de las culturas latinoamericana, árabe, africana, hindú, del sudeste asiático y china). Los héroes de este proceso histórico son conocidos mundialmente, aunque no signifique que sus gestos fueron viables; al menos son símbolos de las patrias futuras libres: Ho Chi Minh, Mao Tse Tung, Ben Bella, Lumumba o el "Che" Guevara, significan esta nueva edad del mundo. Los teóricos de esta etapa son los Theotonio dos Santos, Enrique Falleto, Frantz Fenon, Samir Amin, o los ya nombrados vietnamita o chino. Sin embargo, no hay entre ellos filósofos en sentido estricto -pensamos comenzar el camino para colaborar en llenar este vacío- que hayan expresado esta praxis histórica.

3.1.7.2 La lucha de liberación de la periferia, nacional y popular entonces pero al mismo tiempo continental-cultural, es muy diversa. Cada tipo de liberación debe tener bien en cuenta la estructura de dominación de la que parte. De aquí que los modelos de liberación política ante el imperialismo norteamericano, deben ser muy distintos, teniendo en cuenta la exterioridad, originalidad o alteridad histórica correcta de cada región y país. El puro dominio del centro dominador no puede definir intrínsecamente a cada nación dependiente; la dependencia es sólo un aspecto de la totalidad nacional periférica, que no incluye la exterioridad nacional propia.

3.1.7.3 Partiendo de la extrema izquierda hacia la extrema derecha, los partidos políticos, grupos de presión o aun modelos vigentes podrían ser descritos de la siguiente manera: desde los grupos de nueva izquierda (desde los guerrilleros foquistas del ERP trotskista argentino hasta la izquierda de la revolución cultural china, o algunos grupos de las guerrillas palestinas), hasta los socialismos populares (de la China, Vietnam, Cuba o Nicaragua), pasando por los frentes populares de izquierda (como el de Allende en Chile), por los populismos de diversas inspiraciones (desde el de Cárdenas en México, Vargas en Brasil, Perón en Argentina, Sukarno en Indonesia, Mahatma y el partido del Congreso en India, Nasser en Egipto, Nyerere en Africa negra) por los militarismos modernizantes (como Velazco Alvarado en Perú, Kadhafi en Libia), hasta los desarrollismos neoliberales (las democracias cristianas en América Latina), los conservadurismos tradicionales de centro derecha, hasta los neofacismos de capitalismo dependiente (como Golbery do Couto e Silva en Brasil, o Pinochet en Chile, entre otros), todos estos modelos forman una inmensa gama de posibilidades políticas. De todos ellos, sin embargo y de hecho, sólo los socialismos democrático populares, manifiestan ser un modelo de real liberación, de autonomía de elección para la periferia. Esto no quiere decir que todos los países puedan realizarlo ahora y aquí, pero lo cierto es que los restantes modelos, sobre todos los equívocos populismos de liberación nacional con frente interclasista (como con Perón o Nasser) se muestran ineficaces, porque en la crisis, las clases dominantes nacionales se alían a las trasnacionales y al imperialismo contra las clases oprimidas o el pueblo propiamente dicho. En este error cayeron Kemal, Nasser, Haya de la Torre, Senghor, Sukarno, etc. Si las clases oprimidas (3.1.8) no hegemonizan el proceso, éste se retrotae a la dependencia dominadora o la contrarrevolución, y no hay en definitiva liberación.

3.1.8 Liberación en su sentido estricto, social

3.1.8.1 El proceso político de liberación se juega en definitiva en la liberación social nacional periférica de las clases campesinas y obreras. Ellas son, desde el inicio de la modernidad (los indios que extraían de las minas el oro y la plata; los negros vendidos como esclavos; la plusvalía del campesinado asiático), las que han permitido transferir plusvalía a la metropoli obtenida en las colonias. Ellas son el proletariado mundial, las pobres entre las naciones pobres, las expoliadas en los países expoliados. La revolución social de los países periféricos, la toma del poder por las clases oprimidas (esencialmente campesinos y obreros) es la condición sin la cual no habrá auténtica liberación nacional, pero, entonces, no habrá tampoco auténticas alternativas para la cultura mundial del futuro -que simplemente realizará alguna de las posibilidades ya incluidas en el centro metropolitano-. En la liberación de la periferia, en los pueblos de la periferia, en sus clases obreras oprimidas o grupos campesinos (sean indios americanos, africanos en clanes o tribus de la sabana o la selva, beduinos o campesinos árabes, o del Asia), se encuentra la posibilidad de la cultura mundial futura de efectuar un salto cualitativo, pasar a una densidad nueva, original. Si se produce el genocidio biológico o cultural de los pueblos periféricos, el centro se alimentará de "lo mismo" que siempre ha sido: "comerá sus excrementos". La muerte del hijo, del pobre, será su propia muerte.

3.1.8.2 El imperialismo y las oligarquías neocoloniales de los países dependientes permiten todo (creación de empleos en la periferia, las industrias de sustitución de importaciones, hasta el desarrollo de dichas naciones), pero jamás el pleno poder ejercido por las masas populares. Baran, Sweezy, críticos del centro, indican bien que hoy el imperialismo no puede perder ninguna nación periférica, pero no porque no pueda exportar sus productos a ella (porque los países socialistas importan y exportan), sino porque al perder el control político que ahora ejercen no podrían realizar sus formidables ganancias. De otra manera, perderían mercados que les producen una enorme plusvalía, grandes beneficios. Por ello, la liberación popular, la toma del poder por los grupos populares (y no por las oligarquías gerenciales, que en su esencia son como mayordomos que explotan su propio país, participando en algo de los beneficios de las multinacionales), significaría la imposibilidad de la supervivencia de la totalidad del sistema del centro, de la formación social capitalista mundial.

3.1.8.3 Cuando hablamos de liberación significamos, simultáneamente, liberación de las naciones periféricas y toma del poder de las clases populares, para reorganizar realmente la formación social. La filosofía de la liberación, en su nivel político, debe tener esto bien en claro o se transformaría nuevamente en una ontología ideológica, confusa, encubridora, reformista o pequeño burguesa. La filosofía política de nuestra época no puede ya dividir a los gobiernos como lo hizo Aristóteles (que escribió su *Política* para "salvar" o "conservar" a la *pólis*, siendo la "revolución" el mal político mismo: es decir, la antiliberación), en monarquías, aristocracias y democracias. Hoy se dividen en: estados y formaciones sociales del centro y de la periferia. El centro está hegemonizado por el imperialismo de tipo capitalista de operatividad multinacional. En el centro hay estados semidependientes, con los de Europa Occidental o el Japón. En la periferia, hay formaciones sociales, estados libres y por ello de gestión popular, como Cuba, Vietnam, China, habiendo desaparecido la clase intermediaria del imperialismo (la clase dominante oligárquica o burguesa); formaciones sociales y estados periféricos en búsqueda de su desarrollo en diversas posturas dentro del capitalismo (véase la rápida descripción en 3.1.7); y los modelos facista de capitalismo dependiente en la fase actual del imperialismo.

3.1.9 Proyecto y dignidad de la praxis liberadora

3.1.9.1 El político liberador es el prototipo del ser humano político, más si se tiene en cuenta que hoy en las formaciones sociales periféricas la última instancia es política. No hablamos de los antihéroes como César, Cortés, Napoléon, Hitler o los responsables de la guerra de Vietnam o Angola. Hablamos de Juana de Arco, Washington, Bolívar, San Martín, Agostinho Neto, Castro, Mao, los que dan su vida por el pueblo oprimido. Su proyecto de liberación niega la negación de los oprimidos y afirma su exterioridad. Son como Moisés o Mahomet los símbolos de un pueblo que nace, que crece, que vive. Son profetas de la vida y no de la muerte; fundadores de la libertad y no asesinos de ella. Entre Washington y Kissinger (desde que se ha probado su responsabilidad en el derrocamiento de Allende) existe el abismo que se da entre el tiempo de la creación del nuevo estado en la justicia y el mantenimiento decadente del imperio en la injusticia y la opresión.

3.1.9.2 El proyecto de liberación que porta un pueblo afirmativamente en su cultura como alteridad es el bien común futuro, la utopía, positiva, auténtica, humana, ética. Es por ella que la vida misma es interpretada por el valiente como una mediación.

3.1.9.3 El proyecto de liberación, el ser futuro (no-ser en el actual sistema), es el fundamento (abismal, caótico o anárquico para el sistema vigente) analógico (5.3) hacia el cual la praxis liberadora se lanza vehemente, ansiosa, totalmente. Cuando el soldado traidor estaba por clavar su bayoneta en el vientre de Lumumba, éste esclamo: "-¡Todo por la liberación del pueblo africano!". Su vida era poco como ofrenda y culto del proyecto de una patria nueva. Su praxis suprema era su propia muerte. Su sangre fecunda el nacimiento de una nueva Africa. Por ello, su praxis subversiva era ética; su proyecto destructivo de lo antiguo y muerto era metafísico.

3.1.9.4 Los sistemas políticos o formaciones sociales pueden pasar por cuatro momentos estructurales (analógicos, nunca idénticos). El tiempo de la liberación que parte de la opresión, de la represión, de la lucha que ha comenzado el dominador (y por ello para él es perversa) y que responde el que se libera (y por ello es honesta, buena, heroica). El segundo tiempo es de la organización del nuevo modo de producción y estado; es el tiempo de Lenin, de Lincoln, de Borge. Es el tiempo de justicia; hay lugar para todos; hay mucho que hacer; todo está por delante. Si el tiempo de la liberación es de lucha (por ello de primacía militar, pero de militares que no son profesionales: Juana era una pastora, Washington un propietario rural, Hidalgo un cura, Belgrano un abogado, Trotsky un intelectual, Mao un maestro, el "Che" Guevara un médico, Camilo Torres un cura, Lumumba un maestro, Agostinho Neto un poeta, Sandino un obrero: civiles, valentía militar como patriotismo civil), en el momento de la construcción aparecen los grandes políticos (el arte militar deja lugar a la prudencia política en su auténtico sentido liberador). El tercer momento es la época clásica, la estabilización, el lento ascenso; los patricios creadores dejan lugar a los ancianos (el senado), a los conservadores. La cuarta etapa es al mismo tiempo el esplendor y la decadencia. Es en esta etapa que el estado y la formación social se endurecen; las fuerzas productivas crecen; la dominación de los oprimidos se hace represión. Vuelve entonces a tener primacía el arte militar, pero no ya como la valentía del civil sino como la disciplina de la burocracia militar, del profesional que debe conservar. Es la época de los imperios, del pan y circo, de la matanza de los liberadores como si fueran subversivos; es el tiempo del Pentágono, del control de las fronteras, del no dejar que los bárbaros, los germanos atraviesen el Danubio... o los mexicanos el río Colorado.

3.1.9.5 En el tiempo de la liberación de la praxis como servicio, solidaridad el *êthos* se estructura en torno a la virtud de la fortaleza, la valentía justa, la prudencia paciente, la templanza que no está esclavizada al confort porque lo ha dado todo por la nueva patria, hasta la vida si es necesaria. La pulsión conmisericordiosa de alteridad por el pobre, el oprimido, el pueblo es la sustancia del *êthos* liberador, el fuego, inapagable que fluye desde una generosidad sin límites, que mide toda otra gratuidad humana. Una responsabilidad abrumadora, más agobiante que las cárceles y las torturas pasadas o siempre posibles, moviliza al liberador para procrear la historia hacia su término más justo, más humano.

3.2. EROTICA

3.2.1 Sentido de la cuestión

3.2.1.1 La injusticia política es fratricidio, la muerte del hermano: de la hermana nación, del hermano clase, del otro como hermano próximo. La injusticia o perversión en el nivel erótico, hoy, es el uxoricidio (muerte de la mujer en una sociedad donde reina la ideología machista, masculinista, falocrática como veremos). La erótica describe la relación varón-mujer. No confundiremos nunca la persona (especie) con el varón (persona de sexo masculino) o con la mujer (persona del sexo femenino).

3.2.1.2 En la multitud de la asamblea, de la fiesta política emerge de pronto no ya un hermano, un conciudadano, un compañero... sino una mujer para el varón, un varón para la mujer. Se recorta en la totalidad política la exterioridad erótica: la experiencia política es otra que la experiencia sexual, tacto y contacto con intención de sensibilizar el cuerpo del otro. La erótica es un nuevo capítulo de la metafísica.

3.2.2 Mundo erótico

3.2.2.1 El *ego cogito* había privilegiado el momento pensante del ser humano. Gracias a Freud se redescubre el *ich wünsche* (yo deseo), y por ello podemos afirmar que, además, el *ego* del *ego cogito* es un *ego* fálico, masculino (Descartes negó a su madre, a su amante y a su hija: pretendió el solipsismo total pero fue una pura comedia). Freud por cuanto su intención era operativa, terapéutica, no llegó a describir la sexualidad como lo hiciera, por ejemplo, Merleau Ponty.

3.2.2.2 Platón afirmó en el *Simposio* que desde que el andrógino (ser extraño formado por una mujer-varón) se separó, hay varones que aman mujeres; es decir, aman el retorno a "lo mismo (*tò autó*)". Con Aristóteles coincide en indicar que la sexualidad, al fin, es un permitir que "lo mismo (la especie) permanezca lo mismo" por medio del hijo. Si el varón accede a la mujer es sólo para que por lo nuevo la especie eterna alcance la inmortalidad. Hemos indicado que en plena Edad Media, Tomás de Aquino indica que "la madre sólo administra la materia, pero es el padre el que da el ser al hijo". "Lo mismo" es lo fálico; es el *éros* que desea lo idéntico. Además, con el desprecio del cuerpo iba el desprecio de la sexualidad.

3.2.2.3 Sólo en nuestra época, a fines del siglo XIX comienza una revalorización anticartesiana, antidualista, contra la antigua doctrina de las dos sustancias: cuerpo-alma. Merleau indica que en el mundo, el ser humano normal, puede constituir una intención sexual. Dicha intención consistiría en sexualizar un objeto: el cuerpo del otro. La sexualidad sería una sensibilización del cuerpo del otro. El mundo todo se erotiza cuando se constituye esta intención, que no es una pura representación ni es una pura determinación biológica. Se trata de una región fenomenológica propia. Esta intención esboza la situación erótica, la sabe mantener y darle continuidad hasta su cumplimiento acabado.

3.2.3 Exterioridad erótica

3.2.3.1 El mundo erotizado como totalidad tiende, por la pulsión de totalización (y por ello en posición esquizoide o cerrada), a ignorar al otro (3.2.5-2.6). Por el contrario, la erótica humana normal comienza por aquel "que me bese con los besos de su boca". Es la proximidad la que pone límite y supera al mundo erótico que constituye objetos sexualizados. Antes que la sexualización del objeto, más allá del objeto sexual (el *Sexualobjekt* de Freud), provoca el otro en la sexualidad distinta. El otro, varón para la mujer y la otra mujer para el varón, no diferente sino distinta (2.4.4.2), se avanza desde la lejanía de la política a la proximidad del beso, del coito, del *éros*. La máxima distinción a las más plena convergencia. Proximidad en la desnudez (ya que el vestido deserotiza la relación política o pedagógica, pero es impedimento en el éros), en la belleza, la *pulchritudo prima* que mide toda otra belleza.

3.2.3.2 Si superamos el dualismo cuerpo-alma y afirmamos la unidad de la carne (*basár* en hebreo), podremos comprender que la erótica, más aún que la sensibilidad del cuerpo del otro, es cumplir con el deseo del otro como otro, como otra carne, como exterioridad. El ser humano, sujeto de la pulsión de alteridad (desconocida por Freud), por la que se tiende al otro como otro, toca realmente lo que está más allá del horizonte de la luz, de la ontología. La erótica, auténtica metafísica, se avanza en el ámbito de las sombras donde el otro habita. El otro, sexuado de tal manera que llama al yo al cumplimiento de la ausencia, nunca puede ser tomado como un mero objeto, cosa, de lo contrario al perder su alteridad pierde igualmente la capacidad de la plenitud del *éros*, la gratuidad, la entrega, la libertad y la justicia.

3.2.3.3 La exterioridad del otro como posibilidad de negación a la provocación es el origen mismo de la humana realización orgásmica.

3.2.4 Descripción metafísica del éros

3.2.4.1 La intención sexual comienza por el tacto, el contacto, la caricia. La caricia es aproximación o proximidad presentida; es progresión a la que retiene el pudor y tienta la profanación; es un creciente y voluptuoso "tanteo" en que se avanza en el cuidado, en el avance y retroceso, preguntando sin palabras al otro como otro si desea la propuesta. Es el clandestino avanzar la mano en la noche más allá del ser y la luz (lo ontológico), sin buscar ni esclarecer ningún sentido (la fenomenología), sin intentar ningún valor. La caricia avanza evitando encontrar la siempre posible resistencia de la libertad del otro. La desnudez es inclinada constantemente por el sadismo del violar o el masoquismo del ser violado. Alejo Carpentier nos dice que "junto a Rosario compartía la primordial sensación de belleza, belleza físicamente percibida, gozada igualmente por el cuerpo y el entendimiento, que nace de cada renacer del sol".

3.2.4.2 El ritmo proximidad-lejanía, que es el resumen mismo de toda la vida y la historia, es vivido en el acto erótico del coito (por el contacto del falo con la carne femenina y el clítoris con la carne masculina) en una cadencia que se acrecienta hasta llegar al paroxismo extático donde la subjetividad y el yo se descentran para totalizarse en el abrazo de la voluptuosidad mutua, si es en la justicia, del orgasmo.

3.2.4.3 El coito es, por todo ello, una de las experiencias metafísicas privilegiadas del ser humano. En un acceso al ámbito de la realidad más allá del horizonte del mundo. Es un más allá de la razón hasta donde el deseo nos lleva como satisfacción del deseo del otro. No es ya siquiera un mero deseo o pulsión alterativa, sino la realización misma de dicho deseo en la proximidad. El órgano sexual es en el ser humano la presencia en la totalidad de la ausencia del otro: es un llamado a la realización del otro en su negatividad.

3.2.5 El machismo uxoricida

3.2.5.1 La muerte del hermano, fratricidio, es la alienación política. En nuestra cultura y época la muerte del *éros* es asesinato de la mujer: uxoricidio. La ideología machista es la contrapartida del uxoricidio. El mejor diagnóstico europeo del machismo lo ha propuesto Freud. Vio claramente que "la sexualidad es por naturaleza (cultural) masculina", y por ello el falo fue definido como constituyente y activo, y la vagina como pasiva y constituida: objeto sexual. "El ser es, el no-ser no es", en ontología erótica puede enunciarse: "El falo es, la castración no es". Es decir, la mujer no es; es sólo objeto, como lo era en la política el indio, el africano, el asiático, las naciones pobres, las clases oprimidas, el pobre. Si el yo constituyente es el *"ego* fálico", el ser del machismo, el fundamento de la totalidad alienante de la sexualidad es la "falicidad" (el falo en tanto falo, en tanto tal). Puede entenderse entonces que si la mujer no es, en el no ser "todos los gatos son pardos". El falo no puede ya cumplir el acto sexual, porque al entrar en relación con el objeto sexual (la mujer) indiferentemente entra en comercio con su madre y su mujer (ya que en el no-ser no puede haber diferencia alguna, ni siquiera entre la posición clitoriana-vaginal de la esposa y la mamario-bucal de la madre; la mujer es indistintamente madre-esposa). El acto óntico, concreto, sexual, es siempre incestuoso.

3.2.5.2 Desde el ser como falicidad abstracta o fundamental, la *imago patris* que Mitscherlich no llega a definir adecuadamente, es el horizonte mismo de comprensión de toda relación erótica. Es allí, desde la alienación de la mujer, que se produce la situación edíptica. El hijo ama a su madre en posición indistinta (al menos para el padre); el padre, el *ego fálico*, sitúa a su hijo como su oposición, ya que accede al no-ser, el objeto sexual, su mujer (esposa); la mujer (madre) intenta totalizar el hijo (en realidad es la mujer insatisfecha la que se totaliza con el hijo). Ante la presencia conflictiva de un falo actual (el padre) y un falo potencial (el hijo), ante la misma mujer (sin diferencia entre madre-esposa sino definida como objeto-mujer), el hijo no podrá menos que reprimir su falicidad y quedar, para siempre, en la posición neurótica, patológica, perversa de desear el incesto.

3.2.5.3 El machismo, como ideología que oculta la dominación de la mujer definida como objeto sexual, no sólo aliena a la mujer, sino que además torna impotente al varón por cuanto le impide relacionarse con alguien, el otro sexuado (la mujer), y sólo accede en una masturbación solipsista a un objeto que cumple su autoerotismo.

3.2.6 Erótica y dominación política

3.2.6.1 La falocracia, imperio constituyente del falo, es un sucedáneo o un determinante a veces de la plutocracia. En el proceso de la conquista de América, el europeo no sólo dominó al indio, sino que violó a la india. Cortés se amancebó con Malinche, una india, la madre del mestizo. El *ego cogito* se funda ontológicamente en el "yo conquisto" y al *ego* fálico, dos dimensiones de la dominación del ser humano sobre el ser humano, pero ahora de una nación sobre otra, de una clase sobre otra. La sexualidad es así como una reproducción de la dominación política, económica, cultural.

3.2.6.2 En el nivel mundial, la problemática de la alienación sexual poco y nada se ha estudiado. Un estudio sobre el *Edipo africano* viene a revelarnos que en las culturas africanas no es tanto el padre, ancestro mítico y protector, sino el hermano mayor el que viene a cumplir la función de la *imago* represora, castradora, fálica. La manifestación de la prostitución como fenómeno de las clases populares, tanto en el centro como en la periferia, muestra la dominación fálica concomitantemente a la dominación económica. El tango *Margot* de Celedonio Flores en América Latina (1918) cuenta y canta la tristeza de un muchacho pobre de barrio periférico de Buenos Aires, de ver que su amada, Margarita, muchacha popular, se transforma en el juego del varón rico del centro de la ciudad (y por ello adopta el nombre recocó y francés de Margot).

3.2.6.3 La mujer popular, la mujer de la cultura periférica, viene así a sufrir un doble embate, una doble violación: violada por ser una cultura y nación oprimida, por ser miembro de una clase dominada, por ser mujer de sexo violentado. Mujer pobre de los pobres del mundo. Mujer india, africana, asiática. Víctimas del imperialismo, de la lucha de clases, de la ideología machista.

3.2.7 Liberación erótica

3.2.7.1 La liberación del *éros* se cumple por la liberación de la mujer, lo que permitirá al varón recuperar parte de la sensibilidad perdida en la ideología machista. Liberación del antiguo patriarcalismo (que ya los indoeuropeos y semitas transmitían milenariamente), liberación de la mujer definida desde siempre como castrada, como no-falo. Es necesario comenzar de nuevo.

3.2.7.2 Así como el varón tiene una apertura fálica al mundo, activa, constituyente, así también la mujer tiene, como esposa, una apertura clitoriana-vaginal, activa, constituyente, y como madre una apertura mamaria en dirección a la boca-succión del hijo. Definida positivamente (el no-ser fálico es realmente algo distinto: el ser clitoriano-vaginal activo) la mujer toma posición distinta y también positiva con respecto al varón (clitoriana-vaginal) y al hijo (mamario-bucal). La liberación es negación de la dominación. La liberación es distinción real sexual: el varón afirma su exposición (con lo que supone de riesgo) fálica, y la mujer afirma igualmente su exposición clitoriana-vaginal y mamario-bucal (en su dimensión de mujer y madre) (4.2.6.2).

3.2.7.3 La proximidad del coito, el servicio o praxis de liberación del otro como otro, el ritmo sexual como liturgia en el respeto del otro, cumplen el deseo del otro como otro, como otramente sexuado, como alteridad erótica. Sólo en la real exterioridad del otro, otro libre y sexuadamente distinto, el orgasmo puede ser un acto humano que plenifica a la política y a la pedagógica.

3.2.7.4 La destotalización, desobjetualización o distinción de la mujer, es la condición sin la cual es imposible la normalidad no patológica ni represiva del *éros*.

3.2.8 El nuevo hogar

3.2.8.1 La plenitud orgásmica del amor humano del varón-mujer constituye el fundamento, la esencia, el núcleo central de la casa. En el centro de la casa está el hogar, el fuego. Fuego que calienta, que protege contra las fieras y los elementos, que ilumina el mundo doméstico, que cuece los alimentos, que da intimidad. Fuego, madera, la protocasa, el primer hogar, es una habitación en torno al fuego y a la proximidad varón-mujer. Protocasa, habitación única y circular; protococina, protodormitorio, protocomedor, protoestancia. Es como el nido del primate que todavía no se ha articulado en la casa de múltiples divisiones y habitaciones. La esencia del hogar es el fuego del *éros*.

3.2.8.2 Varon-mujer totalizados en el fuego del coito es una nueva totalidad analógica; es la pareja. La pareja es equívoca; se puede totalizar todavía. Si se totalizara alguien sería nuevamente negado, el otro; ahora se trata del hijo (el filicidio es la alienación pedagógica por excelencia, 3.3.5).

3.2.8.3 La pareja puede trascenderse por la fecundidad al hijo, y es que, en la compleja relación de pareja-hijos, aparece la casa. La casa es como una totalidad que básicamente anuncia todas las totalidades restantes: varón-mujer erótica, padres-hijos pedagógica; hermanos-hermanas política. Todos juntos antes que en la asamblea política o el aula del aprendizaje, juntos en torno a la mesa, al fuego, constituyen la casa, la familia.

3.2.8.4 La ideología machista aliena la mujer; la pareja alienada deforma al hijo; el hijo deformado es materia dispuesta a la injusticia política. La liberación de la mujer aniquila el machismo y permite la aparición de la pareja de los iguales (distintos sexualmente pero personas o rostros con igual derecho a la vida, al trabajo, a la educación, a la política, etc.). La pareja permite la aparición del hijo y el hermano. La muerte de la casa, de la familia fálica, permitirá la aparición de una nueva casa, el hogar liberado donde reine una erótica expansiva, innovadora, fecunda, no traumática.

3.2.9 Proyecto y praxis de liberación erótica

3.2.9.1 La ontología fálica concibe la perfección erótica del ser humano como asexualidad. Dado que la "falicidad" (el ser como falo en tanto falo) cae en una aporía irresoluble (todo acto fálico es incestuoso ya que se dirige a la madre y mujer al mismo tiempo), la única manera de ser perfecto es la *ataraxía* (imperturbabilidad) o *apátheia* (impasibilidad) estoica: el placer supremo es la contemplación. Se trata de una castración por sublimación, única solución moralizante de la ideología machista. Su contrapartida es la moral de la *parthénos* (virgen ofrecida al falo sagrado). Esto no puede ser el proyecto de liberación erótica.

3.2.9.2 En la periferia, la familia aristocrática, oligárquica o grupos dominadores, lo mismo que en el centro pero con diferencias comprensibles, conservan instituciones fetichistas que han heredado de los conquistadores, colonizadores, opresores, burócratas imperiales o impuestos por los medios de comunicación colectiva, donde se acepta el amancebamiento con la india, la reproducción como animales de los esclavos negros, la prostitución de la muchacha de pueblo. Liberar la erótica cultural de los pueblos y culturas dependientes y la de las clases populares; restituirles su dignidad y sentido, esto sí puede ser un proyecto erótico mundial de liberación.

3.2.9.3 Por cuanto la relación erótica es una exposición ante el otro en la desnudez, siempre es riesgo: el otro puede instrumentarme o jugar con mi gratuidad servicial. El que no tiene ninguna duda acerca del otro más parece que ya lo ha instrumentado como objeto sexual; en este caso ningún peligro corre porque la totalidad alienante ya se ha cumplido y el acto es intrínsecamente perverso, autoerótico. Por el contrario, si es auténtica apertura erótico servicial (en cuyo servir el deseo del otro se cumple la praxis misma de liberación erótica) la respuesta del otro siempre puede ser cosificante. La desnudez que no sabe sonrojarse no es auténtica sexualidad humana. Siempre se puede temer ser usado por el otro. El temor siempre posible, garantía de sexualidad alterativa auténtica, es el pudor. El pudor es, además, concomitante a la belleza erótica y a su plena realización en la justicia.

3.2.9.4 Un poeta "machista" chino escribe en el *Chi-king*: "nace un hijo, Se le pone en un lecho y se lo envuelve en ricas telas. El señor, el jefe, el soberano ha nacido. Nace una hija. Se la pone en el suelo envuelta en telas comunes. No hay en ella ni bien ni mal. Que aprenda cómo se prepara el vino, cómo se cuecen los alimentos: he aquí lo que debe saber".

3.3. PEDAGOGICA

3.3.1 Sentido de la cuestión

3.3.1.1 La pedagógica es la proximidad padre-hijos, maestro-discípulo donde convergen la política y la erótica. El niño que nace en el hogar es educado para formar parte de una comunidad política; y el niño que nace en una cultura crece para formar un hogar. Es por ello que el discurso pedagógico es siempre doble y los planos se confunden continuamente. Esta cuestión ha sido aproximadamente bien planteada en lo que se llama el "segundo Edipo". El joven, en la adolescencia, vuelve a situarse en el conflicto edípico, pero ahora en posición sociopsicoanalítica. La pulsión hacia la madre es al mismo tiempo hacia lo ancestral, la cultura popular; la interposición del padre es igualmente la sociedad o el estado. Su ideal del yo (padre-estado) está en crisis.

El joven no puede identificarse con una *imago patris* decadente; el conflicto edípico persiste y su revelación es la rebelión juvenil como síntoma de la represión erótica y política.

3.3.1.2 La pedagógica por ello no sólo se ocupa de la educación del niño, del hijo, del discípulo en la familia erótica; sino igualmente de la juventud y el pueblo en las instituciones escolares, universitarias, científicas, tecnológicas, los medios de comunicación. Es la cuestión ideológica y cultural.

3.3.2. Sistemas pedagógicos

3.3.2.1 Desde que el ser humano es ser humano, y aun antes por cuanto entre los mismos primates existe este tipo de experiencias, se transmite a la nueva generación, al hijo o juventud, la totalidad de mediaciones que constituyen el mundo. La transmisión de la cultura acumulada se transfiere gracias a sistemas pedagógicos, desde los más antiguos y simples (como enseñar el pulido de una piedra) hasta los más recientes y complejos (como enviar un satélite a la luna o tomar decisiones por computadoras). Es claro que a medida que hay que transmitir más (cuantitativa y cualitativamente) los sistemas pedagógicos se han ido optimizando, y desde el simple consejo del padre en el paleolítico se ha llegado a las universidades a institutos de investigación de alta precisión tecnológica.

3.3.2.2 El sistema pedagógico erótico o doméstico educa dentro del *êthos* tradicional de pueblo, dentro de la clase social de la familia. Dicho sistema puede ser patriarcal, donde el varón domina a la mujer, y donde la pareja domina al hijo. Dicho sistema pedagógico es eróticamente uxoricida, pero pedagógicamente filicida (3.3.5). La situación edípica es propia de un cierto sistema pedagógico y no de otros, si es que podemos confiar en ciertas conclusiones de Margaret Mead. De todas maneras el carácter del futuro ciudadano depende de la manera como ha sido forjada eróticamente su personalidad en el hogar, en proximidad con la madre y en correlación a la presencia del padre y hermanos.

3.3.2.3 El sistema pedagógico político o social, educa igualmente dentro del *êthos* social, pero además tiene instituciones (desde las antiguas escuelas de los amautas del imperio inca o la de los sacerdotes en el antiguo Egipto). Estas instituciones no son momentos dispersos, sino que forman sistemas. El sistema de escolaridad o el de los medios de comunicación colectiva, por ejemplo, son hoy los dos más importantes para la formación del ser humano de la calle.

3.3.3 Exterioridad pedagógica erótica

3.3.3.1 Exterioridad a los sistemas ya constituidos de educación surge siempre el nuevo, el otro, el que pone necesariamente en cuestión lo ya dado. La pareja, si lo decide en libertad y por gratuidad, es dar a alguien que todavía no es la realidad se constituye en el origen, en la fecundidad procreante que avanza de la nada a la realidad, al hijo. El hijo es novedad; es el nuevo; es el que viene a sellar la realidad de la unión erótica varón-mujer como esposo-esposa. La paternidad-maternidad (nuevo momento cualitativo de la mera masculinidad-feminidad) es correlativa de la filialidad. De esta manera se revela claramente el momento metafísico del que ya venimos hablando a lo largo de esta obra.

3.3.3.2 En la política el responsable puede tomar a cargo el pobre o el oprimido que ya está ahí; en la erótica el responsable puede igualmente tomar a cargo la mujer violada en el mundo machista. Pero en la pedagógica se muestra de mejor manera aún la anterioridad metafísica, anterior a la anterioridad ontológica; la anterioridad de la libertad de los progenitores. Desde la libertad procreadora es parido a la luz del mundo el hijo, el futuro real, la crítica utópica porque exterior a lo ya dado, organizado, tradicional. La fecundidad procreadora y la responsabilidad por la justicia son los que dan realidad al orden nuevo, al ser humano nuevo.

3.3.3.3 El hijo es la exterioridad de toda erótica, su superación metafísica, su cumplimiento real (4.1.5.5). Además, el hijo es distinto y no meramente diferente a la pareja; es el otro desde siempre a quien habrá que saber escuchar en silencio su revelación novedosa que aporta a la historia pasada como tradición. Es la innovación misma, tiempo nuevo y por ello escatológico: es siempre el último tiempo. Es por ello que ante el otro nuevo se debe tener sagrado respeto y silencio ante el misterio para saber escuchar la voz provocativa que fecunda la tradición y la hace historia.

3.3.4 Exterioridad pedagógica política

3.3.4.1 El hijo, el nuevo, no es huérfano; es el hijo de los padres y de un pueblo. Hijo de un pueblo es la juventud y es el mismo pueblo en tanto oprimido, en tanto exterioridad cultural. La nación periférica o la cultura latinoamericana, africana o asiática, es exterior al sistema cultural vigente, la del centro. La exterioridad de la cultura nacional provoca e interpela igualmente al sistema cultural imperante. Pero, por otra parte, en las mismas naciones dependientes periféricas están las clases oprimidas, campesinas, obreras, marginales que juegan en la propia nación el papel de exterioridad cultural.

3.3.4.2 La cultura africana, asiática, latinoamericana tiene un ámbito propio que no ha sido comprendido ni incluido (porque es despreciado como incultura, barbarie, analfabetismo, hechicería) en el sistema escolar, universitario o de los medios de comunicación. Son interpretados por el sistema cultural vigente, racionalista, pretendidamente universal como nada, no-ser, caos, irracionalidad. El desprecio que se tiene por ello es análogo al que tiene el padre de Edipo por su hijo: falo en potencia y por ello despreciado.

3.3.4.3 La cultura de los grupos y clases oprimidas de nuestros tres continentes, la cultura popular, es la que guarda lo mejor de nuestro mundo y de donde surgirán las alternativas nuevas de la cultura mundial futura, que no será una mera repetición de las estructuras de la cultura del centro. La exterioridad de la cultura popular es la mejor garantía y el núcleo más incontaminado del ser humano nuevo. Sus valores, hoy despreciados y hasta no reconocidos por el mismo pueblo, deben ser estudiados cuidadosamente, deben ser incrementados desde una nueva pedagogía de los oprimidos para que desarrollen sus posibilidades. Es en la cultura popular, aún tradicional, que la revolución cultural encontrará su contenido más auténtico.

3.3.5 *Filicidio*

3.3.5.1 La muerte del hijo es la alienación pedagógica. Al hijo se lo mata en el vientre del pueblo por la represión cultural. Esta represión, es evidente, se efectuará siempre en nombre de la libertad y con los mejores métodos pedagógicos.

3.3.5.2 Ya Huitzilopochtli, el dios sol azteca, dijo al dios halcón, en un conocido mito, que para salir cada día necesitaba la sangre de los hijos, de los jóvenes. El viejo dios necesitaba sangre juvenil: ¡es la muerte mítica del hijo! Sócrates, como hemos dicho más arriba, mata igualmente a la juventud haciéndole creer que las respuestas griegas a las que él sutilmente encaminaba a sus discípulos, eran nada menos que las ideas eternas y divinas (divinizaba entonces la cultura griega). Pero abordemos un dominador más sutil aún.

3.3.5.3 Jean Jacques Rousseau propuso en nombre de la naturaleza la cultura burguesa emergente, para lo cual necesitó primero efectuar con su discípulo un contrato pedagógico (complementario del contrato social). El preceptor (el padre y estado) obliga a su discípulo que sea o se comporte como un huérfano (sin madre ni cultura popular entonces) y que le obedezca en todo, como explica en el *Emilio*. Con la pretensión de que la naturaleza se exprese en realidad, el represor preceptor obliga al *Emilio* a seguir pie juntillas un verdadero curriculum para titularse de pequeño burgués, hasta con su viaje por Europa (delicia de la burguesía de la época) y con una esposa perfectamente dócil, reprimida y ama de la casa. Su proyecto es doblemente ideológico: primero porque disfraza a la burguesía de naturaleza; después porque no da conciencia crítica de este encubrimiento y le hace aceptar en nombre de la crítica un proyecto que asumirá ingenuamente. Pestalozzi, Montessori o Dewey no hacen sino continuar en el mismo camino ideológico, perfeccionando el proceso de domesticación con técnicas más modernas aún.

3.3.5.4 El pobre Edipo reprimido es el fruto de la educación moderna, machista, individualista, que en realidad termina por educar el lobo que necesitaba Hobbes: un ser humano dispuesto a dar la lucha siempre y en cualquier lugar para subsistir en un mundo de la competencia.

Filosofía de la Liberación

3.3.6 Retrato del colonizado

3.3.6.1 El famoso libro de Memmi, o el de Frantz Fanon, nos pintan la máscara del domesticado político-culturalmente en la periferia. Para entender este tema deberemos efectuar ciertas distinciones.

3.3.6.2 Entendemos por cultura imperial o del centro la que domina en el orden vigente. Es la refinada cultura de las élites europeas, norteamericanas o rusas. Esta es la cultura con la que se pretende medir a todo otro grado cultural. La *Gioconda* mide a todo otro cuadro; la *Quinta Sinfonía* de Beethoven clasifica a toda otra música; *Nôtre Dame* es el prototipo de toda iglesia. Esta cultura tiene además los medios colectivos de comunicación en sus manos (Estados Unidos elabora y emite más de ochenta por ciento del mensaje que se consume en América Latina por diarios, revistas, radio, cine, televisión).

3.3.6.3 Esta cultura se refracta a medias en la cultura ilustrada, en las naciones dependientes de la periferia, en sus grupos dominantes, que es la que admira y repite obnubilada y como fascinada la luminosa cultura artístico científico tecnológica del centro. Estas élites, minorías alienadas en sus propias naciones, son despreciadas por los creadores de la cultura del centro. ¡Es de raza negra y toca el piano!, como si un primate hiciera acrobacias o el burro tocara la flauta por casualidad. En sus máscaras se retrata el rostro del centro. Esta élite ignora su cultura nacional; desprecia igualmente su raza; aparenta ser blanco; habla en inglés o francés; se viste, come y habita como en el centro. Desechos de la historia.

3.3.6.4 La cultura de los oprimidos, no como pueblo (3.3.8) sino como reprimido, es la cultura de masas. Es la reproducción al infinito, la vulgarización *Kitsch* de la cultura imperial refractada por la cultura ilustrada y relanzada al consumo por las revistas, fotonovelas, pornografía, etc.

3.3.6.5 Todo este proceso de alienación cultural es profundamente ideológico, en cuanto que expresa conocimientos o ideas pretendidamente universales (porque son los del centro) y que ocultan la dominación que sufren los países dependientes y las clases oprimidas. Es a través de la cultura de masas que la ideología propaga con pretendida ingenuidad el proyecto imperial, y que produce un mercado para sus productos (4.3.3). La dominación cultural es así un momento de la alienación política (3.1.5-1.6) y económica (4.6-4.7); como la vanguardia del ejército que va preparando el terreno para el ataque en regla. El imperialismo ideológico cultural supera hoy a todo otro tipo anterior de influjo cultural, y cuenta con todo el apoyo de las ciencias, de aquellos que Chomsky llamaría "los intelectuales guerreros ", los "nuevos mandarines"; las élites formadas en Harvard, Yale...

3.3.7 Antiedipo
3.3.7.1 Liberar al hijo es la tarea de la pedagógica metafísica. El padre no debe ser asesinado (en realidad en *Totem y tabú* no se mata al padre sino al viejo, ya que es vencido porque no puede ya dominar a sus hijos ahora adultos), ni tampoco el hijo. El Edipo es una situación alienada y alienante; dejar que el hijo sea, que Edipo crezca como otro, el Antiedipo, es respetarlo en su exterioridad. Claro que para no cometerse el filicidio antes no debió cometerse el uxoricidio.

3.3.7.2 La mujer libre permite la aparición de la pareja liberada. La pareja orgásmicamente realizada genera al hijo en el amor; es responsable de su alteridad distinta (2.4.4); escucha con devoción su llanto, su protesta, la crítica juvenil. No habiendo padre castrador no hay madre castradora y el hijo es definido no como un falo potencialmente enemigo, sino como una boca-manos-pies que se prende para succionar su alimento. Así no es lo opuesto al padre, sino el distinto; así no accede a la mujer en relación clitoriana-vaginal sino en sus alimenticios, protectores, suaves y calurosos senos maternos. En la proximidad del pezón-boca, cumplido, no reprimida, el hijo inicia lenta y seguramente su camino de alteridad que lo llevará a la erótica adulta y a la política.

3.3.8 Liberación de la cultura popular
3.3.8.1 La liberación del oprimido la efectúa el oprimido, por mediación de su conciencia crítica; del "intelectual orgánico" con y en el pueblo.

3.3.8.2 Más allá que la cultura ilustrada del grupo dominador se encuentra la cultura nacional, cultura equívoca porque incluye la cultura ilustrada, la de masas y la auténtica cultura popular. De todas maneras, coyunturalmente, la afirmación de la cultura nacional es una posición liberadora ante la cultura imperial y un primer paso necesario en el camino de la revolución cultural de la periferia.

3.3.8.3 La cultura popular es la que incluye la cultura de masas, el oprimido como oprimido y que refleja la cultura imperial, y la exterioridad propiamente distinta de los grupos oprimidos. La revolución cultural de liberación debe partir y debe efectuarla el pueblo y desde su cultura popular. Dicha cultura posee los símbolos, los valores, los usos, las tradiciones de sabiduría, la memoria de compromisos históricos; conoce sus enemigos, sus amigos, sus aliados. La cultura popular, lejos de ser una cultura menor, es el núcleo más incontaminado e irradiativo de resistencia del oprimido contra el opresor. Pero no hay que creer en el espontaneísmo.

3.3.8.4 El pueblo es el que se libera. Sin embargo, el sistema le ha introyectado la cultura de masas, lo peor del sistema. Es por ello que la conciencia de los grupos críticos, crítica del "intelectual orgánico", de las comunidades o partidos críticos, es indispensable para que un pueblo cobre conciencia crítica y discierna lo peor que tiene en sí (la cultura imperial vulgarizada) y lo mejor que ya es desde antiguo (la exterioridad cultural: maximo de crítica posible sin conciencia actual). La filosofía tiene en este campo mucho que hacer (5.9.5).

3.3.9 Proyecto y praxis de liberación pedagógica

3.3.9.1 El proyecto de dominación pedagógica aniquila la cultura de las naciones y clases oprimidas. El proyecto en cambio de liberación pedagógica, que se opone a la posición "bancaria" del educando, como diría Paulo Freire, afirma lo que el pueblo tiene de exterioridad, de valores propios. El proyecto pedagógico de liberación no lo formulan los maestros; está ya en la conciencia del pueblo; es el *a priori* metafísico del proceso y al que se tiende desde una larga lucha popular, el proyecto mismo de "la excelente cultura antigua popular", diría Mao.

3.3.9.2 Ese proyecto, es verdad, pueden intentarlo los colonizados convertidos, la *intelligentzia* que descubre su pueblo. Frantz Fanon decía que "en una primera fase, el intelectual colonizado prueba que ha asimilado la cultura del ocupante (imperial); en un segundo momento el colonizado se estremece y decide recordar; por último, en un tercer período llamado de lucha, el colonizado tras haber intentado perderse en el pueblo, perderse con el pueblo, va por el contrario a sacudir al pueblo". En vez de favorecer el letargo del pueblo se transforma en "el que despierta al pueblo". Sin embargo, no es suficiente la acción crítica del intelectual orgánico, como diría Gramsci.

3.3.9.3 Debe ser el trabajador revolucionario de la cultura, miembro del pueblo sin dejar el pueblo pero con conciencia crítica, el que conduzca al mismo pueblo a su afirmación cultural. Hasta que no se logre formar en la misma praxis la conciencia crítica de líderes populares, toda educación será elitista, dominadora.

3.3.9.4 El *êthos* de la liberación pedagógica exige al maestro, comunidad, saber oír en el silencio con respecto a la juventud, al pueblo. Sólo del discipulado paciente y estusiasta del propio maestro (que puede ser también un movimiento social) podrá emerger el juicio adecuado de la realidad en la que se encuentra el pueblo. El discípulo, juventud y pueblo admirarán igualmente al maestro o al grupo crítico en su seno que en sus vidas, en su convivencia, en su humildad y servicio elabora como pueblo la conciencia crítica para afirmar los valores ya existentes en la juventud y el pueblo. Actitud de colaboración, convergente, movilizadora, organizativa, creadora. La veracidad antiideológica es la actitud fundamental pedagógica: descubrimiento de los engaños del sistema, negación o destrucción de lo que dicho sistema ha introyectado en el pueblo, construcción afirmativa de la exterioridad cultural. Esta tarea es hoy, en la periferia, riesgo de muerte, porque es el ser humano crítico, en cuanto que anuncia un futuro más justo, el primero en ser eliminado, asesinado, encarcelado: es el testimonio de lo que adviene. Lo hemos sufrido en carne propia y lo han sufrido muchos colegas y compañeros.

3.3.9.5 De la cultura revolucionaria liberadora surgirá una nueva cultura mundial, alternativa mucho más rica que la actual cultura imperial. Con el poeta diremos: -"Tú, mi hijo, será mi triunfo; el triunfo de la mujer... Malixochitl, diosa del alba... Tonantzin, Guadalupe, madre..."- escribe Carlos Fuentes.

3.4. ANTIFETICHISMO

3.4.1 Sentido de la cuestión

3.4.1.1 Estamos en el origen y el fin de la metafísica. Se trata de una arqueológica, si *arjé* significa hontanar de donde todo procede y a donde todo tiende (más *Abgrund* que *Grund* o *Ursache*; más abismo que fundamento o causa). En esta parte nuestro discurso llega a su término y se enfrenta con el fenómeno del fetichismo. Llamamos fetichización al proceso por el que una totalidad se absolutiza, se cierra, se diviniza. La totalidad política se fetichiza cuando se adora a sí misma en el imperio (3.1.5) o en el totalitarismo nacionalista (3.1.6). La totalidad erótica se fetichiza cuando es constituida por la fascinación del falo perverso de la ideología machista (3.2.5-2.6). La totalidad cultural se fetichiza cuando la ideología imperial o ilustrada elitista aliena la cultura popular (3.3.6) o castra al hijo (3.3.5). El fetichismo es la muerte de la totalidad, del sistema, del discurso.

3.4.1.2 El antifetichismo, noción negativa que quiere velar intencionalmente su infinita afirmación metafísica, es la garantía de la perenne dialéctica de la historia, de la destotalización que la liberación produce en todo sistema fosilizado. El ateísmo del sistema vigente es la condición de la praxis innovadora, procreadora, liberadora.

3.4.2 Fetichización de los sistemas

3.4.2.1 Fetiche viene del portugués (de raíz latina *facere*, hacer; es lo hecho, de donde deriva igualmente hechizo) y significa lo hecho por la mano de los seres humanos pero que pretende aparecer como divino, absoluto, digno de culto; fascinante, tremendo, ante lo que se tiembla de espanto, terror, admiración. Y bien, todo sistema tiende a fetichizarse, totalizarse, absolutizarse.

3.4.2.2 Cuando un sistema político llega al poder central geopolítica, económica y militarmente hablando, se diviniza. "¡Avé Cesar!"declaraban los gladiadores en el circo antes de morir. "Los españoles inmolan a su Dios que es el oro, a gran cantidad de indios", decíase en el siglo XVI en América Latina. *"Gott ist mit uns"*, se escribía junto a la cruz esvástica en la Alemania facista. *"We trust in God"*, se escribe en el dólar (que además tiene una Trinidad dibujada, el ojo de la divina sabiduría y muchos otros signos fetichizantes). La doctrina de la "seguridad nacional" que propone la CIA es afirmada en Brasil como defensa de la civilización occidental y cristiana. Es en nombre de la materia - ante la cual Holbach, Engels y hasta Goethe tenían sagrado respeto- que reina más de una burocracia. (Cabe destacarse que entre la Materia como totalidad y la Idea no hay ninguna diferencia práctica ni ontológica; su lógica y su divinidad son idénticas). Una vez divinizado, ¿quién puede atreverse a blasfemar irreverentemente contra la dignidad del estado absoluto, Leviathan en la tierra, diría Hobbes?

3.4.2.3 Cuando un sistema erótico llega a su vigencia histórica, aceptado primeramente por el mismo oprimido, se diviniza igualmente. En la ideología machista el falo perverso, el de padre uxoricida y castrador, se fetichiza. No sólo en los cultos fálicos de la prostitución sagrada, sino en el culto cotidiano que deben rendir la mujer y el hijo al varón-padre, en la pasividad vaginal y en la castración de Edipo. Lo divino es "padre" (padre alienador). ¿Quién se atreverá a desafiar al falo en nombre de la mujer?

3.4.2.4 Cuando un sistema pedagógico, "vaca sagrada" la llamó Illich, se identifica con la verdad misma, la verdad absoluta, la ideología viene a reinar sobre los mismos que son ocultados e interpretados como nada, bárbaros: "El ser es, yo soy el ser; el no ser no es; la periferia, las clases oprimidas, el pobre, el otro no es", es la sacralización misma del fetichismo pedagógico. Parménides fue su primer gran sacerdote, Rousseau, el más grande de los europeos, y los Dewey sus acólitos.

3.4.2.5 En nuestra sociedad, la fetichización del capital, como un Moloch al que se inmolan a las naciones periféricas (como hoy a El Salvador), y a los trabajadores, es el ejemplo más horrendo y actual en América Latina.

3.4.3 Antifetichismo ateo

3.4.3.1 Negar la divinidad del sistema fetichizado es el auténtico ateísmo. Es la negación de la negación, como veremos (3.4.4.5). El antifetichismo es un saber volver prácticamente las cosas a su lugar, a su verdad. La cuestión no es decir -con Hegel o Nietzsche-: "¡Dios ha muerto!". La cuestión es: ¿Cuál Dios ha muerto? ¿El fetiche? ¿Europa como divinizada? No es cuestión de rasgarse las vestiduras porque alguien dice: "¡No hay Dios!". La cuestión es: "...porque comen a mi pueblo como pan" y no dan de comer pan al pueblo hambriento.

3.4.3.2 Es entonces metafísicamente correcto decir que "el comienzo de toda crítica es la crítica de la religión"; la religión del sistema, es evidente; la religión fetichista, la de la cristiandad medieval (que no es el cristianismo sino una cultura, como mostró acertadamente Kierkegaard) y la burguesa moderna. El fetichismo del dinero ha venido a lanzar de un codazo a todos los otros dioses del altar del centro, y es adorado cuidadosamente por las grandes potencias cultas, democráticas, gordas de tanto consumir. En su altar se inmolaron los indios en las minas de oro, los negros esclavos, los asiáticos coloniales, la mujer como operadora del lujo inútil y vagina contractual como diría Esther Vilar, el hijo como mercado potencial de mercancías innecesarias.

3.4.3.3 Marx dice que "el ateísmo en cuanto negación de carencia de esencialidad no tiene ya más sentido, pues el ateísmo es una negación del dios (fetiche), y afirma mediante esta negación, la existencia del ser humano", del pobre, del oprimido. Por esto mismo decía Feuerbach que es necesario abandonar la teología hegeliana, fetichista, y abrirse a la antropología (al otro ser humano). Dichos ateísmos del fetichismo son la condición de posibilidad de la revolución liberadora y de la afirmación de un punto de apoyo exterior a todo sistema vigente. Negar la divinidad del capital, al que el FMI rinde culto por sobre todo Dios, por sobre toda ética, es condición de posibilidad de la afirmación de un Absoluto no deísta.

3.4.4 Hipótesis necesaria para la práctica revolucionaria

3.4.4.1 En la *Filosofía de la miseria*, Proudhon confiesa que "estudiando en el silencio del corazón el misterio de las revoluciones humanas, el gran Desconocido, Dios, ha llegado a ser para mí una hipótesis, quiero decir, un momento dialéctico necesario". Esto nos explica que un Juan de la Cruz diga en su obra lírica *El Monte Carmelo* que "después de todo hay nada"; o que Babeuf, el primer socialista en plena revolución francesa, escriba a su esposa, en 1794, que se interna en la "noche de la nada". La nada del sistema, el más allá de todo ente, lo que trasciende la totalidad, lo metafísico ("ante lo cual es necesario guardar silencio", diría Wittgenstein), es el no-ser, el otro que lo dado. Abrirse a la nada, nihilismo radical, es exponerse por la Libertad que el sistema no condiciona.

3.4.4.2 En gran Desconocido es el postulado o hipótesis necesario. Si el sistema es divino, es inamovible. Si no es divino se es ateo del sistema. Pero mal se puede negar la divinidad del sistema actual, futuro o posible, si no se afirma que lo divino es el Otro que todo sistema. Sólo esta afirmación, práctica primero, y teórica metafísica después, es la condición que posibilita la revolución, la movilización liberadora contra el sistema fetichizado.

3.4.4.3 La afirmación práctica de ateísmo es la lucha por la justicia. Es decir, el que lucha por la liberación del pobre afirma prácticamente que el sistema es injusto, que no es divino. Hermann Cohen, en su obra *Vernunft und Religion*, dice acertadamente que los profetas descubrían dentro del estado dónde se encontraba el pobre y efectuaban desde él el diagnóstico patológico del sistema. Es decir, descubrir y jugarse por el pobre es un saber la no-divinidad de la totalidad opresora (ya que la divinidad, el Otro absoluto, es la bondad misma, la justicia).

3.4.4.4 El que es sobrecogido un día por la pasividad metafísica (Levinas) anterior a toda anterioridad mundana de ser responsable por el oprimido, como rehén en el sistema, ante el Otro absoluto; ese ser humano es portador de la religión. No es la religión fetichista (Marx), sino la religión metafísica, origen de todo sistema más justo. La responsabilidad ineludible, más fuerte que la muerte, es la fecundidad metafísica procreadora de todo lo nuevo que hay en la historia. El héroe liberador de la patria futura se siente responsable ante y por su pueblo oprimido (3.1.9); el padre es responsable de dar la realidad al hijo por pura generosidad (3.3.7); de dar la conciencia crítica al discípulo, al pueblo (3.3.8). El responsable por el oprimido ante el sistema, el perseguido, aprisionado, torturado y asesinado por su entrega al pobre, es el testimonio en la totalidad de la Gloria del infinito.

3.4.4.5 El puro ateísmo sin afirmación del Otro infinito no es suficientemente crítico: permite la fetichización de un sistema futuro. Sólo si se afirma que el Divino es otro que todo sistema posible, la revolución liberadora será igualmente siempre posible. Por ello, el ateísmo del fetiche debe afirmarse como exterioridad del Absoluto y Origen. El centro (Europa, Estados Unidos, etc., unos como Idea, otros como Materia) se autoafirmó como divino: negó la exterioridad antropológica (el indio, africano y asiático) y por ello también la Exterioridad absoluta. El antifetichismo es negación de la negación de la Exterioridad. La afirmación de la Exterioridad absoluta es cerrar el camino a una futura tautológica negación de la afirmación liberadora. Es, como decía Proudhon, la hipótesis necesaria de toda revolución.

3.4.5 Teoría metafísica de movilización histórica

3.4.5.1 El ateísmo del fetichismo es la condición negativa; la afirmación de la Exterioridad absoluta es la condición afirmativa y definitiva de la revolución. Ambas condiciones son prácticas. Es en la acción que se niega el fetiche y se afirma la Exterioridad, el ser responsable por el oprimido. Ahora, consideremos la condición teórica de la liberación.

3.4.5.2 El fetichismo, como el panteísmo trágico de los clásicos (por ejemplo, el de los griegos o romanos), no sólo diviniza el sistema sino que también fijo los útiles, los usos, las instituciones. El todo y las partes son divinizados (2.6.6.2). Además se identifica la función que cumple en el sistema una cosa con su realidad misma. Así todo queda eternizado. Y bien, un grupo de subversivos armados contra el imperio helenístico, los hermanos Macabeos, se levantaron revolucionariamente en el siglo II a.J.C. Ellos, su madre, fueron los primeros que expresaron que el Otro absoluto "creó todo del no-ente". Afirmaron que en situación de perseguido y pobre, como clases dominadas, explicitó Tertuliano contra Hermógenes: todo lo creó "de la nada" (*ex nihilo*). Crear significa poner en la realidad sin antecedentes, desde lo que no está todavía constituido, desde fuera de todo sistema o formación social.

3.4.5.3 La teoría metafísica de la creación es la apoyatura teórica de la revolución liberadora; es la formulación más acabada de que ningún sistema es eterno, porque todo, aun el sol y la tierra, es contingente (puede no ser) y posible (en su tiempo no fue).

3.4.5.4 La contingencia y posibilidad metafísicas de la totalidad del cosmos (3.4.6) garantizan ampliamente la contingencia y posibilidad de las instituciones sociales de una formación social, de un sistema político, erótico, pedagógico y hasta religioso. La contingencia carcome así la pretensión de la divinidad del estado opresor. Lo destituye de su eternidad: lo pone en movimiento dialéctico, liberador.

3.4.5.5 La creación es así la teoría metafísica que da fluidez al todo y a todo. Ni el cosmos, ni el mundo, ni la totalidad, ni el sistema, nada es divino. La teoría de la creación es la contrapartida y la afirmación del ateísmo del fetichismo: el mismo fetiche es creatura, hechura sólo de las manos del ser humano. Fabricación de una creatura. Es decir, si todo es creado nada es divino sino la Exterioridad absoluta. La creación es, teóricamente, ateización del cosmos y el mundo.

3.4.5.6 Claro es que posteriormente el sistema medieval utilizó esta doctrina para afirmar que el Absoluto creó el mundo *así*. La creación perdió su criticidad metafísica y se transformó en una ideología fetichista.

3.4.6 Estatuto ético, cultual o económico del cosmos

3.4.6.1 Para aquel que se juega responsable y riesgosamente por el oprimido nada es lo suficientemente firme para impedirle dar de comer al hambriento: ni la propiedad privada natural o divina (en realidad histórica y fetichizada) del que posee el pan injustamente. Todo puede modificarse para que sirva al oprimido.

Esta movilidad sistemática o mundana es igualmente proyectada al cosmos. El mismo cosmos es experimentado como suspendido desde y en una Libertad creante que pone el cosmos, la materia (3.4.8), a disposición del libertador y del oprimido. Esta constitutiva intención que utiliza al cosmos, a la naturaleza como mediación es integración económico-cultual (y por ello cultural) del cosmos en un discurso político.

3.4.6.2 El cosmos, que es la totalidad de la realidad, de las cosas reales guardando entre ellas una trascendental unidad religativa o referencial, constitutiva de suyo, aparece a la interpretación o praxis del libertador como creado por la Libertad incondicionada, como teatro del servicio (3.4.8) y materia para calmar el hambre del hambriento (4.4.9). El cosmos adquiere así un estatuto ético. Surge de la Libertad absoluta para ser usado con libertad al servicio del otro.

3.4.6.3 El ser humano no adora ahora al cosmos (la naturaleza) como los griegos, romanos, egipcios, aztecas, incas, hindúes, chinos. El ser humano usa el cosmos como mediación de servicio, de culto. El cosmos tiene un estatuto ético en tanto hay un creador; tiene un estatuto cultural-cultual en tanto trabajado (4.2-4.4) en la justicia. La metafísica de la libertad práctica, vive, habita el cosmos históricamente, desfetichizadamente. Jamás se inclinará ante la Materia como eterna divinidad (materialismo ingenuo de un Goethe o un Engels); usará simplemente la materia como mediación.

3.4.7 Realidad, esencia y existencia

3.4.7.1 Sólo ahora podemos referirnos a estos temas por demás clásicos, pero que ahora cobran otro sentido. Realidad es la totalidad constituida creadamente; unidad relativa de toda sustantividad de suyo, desde sí, anterior y como *prius* a toda posterior manifestación en el mundo. Lo real es el cosmos como totalidad, *prius* del mundo.

3.4.7.2 Fuera de la fecundidad creadora originaria y absoluta, el cosmos es existente (puesto-fuera: *ex-sistere*). El ser eterno no es existente; sólo siste; es real por sí (*a se* y no sólo *ex se*). Lo existente es la creatura, momento del cosmos real, actualidad de la totalidad constituida efectiva de suyo, desde sí.

3.4.7.3 La esencia en cambio de las cosas cósmicas es el conjunto de notas constitutivas que obran sinergéticamente, codeterminándose unas a otras. La esencia constitutiva o real es individual; es lo que efectúa la realidad de la cosa que existe desde sí. La esencia constituye la sustantividad de lo real, como diría Zubiri. Por ello, propiamente, tiene esencia, una y sola, la totalidad de los entes físicos naturales inorgánicos, ya que constituyen un solo sistema, una solo sustantividad astronómica (4.1.3). Por su parte, la totalidad de las cosas vivas tiene igualmente como una esencia, porque se comporta como una sustantividad (4.1.4). Sólo el ser humano es en realidad una sustantividad (no decimos substancialidad, ya que la sustantividad asume la sustancialidad como el organismo humano asimila la substancia azúcar), por cuanto su libertad cierra el conjunto de sus notas constitutivas con real autonomía, independencia, operatividad (4.1.5).

3.4.7.4 Sólo el ser humano, sólo cada ser humano, es realmente cosa, *res eventualis*: cosa que tiene historia.

3.4.8 Materialismo crítico y culto como economía
3.4.8.1 El sistema, cuando se totaliza como mundo cerrado, tiende hemos dicho a fetichizarse. Sólo la provocación interpelante del otro, del pobre, desquicia el orden establecido y la buena conciencia del dominador. La interpelación del oprimido, la protesta del pobre, es la epifanía de la revelación del Absoluto. Revelar no es más que interpelar desde la exterioridad para movilizar el esfuerzo liberador, es decir, para hacer de la materia inerte (el cosmos) el objeto del servicio-culto.

3.4.8.2 El materialismo ingenuo, cosmológico o acrítico afirma que todo es materia. Por materia se entiende una mítica realidad que sería algo así como una infinita masa, una como piedra gigantesca. Si todo es materia, y el ser humano es epifenómeno, como piensa Engels en la *Dialéctica de la naturaleza*, si la materia es infinita (lo cual es una contradicción en los términos), si es eterna (es decir: no tiene principio ni fin: es "desde siempre" con exactitud), si tiene la vida, la inteligencia, la belleza, etc., en potencia o acto, quiere decir que la Materia ahora es la divinidad (tiene todos los atributos que se le pueden atribuir). Todo lo real procede por diferencia de la identidad originaria de la Materia. En este caso todo es interno a la Materia; no hay libertad, no hay responsabilidad, reina la determinación, la necesidad. Todo es divino; es divino igualmente el imperio opresor, el machismo castrante, la pedagogía filicida. ¿Quién podrá levantarse blasfematoriamente contra la eterna sabiduría de la Materia? ¿Quién se atrevería a corregir su sagrado cauce? Paradójicamente el materialismo ingenuo termina por ser fetichista y se comporta como cualquier otro tipo de panteísmo o idealismo.

3.4.8.3 Por el contrario, el auténtico materialismo o el materialismo crítico (que va junto al auténtico ateísmo o ateísmo radical), toma a la naturaleza (4.1) como *materia* de trabajo (C del esquema 4.1). Las cosas importan en cuanto se fabrica con *ellas* (*con lo que* se fabrica el artefacto en su materialidad) lo que el otro necesita en cuanto tal, más allá del sistema de necesidad vigente. La materialidad de la cosa-sentido, su ser posibilidad o mediación de servicio, es exactamente lo que llamamos en 3.4.6.3 el estatuto cultual o económico del cosmos.

3.4.8.4 Para Hegel el culto supremo lo rinde al acto perfecto de la religión absoluta. Ese culto consiste en la "certeza" que tiene el sujeto del Estado absoluto, por su acto de fe, de que la representación es la Idea; de otra manera, la certeza de ser Dios. Esta certeza la puede tener un miembro de la burocracia, de ser la manifestación de la Materia, o un gobernante norteamericano de defender la civilización cristiana. Certeza del fascista que le deja conciencia tranquila en el asesinato del héroe libertador.

3.4.8.5 Por el contrario, el culto absoluto al Otro infinito, la economía absoluta es, en la justicia, dar al otro la materia trabajada. Servir (*habodáh*) es tanto liberar al oprimido como efectuar el servicio divino, el culto. La economía justa, como conjunto de artefactos producidos por el trabajo humano, y distribuidos con equidad entre los seres humanos, sin dominadores, es culto al Infinito, ya que dando de comer al hermano, extranjero y pobre, a la mujer indefensa y viuda, al hijo solitario y huérfano, se rinde liturgia al Absoluto.

3.4.8.6 El auténtico materialismo es idéntico al sentido cultual del cosmos, ya que se ofrece al Otro absoluto el fruto del trabajo (4.3-4.4). Nada más reñido a este materialismo cultual que un deísmo donde Dios es un "ente supremo" que paga con la felicidad la virtud del ser humano (infeliz por ello en "este mundo"), alienado como trabajador en la sociedad capitalista (sentido histórico de la propuesta kantiana del "bien supremo" en la *Crítica de la razón práctica*). El Absoluto no es un "ente" (deísmo) que justifique una ideología de la dominación; este es el Dios que destruyó con razón Feuerbach. El Absoluto como motivación de liberación de los oprimidos, de los pobres, del pueblo, para su liberación es un Dios anti-deísta.

3.4.9 La fiesta

3.4.9.1 No hablamos del *homo ludens* de Nietzsche y sus comentaristas. No se trata de la fiesta dionisíaca o báquica; del vino derrochado y que emborracha a los que pueden adquirirlo; de las fiestas de los dominadores, las de *otium* o la *sjolé*. Es otra fiesta.

3.4.9.2 El culto al Infinito es la liberación misma. La fiesta del Infinito es la alegría de la misma liberación. Por ello, nos dice Rosenzweig, los pueblos sólo festejan y recuerdan los tiempos de su liberación; jamás se festejan las conquistas sobre otros pueblos.

3.4.9.3 La fiesta de la liberación de los pueblos que cantan, bailan, corren, saltan, exhaltan en alegría, son las fiestas de la salida de la prisión de la opresión. La fiesta política de los hermanos que crean la patria nueva; la fiesta erótica de la pareja que encuentra el orgasmo plenificante en el mutuo servicio desenajenante; la fiesta pedagógica de los jóvenes de la rebelión juvenil, cuando pareciera que ya tocan con la mano un mundo más justo, más humano en el cual puedan entrar sin ser reprimidos. Esa fiesta, la fiesta que festeja Nicaragua, el 19 de julio de 1979, bajo la conducción del FSLN, es fiesta de liberación.

3.4.9.4 No se trata de la fiesta que simplemente pone un paréntesis dominical al trabajo de la semana. No es el juego de naipes que en su apragmidad nos hace vivir un como cielo en la tierra, sin responsabilidades ni justicia. Ese juego de la puesta entre paréntesis (*Einklammerung*) es fenomenológico; es el juego del circo, de los payasos que alegran a los otros y lloran bajo la máscara su soledad y angustia. Esta es la fiesta de los dominadores; querrían poder olvidarse de la vida cotidiana porque, aunque aparentan ser los triunfadores, saben que todo es ficticio, fetiche.

3.4.9.5 El culto supremo, la praxis misma de la liberación, otorga la alegría suprema. La fiesta del pueblo que se libera es la fiesta infinita, inconmensurable, la que mide toda otra alegría y la que permite seguir viviendo. Es un derramarse sobre la historia la Alegría del Absoluto.

4. DE LA NATURALEZA A LA ECONOMICA

Lo que llevamos ganado en las dos partes anteriores (2 .3.), los seis niveles de reflexión (proximidad, totalidad, mediaciones, exterioridad, alienación y liberación) en cuatro situaciones metafísicas (política, erótica, pedagógica y antifetichismo), deberá ahora implantarse en las cuatro distinciones de la proxemia, óntica o filosofía del ente. El discurso multiplica por cuatro el grado de complejidad ya alcanzado en 3.

4.1 NATURALEZA Y ECOLOGIA

4.1.1 Sentido de la cuestión

4.1.1.1 La relación práctica con el otro (3.), incluye siempre una relación proxémica o poiética persona-naturaleza. Es de esta naturaleza de la que debemos hablar aquí. La naturaleza no es el cosmos (2.3.3.1) ni la cultura (4.2.4). La naturaleza no es todavía la materia del trabajo humano, que tiene un sentido, una historia, que se la opone dialécticamente a la cultura. La naturaleza, la parte del cosmos comprendido en el mundo, está formada por entes naturales (4.1.2.2). Ella es la totalidad fenoménica de la que decimos que está estructurada por un orden astronómico físico o inorgánico y orgánico evolutivo, vegetal y animal. Se trata de describir la materia potencial (C del esquema 4.1) del trabajo humano (materia de la semiótica, poiética y económica), su destrucción y regeneración ecológica.

Esquema 4.1

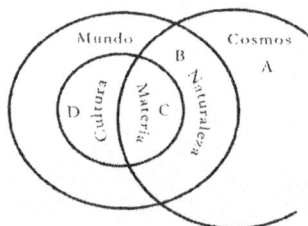

4.1.2 Naturaleza

4.1.2.1 El realismo y el materialismo ingenuo (como el de Engels) afirman que el cosmos (A) es lo primero y eliminan

Filosofía de la Liberación

la noción de naturaleza, tal como la explicaremos nosotros. El idealismo afirma el mundo y la conciencia como lo primero y confunde el cosmos real con la naturaleza mundana (B). Por su parte, la filosofía de la liberación, más allá que el realismo crítico o el pensar heideggeriano (un idealismo ontológico), supera la contradicción falsa del realismo-idealismo afirmando la anterioridad real del cosmos (*ordo realitatis*), la aprioridad existencial del mundo (*ordo cognoscendi*) y la interpretación económica de la naturaleza (*ordo operandi*).

4.1.2.2 La naturaleza es la totalidad de entes no-culturales (B) comprendidos en el mundo (2.2.7), que sin dejar de ser parte del cosmos como cosas reales (2.3.8.l), sin embargo tienen por fundamento de su sentido el proyecto histórico del mundo (2.2.3.2). La naturaleza es la realidad intramundana; es una cosa que tiene, además de esencia (3.4.7.3), sentido (2.3.8.3); es decir, es un ente natural. El ente natural es una cosa-sentido en potencia (4.2-4), o mejor y más exactamente: una cosa natural con sentido (diferenciándola de la cosa cultural o artefacto que es propiamente la cosa-sentido). La naturaleza es el fenómeno (2.2.3) del cosmos; es el aparecer del cosmos en el mundo como totalidad. La naturaleza como totalidad fenoménica está constituida por entes naturales o fenómenos: hechos naturales (5.1.3), por datos no-culturales.

4.1.2.3 Es desde el mundo, desde un mundo histórico, político, erótico o simbólicamente determinado, que comprendemos a la naturaleza e interpretamos a los entes naturales. Si hay una historia del mundo, la hay igualmente de la naturaleza. Es decir, los griegos comprendieron a la *fysis* como eterna, divina, naciente; los medievales comprendieron a la *natura* como creado (*natura naturata*), finita, sin principio de corrupción; el moderno europeo comprendio la *nature* o *Natur* como siendo la materia observable matemáticamente (desde Galileo) o explotable económicamente (desde la revolución industrial). La naturaleza, junto al trabajo y el capital, es el origen del mítico progreso civilizador. Se entenderá ahora lo que se quiere indicar cuando se dice que la naturaleza es políticamente interpretada: es hermenéuticamente visualizada desde el centro o la periferia (4.1.8), desde las diversas clases sociales, desde los sistemas políticos, principalmente, como materia de un modo de producción en una formación social determinada.

4.1.3 Sustantividad física

4.1.3.1 La naturaleza, lo no-culturalizado del cosmos en el mundo (noción entonces negativa con respecto al trabajo humano), es el aparecer fenoménico de lo que es real, de suyo, anterior al mundo como orden de la manifestación, que se distingue del orden de la revelación, (2.4.5.2-3), y de la constitución real, (3.4.7.1). Kant se refirió al cosmos como el *noumenon* incognoscible (objeto del *intellectus* arquetipal creador), y a lo que nosotros llamamos naturaleza como el orden de objetos físicos constituidos por la categoría *a priori* del entendimiento. Debemos afirmar que el cosmos es realmente conocido en su constitución real (ya que el comprender derivado es real descubrimiento) (2.2.4.7), pero nunca interpretado del todo (debido a la exterioridad del cosmos y por ello habrá siempre posibilidad de una historia futura de la naturaleza). El cosmos, entonces, es conocido como fenómeno mundano; es decir, es constituido en su sentido histórico (2.3.5.6) como naturaleza.

4.1.3.2 La constitución real es concomitantemente conocida en toda interpretación verdadera de sentido. Al cosmos lo conocemos así como naturaleza. De la naturaleza formulamos modelos que nos permitan comprender lo que es el cosmos, llamaremos universo al cosmos modelizado en tanto naturaleza, pero en su nivel macrofísico, astrofísico.

4.1.3.3. Hoy, el modelo del universo más aceptable (muy diverso del pensado por Aristóteles en su *Física*, Holbach en su *Système de la nature*, Schelling o Hegel en su *Naturphilosophie*) unifica la cosmología o astronomía con la cosmogonía: el universo no es ni eterno (como para Aristóteles o Maimónides), ni incorruptible o sin cambios (como para Tomás), ni infinito en el espacio. Por el contrario, tuvo un tiempo cero; está en un espacio finito en expansión. El universo es joven, tiene abundante hidrógeno todavía. La tierra tiene edad (algo más de cuatro mil millones de años). Podemos calcular exactamente, según Ambartsoumian, la edad del sol, las estrellas, las galaxias. Podemos aún saber que las galaxias se alejan con una velocidad V proporcional a su distancia d, nos dice Slipher.

4.1.3.4 La microfísica, con su modelo corpuscular u ondulatorio, nos habla de un núcleo y electrones, átomos y moléculas, macromoléculas que comenzando por ser microscópicas terminan por ser conjuntos cada vez más complejos, astronómicos.

4.1.3.5 Todo el cosmos físico, aún antes de ser incluido como naturaleza o modelizado como universo, es en realidad un macrosistema que posee unidad, coherencia, sustantividad. Lo que queremos principalmente indicar es que es *uno*, único. Un montón de rocas no tiene sino unidad aditiva. El cosmos como totalidad real tiene unidad constitucional. Puede tener diversas substancias (hidrógeno, hierro, plomo: *substantia* o *ousía*) pero incluidas y asumidas en un sistema físico real. La unidad constitucional clausa de las notas interdependientes como sistema es la sustantividad (que no es la tradicional substancialidad) (Zubiri). En este caso es la sustantividad o unidad de sistema del cosmos como totalidad físico real. La unidad no es por funcionamiento meramente combinatorio o de complicación, sino efectivamente físico coherencial, pero no orgánico ni mecánico artefáctico. Es una sustantividad compuesta *sui generis*: el sistema cósmico, físico. La filosofía de la naturaleza debe estudiar estos temas.

4.1.4 Sustantividad viviente

4.1.4.1 La totalidad del cosmos se comporta entonces como una sola cosa; una sola realidad esencialmente constituida, de suyo, desde sí (*ex se* no *es a se*); un sistema real que es comprendido en el mundo como naturaleza. En dicha naturaleza, debemos diferenciar ahora lo meramente físico (desde la astrofísica hasta el nivel microfísico intratómico) o inorgánico y el aspecto natural de lo viviente (que comienza por ser orgánico).

4.1.4.2 Parece que los núcleos más pesados son recientes. Hay entonces una transformación en el cosmos físico, según ciertos modelos del universo. De todas maneras el cosmos astrofísico, aunque inmenso, posee una estructura relativamente simple y homogénea: en su mayor complejidad sólo está construido por macromoléculas y en proceso de entropía; transformando formidables cantidades de energía en masa, de hidrógeno en substancias atómicamente más pesadas. El cosmos físico va hacia una estabilización inmóvil.

4.1.4.3 Pero dentro de dicho cosmos surge un fenómeno antientrópico, la vida, donde una complejidad mucho mayor se deja ver en una simple célula viviente. Una sola célula tiene más complejidad que todo el cosmos, si se tiene en cuenta la funcionalidad heterogénea de las partes estructurales del sistema sustantivo constitucional viviente.

4.1.4.4 La vida, por otra parte, aparece en el cosmos. En la Tierra tiene entre tres a cuatro mil millones de años. Se origina y evoluciona. Esto plantea tres cuestiones: la sustantividad viviente, la multiplicación filética del individuo en especie y la evolución por un proceso de meta-especiación.

4.1.4.5 La sustantividad de todo el cosmos inorgánico es única: es una sola cosa. Los átomos, moléculas, conglomerados como piedras, planetas o astros, galaxias, son partes singulares de un solo sistema. Por el contrario, cada ser vivo, desde el unicelular hasta el vegetal o el animal, tiene una sustantividad relativamente individual -no tanta como en el caso del ser humano, único individuo en sentido metafísico propio: por su autonomía libre-. La sustantividad cuasi-individual de cada ser vivo tiene una unidad de sus notas constitucionales o reales con mayor coherencia y heterogeneidad funcional que el sistema físico inanimado.

4.1.4.6 La mayor unidad e individualidad viviente se deja ver en su capacidad reproductiva de multiplicarse filéticamente en especies estables, por la reproducción de nuevos individuos con identidad genética, o con iguales caracteres específicos hereditarios. El individuo se especifica (no es la especie la que se individua). Especie es el conjunto de notas constitutivas por las que una esencia constitutiva pertenece a un *phylon* determinado.

4.1.4.7 Pero las especies evolucionan. Es decir, pueden transmitir en la generación del nuevo individuo un sistema o esquema constitutivo genético con posibilidad de nueva especiación. La originación de las esencias específicas por meta-especiación es lo que llamamos evolución. De otra manera, la evolución sólo se cumple cuando se genera un nuevo individuo que posee en un sistema o esquema genético notas diferentes al progenitor y que, por su parte, puede multiplicarse como nueva especie, es cabeza entonces de un nuevo *phylon*. La sustantividad o esencia viviente es entonces evolutiva. La vida pareciera que posee lo que Bergson denominó el *"élan vital"*, o finalidad biológica, que supera la entropía y se dirige a grados de mayor complejidad. La filosofía biológica debe reflexionar sobre esta temática.

4.1.5 Sustantividad personal
4.1.5.1 Las cosas reales, las esencias individuales y específicas, evolucionan. Del unicelular a los pluricelulares; de los vegetales a los animales, de los insectos a los vertebrados; de los peces a los anfíbios y aves; hasta llegar a los vertebrados, a los insectívoros y hace setenta millones de años a los tupáyidos, a los primates. Hace más de tres millones de años aparece por fin el *homo*; al comienzo quizá el *homo habilis*, hace unos doscientos mil años el *homo sapiens* con sus razas distintas.
4.1.5.2 Sólo el ser humano tiene una sustantividad suficiente como para que pueda en realidad ser considerado una cosa individual, autónoma, separada, independiente. La coherencia sistemático-estructural de sus notas es de una clausura máxima: es la única cosa realmente totalizada constitutivamente. Y esto no sólo por poseer la nota constitutiva de una inteligencia comprensora e interpretativo-conceptual, sino más todavía por poseer la nota de una real alteridad: es una cosa para el otro. Sus brazos y miembros locomotores, sus órganos sexuales, la configuración craneal y el aparato de fonación, toda su somaticidad carnal cósica, no está sólo

organizada por su nota intelectual, sino y repetimos, por su referencia metafísica al otro. Es la apertura al otro, a la exterioridad alterativa, la que permite al ser humano ser tal, ser la sustantividad propiamente dicha.

4.1.5.3 La sustantividad física es irrespectiva, única, cerrada. La sustantividad viviente evoluciona. Desde la planta que muestra una cierta reacción dentro-fuera (por su movilidad fotomecánica) hasta los animales que puedan ya articular una relación estímulo-respuesta gracias a un sistema nervioso que se va complicando. Sin embargo, la mera sensibilidad y el primer grado de inteligencia sensorio-motriz no permiten que el individuo se separe distinta y autónomamente de la especie. Sólo en el ser humano por su sistema nervioso, que tiene una coherencia relacional incalculable por los catorce mil millones de neuronas de la corteza cerebral, es posible la experiencia de la proximidad de la totalidad-exterioridad y el manejo de las múltiples mediaciones en la totalidad del mundo.

4.1.5.4 No se piense, sin embargo, que el ser humano aparece como especie pudiendo comprender, interpretar, interpelar como lo hace en el presente. En la misma especie humana hay una maduración de su esencia. Desde el homo habilis, el *pitecanthropus* o el *neandertal* hasta el *homo sapiens* actual ha habido, ciertamente, una maduración de las notas constitutivas. El ser humano bien pudo ser inteligente y no racional ni libre (como un niño es inteligente desde que nace, pero alcanza su racionalidad al fin de su niñez, y la libertad en su adolescencia). De la misma manera el ser humano debió afirmarse principalmente al comienzo como especie totalizada, mínimamente individualizada como exterioridad separada, distinta, como otro. En el *homo sapiens* el dominio de la racionalidad debió afirmarse ya claramente como exterioridad libre, independiente, autónomo; pudiendo así ser sujeto de la pulsión de alteridad y de una semiótica comunicativo-relacional complejísima (p.e., la lengua humana).

4.1.5.5 En el hecho de su independencia, de la clausura libre y exterior de la sustantividad humana, estriba que cada individuo humano sea distinto y no meramente diferente

(3.3.3.3). La especie humana no está constituida unívocamente por individuos diferidos de una identidad. La especie humana está formada por individuos distintos, cosas que operan historia (*res eventualis* y no meramente ente natural). El contenido de la especie es analógico, con semejanza pero con distinción individual (y no mera diferencia). Es una especie que tiene historia, historia mundial; son individuos que tienen biografía. Toda la metafísica de la exterioridad y la liberación pende de la *sui generis* constitución real de la sustantividad humana, clausura absoluta, libertad, responsabilidad, totalidad separada e independiente con función semiótica ante la totalidad del cosmos físico o viviente y aún ante todos los restantes individuos de la especie humana. La única cosa libre, que tiene mundo; el otro. La filosofía antropológica clarifica estas cuestiones.

4.1.6 Lo ecológico y el éros

4.1.6.1 Es esa cosa real, que se refiere esencialmente al otro como exterioridad pero con unidad analógica específica, y por ello en estructuras sistemáticas sociales (clases, naciones, etc.) o formaciones sociales (con modos de producción), el ser humano, la única que por su libertad y separación podía volverse, reflejarse, sobre las cosas para comprenderlas en su mundo. El desplegar un mundo (2.2) es una nota constitutiva real del ser humano. Incluir en ese mundo las cosas cósmicas físico-vivientes es lo que aconteció desde que el ser humano es ser humano, en el momento mismo de su aparición. Por ello la naturaleza es tan antigua como el ser humano. Su primera circunspección (2.3.5.5) del cosmos constituyó en naturaleza la parte comprendida del cosmos (B del esquema 4.1).

4.1.6.2 Aquella primera naturaleza no pudo ser sino inhóspita, causa de terror (por los fenómenos naturales tremendos, por la ferocidad de las fieras, por la incomprensibilidad de sus hechos): el frío, el hambre, la soledad, el desconcierto. Atacado en toda su piel, la naturaleza se avanzaba amenazante a la erótica.

4.1.6.3 La naturaleza como paisaje, como lugar donde vestir, comer, habitar, como horizonte todavía sin fronteras; la naturaleza agreste, salvaje, caótica... es la naturaleza erótica, donde el ser humano hará su casa: ecológica entonces (ecología como economía derivan del griego y significan casa: *oikía*). Se origina así la dialéctica ser humano-cosmos, el surgimiento de la naturaleza como *habitat*.

4.1.6.4 De esa naturaleza toma el ser humano, por ejemplo, la madera, la que, por el invento del fuego, es calor, seguridad, luz (3.2.8.1). En esa naturaleza descubre la caverna como casa; la piedra como puerta; los frutos de la tierra como alimento; los animales que llegará un día a pastorear para reponer sus proteínas. Naturaleza nutricia, acogedora, protectora, materna. Es la bella naturaleza del esplendor de las auroras y atardecer; de los riachos de las montañas; del cantar de los ruiseñores; de la bravura de los mares; del perfume de la rosa...

4.1.7 Lo ecológico y el capitalismo

4.1.7.1 Pero la naturaleza, que era como un jardín, se ha transformado por la especie humana en un inmenso basurero. El ser humano, que habitaba respetuosa la *terra mater* y le rendía culto, la transforma en la modernidad europea en pura materia de trabajo -aunque los románticos lancen la "vuelta a la naturaleza", lo mismo que los hippies-. La naturaleza divina de los griegos, o la "hermana tierra" de Francisco de Asís, es ahora interpretada como un ámbito de pura explotabilidad: *homo naturae lupus*. ¿Lobo? Infinitamente peor que el lobo que en nada ha destruido la naturaleza.

4.1.7.2 En efecto, la naturaleza como materia explotable, destruible sin límite, rentable, causa de aumento del capital, un momento más de la acción dominadora del señor (que obliga al esclavo a trabajar esa naturaleza), es una parte de las interpretaciones obvias del centro (de Europa primero, pero ahora igualmente de Estados Unidos). Este cambio de actitud ser humano-naturaleza culmina en la revolución industrial y llega a alucinantes proyecciones en el estado actual del capitalismo monopólico, sociedad de superconsumo y superproducción agresivo-destructiva de la ecología natural (claro que como mera mediación de la previa destrucción del ser humano oprimido de la periferia). La naturaleza de diosa es ahora materia prima industrial: hierro, petróleo, café, trigo, carne, madera.

4.1.7.3 Los conglomerados industriales transforman el jardín en basurero. Los desechos de las fábricas matan a los peces y los vegetales de los mares; enrarecen la atmósfera con gases asfixiantes; destruyen a los productores naturales de oxígeno (¡Estados Unidos roba a la periferia hasta su oxígeno, porque consume más del que produce!). El Club de Roma en sus informes indica que hay recursos naturales no renovables; que la contaminación aumenta; que la especie humana se multiplica; que los alimentos se reducen y que nos acercamos a un colapso ecológico gigantesco. La naturaleza podría exterminar a esta especie que se ha tornado irracional por su sistema económico. La naturaleza, que pareciera permanecer pacientemente pasiva, responde con una lógica natural que no permite réplica: ¡El que me destruye se destruye!

4.1.7.4 Pero el sistema tecnológico-económico de la formación social capitalista no pareciera inmutarse. Lanzado por su propio discurso al máximo de ganancia, y por ello de consumo-producción y viceversa, el imperialismo continúa su tarea devastadora. ¿Hasta cuándo? ¿Hasta qué limite?

4.1.8 Ecología y liberación de la periferia

4.1.8.1 La naturaleza, la tierra, su biósfera y atmósfera, han sido heridas mortalmente. El segundo informe del Club de Roma nos indica que el crecimiento no es lineal sino orgánico (es decir, las regiones del centro resistirán mejor las crisis; las de la periferia morirán antes); sin embargo, las crisis son ya mundiales, y tocarán a todos los seres humanos de todas las regiones. Sin embargo, los responsables políticos, económicos y militares del sistema destructor de la naturaleza hoy, en el mundo, son las potencias desarrolladas del centro, ya que contaminan en más de un noventa por ciento la tierra (aunque no poseen el treinta por ciento de la población mundial). Ese centro industrial jamás se autodeterminará a reducir su crecimiento, porque sería el fin del sistema cuya esencia se cifra en un irracional crecimiento acelerado. ¿Acaso algunos milagros tecnológicos regenerarán el equilibrio ecológico? ¿O quizá los románticos y moralistas consejos del Club de Roma convertirán a los viejos lobos en bondadosos corderos? No pareciera, y la solución, si algún día se alcanza, llegará por otros caminos.

4.1.8.2 En el "Modelo Mundial Alternativo" formulado en la periferia contra el Club de Roma (en la Fundación Bariloche, Argentina), se parte de otros supuestos, que de todas maneras se deberán perfeccionar.

4.1.8.3 ¿No será que una nueva actitud persona-naturaleza es ya imposible para el capitalismo en la etapa del desarrollo en que se encuentra? ¿No será que modelos de relación persona-naturaleza más pobres, menos destructores, menos consumidores, más económicos, más pacientes, más respetuosos de la naturaleza, sólo podrán surgir en pueblos que no han llegado al grado contradictorio de la tecnología dentro del capitalismo? ¿No será que la ruptura del sistema destructor se producirá cuando las relaciones persona-persona sean redefinidas? O ¿no será que las naciones ricas eliminen a las pobres simplemente para postergar su muerte?

4.1.8.4 Pareciera que en el momento en que los pueblos periféricos exijan por sus materias primas (naturaleza trabajada por el siervo, el oprimido, el dominado), como ha sido algo ficticiamente fijado en el caso del petróleo, un precio justo, el de sus "entes naturales" no manufacturados, en ese momento todo el sistema estallará. Claro que antes podrán aún exportar hacia la periferia sus industrias "sucias" y asegurarse el control de las menos contaminantes y más complejas. Antes lucharán, asesinarán, reprimirán por sus ejércitos imperiales. Pero, al fin, llegará la hora. De todas maneras, es sólo en la periferia, en Asia, Africa y América Latina, donde puede imponerse una regeneración de la relación con la naturaleza... si todo no es ya demasiado tarde.

4.1.8.5 La liberación política de la periferia pareciera ser entonces la condición esencial de la posibilidad de la regeneración del equilibrio ecológico natural, si se trata de liberación, de afirmación de la exterioridad cultural y no sólo de imitación del proceso económico y tecnológico destructivo del centro. Sería la auténtica humanización de la naturaleza, la cultura en la justicia.

4.1.8.6 Es ya tiempo que se busque un fundamento metafísico a los "Movimientos ecológicos", los "Movimientos por la paz" de Europa y Estados Unidos y a los "Movimientos de liberación" en el Tercer Mundo. Dicho fundamento es la vida, la vida del planeta, la vida humana como el ser mismo que es puesto en peligro por el armamentismo del centro y por la injusticia en la periferia. El sistema capitalista, al no poder distribuir la superproducción, no puede usar la gran capacidad productora instalada -ello produce desempleo, esto impide tener recursos para comprar mercancías, y la falta de compra disminuye todavía la posibilidad de producir. La manera en que las empresas compensan la pérdida del *profit* no realizado es la producción de armamentos. Los armamentos (medios de muerte y no de producción de vida o consumo) ponen en peligro de total extinción, a la vida de los seres humanos del planeta, y son usadas para reprimir y asesinar a los movimientos de liberación que se organizan en la periferia. Así, la Vida -en peligro por los misiles atómicos y en la periferia por el hambre y la injusticia- enfrenta la lógica del *profit* y la guerra, con los movimientos ecológicos y pacifistas en el centro, y en El Salvador con las armas en mano.

4.2. SEMIOTICA

4.2.1 Sentido de la cuestión
4.2.1.1 Una filosofía del ente tiene dos aspectos: la descripción del ente natural (4.1) y del ente cultural (la poiética). Denominamos ente cultural aquella mediación (2.3) que es fruto de la producción humana. El cosmos aparece como naturaleza desde sí, de suyo; es real con anterioridad al mundo. Los entes

culturales, fruto de la relación persona-naturaleza, se sitúan en un nuevo nivel: la cultura. Son signos, productos o artefactos. La proxemia u óntica estudia estos entes. La totalidad de estos entes la hemos denominado cultura. A aquellos que significan a personas u otros entes: signos (los estudia la semiótica filosófica); los entes, operaciones y sistemas que se ocupan de la coherencia funcional o formal de los productos: artefactos o entes que portan valor de uso (4.3).

4.2.1.2 La semiótica filosófica incluye muchas disciplinas clásicas en filosofía (lógica, filosofía del lenguaje, de la comunicación, etc.). Es una filosofía del signo y la comunicación, donde "lo dicho" emerge desde "el decir" y la revelación interpelante de la proximidad y la justicia.

4.2.2 Sin palabras

4.2.2.1 La proximidad pragmática del cara-a-cara (2.1), la acronía inespacial de la inmediatez, el junto al otro, con el otro, en el mamar del niño, en el beso de los amantes, en el "¡Salud!" fático de la fiesta de los hermanos que se liberan, en la danza de la alegría, no hay palabras; reina el silencio o la música. El silencio denso de la plenitud donde se originan las palabras. En el origen de las palabras está el otro, en su decir por su presencia (no por su substancia: ousía, sino por su revelarse: parousía). La protosemiótica es un decir inefable: no dice todavía algo; ¡no dice nada!, se dice a sí mismo en su presencia próxima. Es la epifanía de la sinceridad. No es la verdad sino la veracidad, la fidelidad, la veritas primas: develación, desnudez ante el otro, responsabilidad callada ante el que nada puede decirse porque simplemente se está ahí, de cuerpo entero, junto a...

4.2.2.2 Tan esencial es para la semiótica (semeioen en griego significa, signo, señal, testimonio) la proximidad pragmática originaria, que sin la proximidad no podrá surgir el sistema de los signos que se elaboran y producen (la poíesis semiótica) como puente que atraviesa la lejanía en la comunicación (4.2.5).

4.2.2.3 De hecho, la persona nace demasiado pronto; esa su prematureidad llega a tal punto que ciertos centros nerviosos producen hasta el ochenta por ciento de sus neuronas después del nacimiento del niño. La proximidad materna, su calor, caricia, alimentos, susurros, enriquecen a tal punto el reciente mundo que permiten una mayor y mejor constitución de la urdimbre encefálica. La proximidad, entonces, llega a constituir físicamente al otro; proximidad que en el nivel erótico, político o pedagógico reactualizará por el orgasmo la alegría, el entusiasmo, la relación primera y última que alienta toda la vida humana y su función semiótica. La *poíesis* semiótica ¿qué es sino el restablecer de alguna manera la proximidad?

4.2.3 Expresión

4.2.3.1 La lejanía entre una persona y el otro exige producir signos de comunicación; el restablecimiento de la proximidad a distancia. Como el pastor de las montañas que con silvidos se comunica con su compañero. Expresar, como cuando se exprime una naranja, es expulsar con presión hacia el exterior lo que está en el interior. Así como el comprender, interpretar, percibir tienen una pasividad propia, el expresar exteriorizando semiótica y pragmáticamente es su actividad correlativa.

4.2.3.2 Entre los animales existe una cierta semiótica; son capaces de emitir señales que indican (carácter meramente deíctico de la señal) ciertos estímulos. Así, la danza de las abejas señala o muestra la distancia y dirección del alimento. Las señales filogenéticas instintivas o las adquiridas (en el ámbito de la inteligencia sensitivo-motora-animal) están ligadas a requerimientos de la especie pero no son propiamente signos ni son interpretados en su sentido.

4.2.3.3 La persona, sólo la persona, tiene una función semiótica o una poíesis simbólica, ya que el signo (el significante) remite a un significado (el sentido interpretado) y por ello a un mundo (4.2.4). La persona por ello, "el viviente que tiene habla (*lógon*)", que se expresa, que posee la capacidad apofántica: dice algo acerca de algo. "Lo dicho" es el fruto óntico de la función semiótica. .

De la Naturaleza a la Economía

4.2.3.4 Dicha expresión tiene un código categorial, una como programación de principales objetivos. El código tiene como un nivel esencial, genético, constitutivo o filogenético (hereditario), una como *innate mental structure* diría Chomsky, que se comporta inicialmente como una *generative grammar* que va progresivamente madurando sus funciones (Piaget) hasta llegar al individuo adulto. Además, dicho código, es también cultural (herencia sociohistórica) (Lévi Strauss). Esta aprioridad del código expresivo nos remite al problema de las categorías de Aristóteles (ligadas a la lengua griega) o a las de Kant (ligadas a juicios, es decir, algunos tipos de predicaciones).

4.2.3.5 El niño, por ser humano, descubre muy pronto el sentido del signo; es decir, la referencia del signo o significante a un significado. Por ello, la dimensión semántica es como la inversión de la posición veritativa del ente o cosa. La cosa se muestra, se manifiesta, se descubre. El descubrimiento de la cosa, del ente es la verdad. La verdad es un ir de la cosa a la interpretación; la función significativa o semántica es un ir de la interpretación al signo. Verdadear es la contrapartida del significar.

4.2.4 Totalidades significativas
4.2.4.1 El mundo es la totalidad existencial cotidiana (2.3). El mundo queda expresado intencionalmente como totalidad interpretada (2.2.5) o totalidad de sentido. Este último es el nivel del concepto o signo mental (cuyo contenido es un aspecto real de la cosa o simplemente el sentido del ente). Por su parte, la totalidad de sentido se expresa por totalidades significativas (o significantes). Las hay de muchos niveles (como p.e., el sistema de señalización de las rutas de una nación), pero la fundamental es la lengua. Por lengua entendemos una totalidad de momentos significantes formada por unidades elementales en un momento de su historia, que expresan fonéticamente (o por escrito) la totalidad de sentido. La totalidad interpretada representa el mundo y la lengua expresa la interpretación.

4.2.4.2 La totalidad lingüística tiene una estructura gramatical funcional, un código constituido por principios categoriales, que permite que el sistema expreso (discurso como *continuum*, oraciones, palabras) tenga una estricta lógica interna de sus unidades elementales analizables por separado (lexemas, morfemas, fonemas, merismas, etc.). La respectividad de las cosas cósmicas o la fenomenalidad del sentido mundano se reproduce sintácticamente en la lengua. Si el ente es la unidad mundana (o el sentido), la unidad lingüística semántica son las palabras (como estructura semiótica adecuada).

4.2.4.3 La relación del significante (p.e., palabra) al significado (el sentido, que se comporta como significante intencional con respecto al significado real: la cosa misma en alguno de sus aspectos) es la semántica. Todo significante tiene una denotación o un referente inmediato (el sentido), y una connotación o una respectividad por último al mundo. Lo que pasa es que el mismo sentido es respectivo al mundo y, por ello, toda denotación de algo es connotativa por último de la totalidad del mundo. De la misma manera, por la movilidad semántica del significado (que va cambiando de sentido en un mundo que es histórico), el significante ya no significa del todo en el presente a su significado, sino parcialmente. La mutabilidad del significado es lo que constituye la posibilidad de la historia de las lenguas (4.2.9.1).

4.2.4.4 La lengua, como totalidad expresiva del mundo, tiene tantas modalidades como el mismo mundo: hay lengua cotidiana (la de todos los días), lengua de culturas ilustradas, de cultura de masas, lengua de cultura popular. Hay lengua erótica (que se reproduce como lenguaje del deseo, simbólicamente, en el sueño, cuya semántica es interpretable), lengua religiosa (como muestra Roland Barthes), lengua política (que se comprende no por lo que dice sino por lo que calla, contra quien lo dice, cuando y porque, etc.), lengua técnica... "juegos lingüísticos".

4.2.5 *Tautología*
4.2.5.1 La unidimensionalidad del discurso, la

imposibilidad de descubrir otro sentido que el que se impone, el sentido único aceptado por todos, el "se" (*man*) dice aplanado se convierte en una gigantesca tautología. Se dice lo que se dice porque todos y desde siempre lo dicen. Se ha perdido el sentido del sentido y del sin-sentido. La teoría de la comunicación vigente, frecuentemente, se funda en dicha tautología; en la "presuposición" como complicidad fundamental.

4.2.5.2 Las ciencias fácticas de la comunicación presentan dicha comunicación como un hecho, sin oscuridades ni misterio. El esquema o modelo sería el siguiente:

Esquema 4.2.5.2

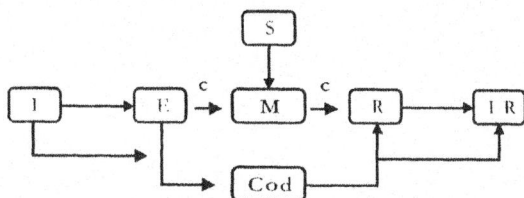

4.2.5.2 El emisor (E) envía al receptor (R) un mensaje (M) por un canal (c) que puede tener frecuentemente impedimentos o resistencia ("ruidos"). El emisor transmite una cierta información (I), que tiene como referente un significado (S), que es captada por el receptor como información recibida (IR). La información es previamente codificada (entre I y E) según un cierto código (Cod) que al ser captada por el receptor debe ser decodificada (entre R y IR).

4.2.5.3 El proceso de codificación es correlativo al de decodificación. La información a transmitirse deberá codificarse semántica, sintáctica y fonéticamente como información recibida. Todo esto puede además modelizarse matemáticamente y por medio de la informática llegar a altos grados de operatividad técnica.

4.2.5.4 Lo que estos modelos olvidan es que lo supuesto es una enorme tautología sistemática. Es decir, se acepta ingenuamente que la información puede ser decodificada, que no existen conflictos lingüísticos, sociales, políticos, eróticos. Se acepta obviamente, después de numerosas abstracciones que el comunicólogo siempre olvida (lo que lleva a confundir las estructuras abstractas con las estructuras reales de la comunicación), el sistema vigente, frecuentemente dominador, en el que todos dicen interpretar lo que se dice aunque en realidad no pueden dar cuenta del sentido de nada de lo que dice.

4.2.6 Exposición

4.2.6.1 Abordamos ahora el origen de la pragmática, el momento que subsume a lo semiótico por excelencia o más exactamente el punto de partida el hontanar u origen de las nuevas totalidades semióticas históricas. Hemos dicho que la proximidad del beso o del mamar sin palabras (4.2.2) deja lugar a la lejanía de la semiótica (4.2.3-2.5). De pronto, en el mundo de los signos, de los gestos, las señales, las palabras surge lo imprevisible, lo inesperado, lo inefable, lo que desquicia la totalidad semiótica. Alguien grita y lanza un alarido de dolor: —"¡Ayyyyy!"—. ¡No dice nada! Se erizan los pelos; un cosquilleo sube por la espalda; en expectante tensión atendemos por qué, qué, cómo es lo que le acontece a alguien. Lo dicho, el signo, desaparece: alguien hace su aparición en el hueco de la semiótica. La expresión (lo que yo llevo hacia afuera) deja su lugar a la exposición. Alguien ha quedado expuesto, como expone su carne al traumatismo, con pecho descubierto, el que va a ser fusilado. El otro se revela (*paraousía*) apocalípticamente (pragmática originaria) como siendo en su rostro, en su carnalidad desnuda, en su persona el mismo mensaje indescifrable, más allá de todo código. El "decir" como exposición anticipa a "lo dicho" como expresión.

4.2.6.2 El otro, el pobre, el oprimido, el latinoamericano, africano o asiático, la mujer violada o el niño alienado se avanza desafiante, interpelante, provocante, desde más allá (*symbolon*) del mundo. El otro en su carnalidad es la palabra primera (*dabár* en hebreo: que es palabra y cosa real), significante idénticamente significado, contenido histórico y exterioridad, metáfora biográfica, la desnudez como desvelación revelante: veracidad más que verdad. La verdad es sólo el descubrimiento del sentido o de lo que la cosa es en realidad; la veracidad es revelación sincera de lo que alguien es como alteridad (veracidad que siempre corre el riesgo de ser hipocresía, mentira, aparente autenticidad, falsía, ironía). La mera expresión del oprimido como exterioridad es siempre exposición, riesgo, valentía.

4.2.7 Ideología

4.2.7.1 Cuando la exposición del oprimido es reprimida, se impone violentamente la totalidad semiótica como dominación ideológica, como tautología fratricida, uxoricida, filicida. Cuando el europeo alienó la palabra del indio americano por la conquista del siglo XVI, las culturas del Africa y el Asia por la colonización del siglo XIX, la semiótica inglesa, francesa, española... destruyeron la palabra azteca, inca, de Ghana, la India, la China, los califatos tradicionales.

4.2.7.2 La ideología (sea política, erótica-machista, o pedagógica) es un discurso concreto que justifica la acción dominadora, ocultándola. El signo (puede ser idea, palabra, forma, imagen, sonido, perfume...) tiene como horizonte de significado sólo a la cultura imperial (3.3.6.2), neocolonial ilustrada (3.3.6.4). La cultura popular está en silencio (3.3.8); su expresión es reprimida; su exposición violada. La publicidad y el adoctrinamiento de la ideología del imperio de turno y de las oligarquías nacionales, por todos los medios de comunicación colectivos, condicionan a las masas como mercado, deseos condicionados, del sistema económico capitalista del centro.

4.2.7.3 Descubrir la cuestión de la ideología es abrir el capítulo de la semiótica conflictual (de la lingüística del conflicto) que parte del silencio obligatorio al que ha sido reducido el pueblo de la periferia, y en la periferia las clases oprimidas obreras y campesinas, la mujer y la juventud.

4.2.7.4 Tal ideológica puede ser la ciencia (5.7) como la conciencia vigente de las masas. La conciencia ideológica actual (desde las oligarquías del imperio o las nacionales dependientes, como la de las masas en cuanto oprimidas: no en cuanto exterioridad popular) es la que se funda en la totalidad semiótica vigente, dominante. Por ello un pueblo, en cuanto masa alienada, puede portar una conciencia ideológica ingenua, que acepta pasivamente la dominación sufrida. En este caso el signo no significa la realidad de la opresión: la oculta; es falso.

4.2.8 Subversión semiótica

4.2.8.1 El decir, inefable (4.2.2.1) desde el sistema significativo (4.2.5.4), más allá de la "comunidad de comunicación", que surge desde la exterioridad del oprimido, pone en cuestión la absolutización fetichista del sistema semiótico (4.2.7.1). Es decir, la interpelación provocativa de la protesta (4.2.6.1), es la revelación o indicación (*deíctes* en griego significa "indicar", "mostrar") de otro ámbito significativo. La palabra subversiva se decía en hebreo *dabár* (que no es un mero *lógos* comprensor o expresivo, sino operativo, realizativo, subversivo). La exposición (4.2.6) es la subversión lingüística como revelación del Absoluto (3.4.8.1) en la historia por la epifanía del pobre: es la "metáfora *viviente*".

4.2.8.2 La interjección como exposición del dolor del oprimido (que se articula después en las proclamaciones o manifiestos de liberación: lenguaje político crítico-subversivo), la protesta feminista de la mujer, la rebelión y hasta el insulto del joven contra sus maestros, son mensajes, palabras, discursos, textos, revelación, apocalíptica metafórica (nos arrastran hacia un más allá de la palabra dicha: hacia el nuevo mundo del que habla como exterioridad distinta). Decodificar su palabra es imposible porque su mensaje me remite a un referente que no es un mero significado óntico, sino metafísico (alguien: el otro). Indecodificable de manera adecuada, sin embargo es analógicamente decodificable por aproximación. Ello sitúa esta decodificación no al nivel de la interpretación racional de lo dado, sino el de la aceptación de su significado racional nuevo porque él lo dice (es así un acto histórico y riesgoso de fe, 2.4.8.4).

4.2.8.3 La única manera de decodificar adecuadamente

De la Naturaleza a la Economía

lo significado por la palabra interpelante, subversiva, metafórica, es realizando una acción práctica de servicio (2.6.7.3) que permite al que recibe el mensaje acceder realmente al ámbito de exterioridad donde se encuentra el otro. Lo cual significa, para el que se encuentra en la totalidad semiótica vigente, colocarse él mismo en una situación exterior, crítica, a la intemperie (por ello los genios artísticos con su bohemia, y los héroes políticos con las persecuciones soportadas y hasta con su muerte, acceden a la exterioridad, riesgo desde donde surgirá lo nuevo): ex-céntricos.

4.2.8.4 La belleza semiótica, poiética, poética, es nada más y nada menos que la exposición en el sistema del proyecto de liberación de los oprimidos: proyecto futuro del sistema vigente, proyecto actual de los oprimidos, proyecto que en un día futuro será vigente. El artista, el arte, exponen ante el sistema, metafóricamente como testigos de lo que vendrá, apocalípticamente (si apocalipsis es revelación de la palabra del oprimido), lo que el oprimido ya es. Por ello, su exposición es fea según las reglas y modas de belleza vigente; pero es innovación de la coherencia formal de los signos y por ello mismo procreación de la belleza, la del orden nuevo. La aparente fealdad del rostro del oprimido, el ajado rostro del campesino, la endurecida mano del obrero, la cara tosca de la mujer del pueblo (que no puede comprar la cosmética de la belleza vigente), es el punto de partida de la estética de la liberación, porque es la interpelación que revela la belleza popular, única belleza no dominadora y liberadora de la belleza futura. El esteticismo es la imposición ideológica dominadora de la belleza vigente, de las culturas del centro y las clases oligárquicas (que se impone por los medios de comunicación colectiva). Es la ideología de la belleza.

4.2.8.5 El máximo de conciencia crítica posible no lo poseen siempre ni actualmente las clases más oprimidas, sino que pueden tenerla las clases que, aunque objetiva o realmente no sean los más oprimidos, son sobre las que pesa el máximo de contradicciones ideológicas. Por ello el filósofo (5.9.5.1-2 y 5.9.5.8) puede expresar la crítica de un pueblo con el máximo

149

de precisión, como "intelectual orgánico" con el pueblo en la militancia, aunque pueda no pertenecer por su nacimiento, cultura, trabajo, a las clases oprimidas.

4.2.9 Liberación del signo

4.2.9.1 Una semiótica de la liberación debe describir el proceso del pasaje de un sistema vigente de signos a un nuevo orden surgido por la destrucción y superación del antiguo orden. Piénsese por ejemplo en el surgimiento de las lenguas romances, desde el latín, por la irrupción del pueblo exterior y oprimido de los germanos en el imperio romano. De la misma manera, la exterioridad periférica de las semióticas latinoamericana, árabe, africana, hindú, asiática del sudeste o china, promoverán por su irrupción en la historia (si se da un proceso de liberación política, 3.1.7-1.8) una nueva semiótica mundial y futura. La historia de las lenguas, por ejemplo, es el continuo fruto de dicha irrupción y del pasaje a un nuevo sistema lingüístico. Lo mismo puede decirse de las propuestas semióticas de las clases oprimidas (3.1.4), de la cultura femenina liberadora, de la juventud rebelde.

4.2.9.2 La praxis de liberación semiótica instaura nuevas palabras, porque innova el sentido del mundo; crea nuevos códigos culturales e históricos. La revelación expresiva del pueblo, que sólo se acoge en el silencio, es el principio de la liberación semiótica. Su motor es la movilización misma del pueblo, en cuya exposición libera la palabra provocante.

4.2.9.3 La poesía épica popular de todos los pueblos y de todos los momentos históricos es el arte por excelencia, el originario, el que habla de lo inefable, de lo nunca contado: la gesta misma de la liberación popular. Llegará el tiempo en que la poesía de Neruda o Ernesto Cardenal se transformarán en poesía clásica (la del orden vigente) y refinada (la del orden opresor y decadente). De todas maneras, el arte popular es el arte primero, la suprema expresión de la estética. Se da en la vida cotidiana, en la música, la danza, la pintura, en el teatro... Allí están los murales de Orozco, Siqueiros o Rivera, como exposición del pueblo en su gesta revolucionaria. Es necesario

De la Naturaleza a la Economía

formular una estética popular más allá de la publicidad y la moda, como arranque de la liberación del signo y como expresión de su coherencia real.

4.3 POIETICA

4.3.1 Sentido de la cuestión

4.3.1.1 La *poiética* o filosofía de la producción incluye y supone en realidad a la pragmática (4.2), pero la hemos distinguido sólo por razones pedagógicas. En esta parte nos referimos a la producción material o la relación persona-naturaleza (esquema 4.1); a la naturaleza física, al trabajo y a todos sus modos (técnica, tecnología, diseño, arte, etc.). La poiética se ocupa del ente como artefacto, como producto de transformación de la naturaleza, cultura (D del esquema 4.1). Se ocupa del trabajo productor en su más amplio sentido, superando la reducción filosófica frecuente de confundir la *poiética* con la estética o poética -la parte "limpia" de la producción humana-. Es la "razón instrumental", pero mucho más.

4.3.1.2 Hemos privilegiado al diseño porque incluye como a sus momentos integrales a la tecnología y el arte, en su más genuino sentido de integración operativa proyectual de la ciencia, y en la extensión del arte a la vida cotidiana, a los productos de uso diario. El tema esencial del diseño es el de dotar al producto de coherencia formal; incluye a la tecnología (y por ello a la ciencia en su implementación poiética), por cuanto esto significa coherencia funcional: el del valor del uso, incluye a la estética,

Esquema 4.3

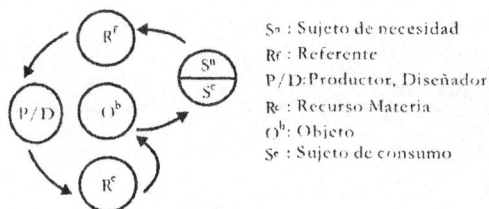

S_n : Sujeto de necesidad
R_f : Referente
P/D: Productor, Diseñador
R_e : Recurso Materia
O^b: Objeto
S_e : Sujeto de consumo

151

Filosofía de la Liberación

porque la coherencia formal, en cuanto tal, es la belleza del producto.

4.3.1.3 De esta manera la mera ingeniería mecánica, por ejemplo, y el arte genial del artista, quedan integrados en los objetos usados en la proxemia, en la cercanía de la persona-artefacto, cada día. El diseño es reciente, ya que se origina con la revolución industrial; pero es integral, porque reúne todo lo vinculado al trabajo, a la cultura.

4.3.2 De la técnica al diseño

4.3.2.1 No es lo mismo lo operativo (práctico) que lo factivo. Lo operable (*praktikós, agibilia*) es un realizar o no en la justicia la proximidad con el otro (razón práctica); lo factible (*poietikós, factibilia*) es un producir el artefacto (razón productiva o instrumental). De la misma manera hay métodos o hábitos distintos: para el conocer teórico la ciencia (5.1), para el operar práctico la prudencia (5.4); para el fabricar poiético (5.5) debemos aclarar históricamente de que se trata.

4.3.2.2 En efecto, para Aristóteles el hábito o conocer metódico del acto poiético era la *téjne* (que no equivale a nuestra técnica). Era la costumbre por la que el artesano y el artista (del albañil de Atenas hasta Fideas) trabajaba según ciertas reglas productivo-racionales (*orthós lógos poietikós*). El *lógos* de la producción es distinto del de la teoría o la práctica. El método del *lógos* teórico es demostrativo; el del *lógos* práctico deliberativo; el del poiético proyectual. El fruto del *lógos* teórico es una conclusión cierta; el del práctico una decisión justa y prudente; el del poiético un artefacto con coherencia formal (funcional estética).

4.3.2.3 Entre el Renacimiento y el siglo XVII, poco a poco, la clásica *téjne* (*ars* en latín) comienza a diversificarse. Por una parte aparece el artista, el ser humano de las bellas artes (el que expresa la totalidad del mundo, del ser, en una obra de arte 4.3.9.7-9); por otra aparece el técnico, el artesano, el que sabe fabricar artefactos (desde un palacio o catedral, hasta un carruaje, un vestido o un buen plato de comida). El maestro o aprendiz de la Edad Media se transforma en el artista bohemio que vive de los mecenas, de las Escuelas de Bellas Artes, de la venta de sus obras... o se muere de hambre; y el artesano que lentamente se transforma en el obrero especializado del mundo industrial (desde la revolución industrial de Inglaterra, aproximadamente desde 1750).

4.3.2.4 El técnico (que no es el trabajador no especializado, que trabaja sin método, hábito o *métier*), el artesano empírico perito, que incluye en su obra el arte popular o vernáculo (no el arte de las clases dominantes que expresa el artista de la belleza vigente y dominadora de los museos), poco a poco deja lugar al tecnólogo. Es decir, con la revolución industrial la técnica (desde la arquitectura milenaria) se transforma en tecnología. Aparece un nuevo *lógos*. Ya no es sólo como para Aristóteles el *lógos* artesanal del saber fabricar por haber estado en el taller empírico del maestro después de largos años de aprendizaje. Ahora se agrega a ese *lógos* (no debe faltar el *lógos* del artesano y debería estar presente en el tecnólogo) el *lógos* científico, teórico y hasta práctico (si no es cientificista, 5.7, debe también contener el *lógos* político). La tecnología es la redefinición de la técnica desde la ciencia; No es la mera aplicación de la ciencia: es, por el contrario, la inclusión de la ciencia en la acción técnica, en el discurso diverso del *lógos* poiético proyectual (5.5.2). Es una maduración del mismo discurso técnico por la participación de la ciencia. El azúcar de la caña de azúcar (ciencia) cambia de sustantividad al ser ingerida por un animal (técnica). No es lo mismo aplicar la ciencia (el animal sería aplicación de la caña de azúcar) que ésta esté incluída en la tecnología (animal con más glucosa, si vale la expresión). Es decir, la tecnología no es ciencia aplicada (teoría concretada), sino que es técnica científica (poiética que incluye en su proceso fabricativo proyectual a aquello de la ciencia que necesita para sus propios fines). A casi todos los científicos, de ciencias básicas, formales o teóricas (especialmente a los matemáticos y físicos), se les hace difícil comprender que la tecnología sea otro discurso que el teórico.

4.3.2.5 Pero además, ya en el siglo XX, surge la integración superadora de antiguas contradicciones. En efecto, el diseño (*design* en inglés procede del latín, y significa dibujar, o tensión hacia el futuro: designio, o formalizar plásticamente algo), desde los mil doscientos diseñadores que posee la General Motors para modelar el *styling* de sus autos, permite la producción en serie de artefactos cotidianos para todos los habitantes de las naciones industriales; artefactos no sólo funcionales (tecnológicos) sino adaptados al *comfort* (por la belleza de su forma, su comodidad táctil, ergonómica, etc.). Así como la ingeniería mecánica (tecnología) decide sobre la funcionalidad de la caja de cambio del automóvil, el diseñador es el que decide el lugar de esa caja (subsistema), por su relación al uso proxémico (contacto de las manos del conductor con la palanca que debe accionarse), en el sistema total. Esta responsabilidad del diseñador ya que estudia la relación directa persona-artefacto, lo constituye como el momento tecnológico-humano por excelencia. La tecnología es conducida por el diseñador, que no tiene como finalidad el mero dibujo de la cáscara o apariencia externa, sino de la coherencia formal (funcional estética) de la totalidad del artefacto, desde su inicio mismo. El diseño aparece así como la síntesis contemporánea, de la antigua *téjne*, como el hábito o método de la poíesis como tal. Síntesis proyectual, integral, unitaria, de la tecnología y el arte.

4.3.3 Negatividad de la necesidad

4.3.3.1 La persona es un ser finito, viviente. Como tal, para vivir debe reponer lo que su actividad desgasta. Es un sujeto que tiene falta de alimento (el fruto de la tierra, la naturaleza, por la agricultura, el pastoreo) para saciar su hambre, *falta* de vestido para aislarse de la intemperie, lo mismo casa para crear intimidad, etc. La *falta-de* es negatividad. Pero esta negatividad se profundiza por el apetito o el deseo del satisfactor de la *falta-de*. La necesidad es la tensión hacia el objeto que sacia y del cual se tiene conciencia de su existencia. El objeto, la mediación, surge desde la necesidad de suplir lo que falta. El estado de necesidad produce un sujeto necesitante (Sn del esquema 4.3), origen de todo acto productivo, de todo trabajo.

4.3.3.2 Se tiene entonces "estado de necesidad" o conciencia de lo deseado o de un satisfactor: el ente que puede saciar la necesidad. El satisfactor es el objetivo de un estado de necesidad. Lo que acontece en el sistema capitalista es que existe una política de producción del deseo, que se funda en el proyecto del sistema, y que crea por la publicidad un deseo o necesidad colectiva: el mercado. Ese mercado producido, no por una necesidad "natural" (que es el único que existe, lo mismo que las necesidades primarias o biológicas), sino por la propaganda, es fruto de un criterio absoluto del sistema económico mismo: adquirir la mayor ganancia con la menor inversión o producción posible.

4.3.3.3 Decimos que no hay separadamente necesidades primarias o biológicas y secundarias o culturales, porque las necesidades humanas son siempre biológico-culturales. No hay ninguna necesidad que se cumpla de una manera natural (pre-cultural), ni ninguna cultural que no sea al mismo tiempo biológico natural (según la sustantividad humana). Es tan ideológica la distinción entre ambos tipos de necesidad, como dar un valor absoluto a los valores de cambio o uso.

4.3.4 Referente, trabajo, materia

4.3.4.1 El acto productor comienza por idear en positivo lo que la necesidad en negativo exige. Las exigencias o requerimientos se van formulando ideativamente como sistemas y subsistemas funcionales de un artefacto todavía no existente, sólo posible, imaginario. A esto llamamos referente (Rf del esquema 4.3), o *eídos*: la forma a dar a la naturaleza trabajada.

4.3.4.2 Una vez esquemáticamente imaginado en sus funciones (el "fundamento ideativo tendencial posible" decía Marx), el ser humano deviene el sujeto productor o diseñante (P/D del esquema). Un *ego laboro* inmensamente más valioso, cotidiano, antropológicamente unitario y corporal que el *ego cogito*. El ser humano como sujeto productivo se enfrenta a la naturaleza (lo no-cultural) o no-trabajado del esquema 4.1 :(B) y la constituye como *materia* (C). Este materialismo poiético enuncia: el sujeto productor y el trabajo constituyen a la naturaleza como *materia* (C del esquema 4.1) (el sujeto como historia es el *a priori* de la materia, materialismo histórico que juzga como antidialéctico e ingenuo al materialismo cosmológico del "todo es materia", 3.4.8.2 y 3.4.8.3). En el acto productor la materia ("con-lo-que" algo se hace) son los recursos (Rc del esquema 4.3).

4.3.4.3 Los artefactos u objetos (Ob del esquema) que nos rodean en el mundo cotidiano, la proxemia, son entonces productos del trabajo humano. Hay mesas, sillas, casas, árboles del jardín y aún parques naturales -dejados como recuerdo de la naturaleza primigenia (4.1) anterior a la aparición del ser humano, pero dejado como parque natural, es decir, como producto artístico, como museo natural, como momento cultural (D del esquema 4.1)-. Si los entes son instrumentos producidos significa que fueron objeto de un cierto trabajo. El trabajo sobre la naturaleza (poíesis y no praxis) es la acción plena e integrada del ser humano como efector o realizador de los instrumentos, cosas-sentido, objetos de cultura, artefactos.

4.3.4.4. El acto teórico (en griego *theoría*) es contemplativo, pasivo; produce la verdad como descubrimiento de lo que el ente sea; se alcanza por la interpretación, previa demostración. Su plenitud es la ontología y la ciencia. El acto práctico (en griego *praxis*) es operativo, activo, produce la proximidad con el otro como justicia; se alcanza por la decisión, el imperio, previa deliberación. Su plenitud es la política.

4.3.4.5 El acto poiético (en griego *poíesis*) es factivo, fabricante; produce el artefacto (lo hecho con arte: arte-facto) como transformación de la cosa cósmica en cosa-sentido, instrumento. Es decir, el acto poiético o trabajo (desde el manual al intelectual, todos son trabajo y usan una cierta energía humana: desde el muscular hasta el cerebral) cambia la forma de la materia (lo que se trabaja), a la cosa real, para darle una estructura (*morfé* en griego) que sirve para: es funcional. El trabajador tiene un modelo (*eídos*) de la forma a dar a la materia cósmica, y por medio del trabajo (*érga*), en un espacio que ya no es lúdico (como para el niño) sino ergonómico, plasma con coherencia formal (4.3.5) un producto cultural.

4.3.4.6 El valor de uso no es sino lo que el trabajo ha objetivado en la materia natural y que la hace un artefacto, instrumento. Tiene valor porque sirve-para. Su funcionalidad eleva el artefacto por sobre la mera cosa real. La piedra (cosa real) del neolítico vale menos que cuando pulida sirve de punta de flecha (artefacto). La función de poder perforar la dura piel de un animal en la caza, resistiendo y penetrando, es lo que la hace una piedra valiosa: el valor de uso de dicho artefacto. El valor de uso no es intrínsecamente económico: es poiético, técnico, diseñante. Adam Smith vió bien que el trabajo es la fuente de valor de uso, pero no descubrió que no es sólo parte de la economía sino también de la ergonomía: el diseño (que incluye, como veremos, a la tecnología).

4.3.4.7 En efecto, el producto en cuanto satisfactor (el consumo hace al sujeto sujeto de consumo, Sc del esquema) tiene un valor funcional, de uso, pero, y al mismo tiempo, se lo puede cambiar por otro. Este es su valor de cambio. En realidad, el valor de cambio o el ente como mercancía, no es absoluto, sino relativo al valor de signo o significante de un status (-"¡Soy diferente al vulgo; por ello compro esto!") o una moda (obsolescencia acelerada del producto para lograr mayor ganancia) en el sistema de consumo y destrucción capitalista, de una agresividad antinatural creciente. El valor del signo de un producto, por su parte, se refiere a todo el sistema semiótico o cultural, que es el que en verdad funda el sentido de la mercancía.

4.3.5 Coherencia formal

4.3.5.1 La coherencia formal del artefacto es, por relación al sistema funcional donde se encuentra inserto (4.3.6), como la denotación con respecto a la connotación del significante (4.2.4.3). Hablamos de la cohesión o de la unidad del artefacto mismo (relaciones que se establecen en la totalidad del ente entre las partes funcionales de su estructura misma) y no, por ahora (aunque lo implica), como parte de un sistema en el cual queda definido.

4.3.5.2 Cada uno de los órganos son coherentes, coimplicantes, coordinados, apoyándose intrínsecamente en su misma constitución, partes esenciales, de un organismo vivo (del cuerpo el estómago, el corazón, el cerebro, etc.). Cada parte funcional es un órgano, que, aunque cumple una función propia (el estómago digiere, para el corazón que impulsa la sangre, etc.), coimplica las restantes en la coherente estructura del todo (el estómago digiere, el corazón impulsa la sangre para el estómago, etc.). La sustantividad real de la coherencia viviente, coimplicancia de sus notas esenciales, es absolutamente única e inimitable (4.1.4-1.5). La coherencia formal del artefacto es siempre menor; es sólo mecánica pero no viviente.

4.3.5.3 Desde ya debe entenderse que la coherencia formal no es un último ropaje que tapa o una cáscara que aparece (como el *styling*), así como la piel, los órganos y la forma del organismo vivo no son independientes. El acto tecnológico diseñante comienza analógicamente desde el origen de la proyección, como la forma del organismo comienza ya en el huevo fecundado unicelular. La piel y la forma son sólo la manifestación de los subsistemas funcionales.

4.3.5.4 Coherencia formal indica entonces un doble aspecto. Por una parte la adecuada resolución de la problemática funcional del artefacto, desde el subsistema fundamental hasta el último de los subsistemas o momentos elementales (la forma funcional). Por otra parte, la forma final del producto, forma visual, táctil, etc., es la que recibe la valoración de bella (valor estético de difícil evaluación). La coincidencia de la forma más funcional (valor de uso del artefacto) y más estética, constituye la mejor y adecuada coherencia formal del artefacto, objetivo del acto poiético o del diseño. Una buena solución tecnológica puede ser una pésima resolución real, por cuanto puede proponer un artefacto genial, desde el punto de vista mecánico, pero incómodo desde el punto de vista ergonómico. Y viceversa: puede proponerse un bello artefacto inútil aunque con la apariencia de útil (4.3.8).

4.3.6 Totalidad instrumental y lo no-diseñado

4.3.6.1 Cada artefacto forma parte de una totalidad cultural, funcional, simbólico-significante. Su coherencia formal intrínseca supone la coherencia funcional con la totalidad cultural. Su incoherencia, sea intrínseca o intrasistemática, decide en la evaluación su incompetencia o disfuncionalidad. La totalidad instrumental es lo que se llama el ámbito material de la cultura, pero dicha denominación es equívoca. En realidad es el nivel artefáctico de las cosas-sentido, que no son sólo materiales sino signos (porque portan una forma fruto del trabajo trans-formador, técnológico-diseñante, una ergonomía-estética): son cosas-sentido que significan una función y que la cumplen dentro de la totalidad de la cultura, de la semiótica, de la economía.

4.3.6.2 Habrá tantas totalidades funcionales como mundos; más precisamente, tantas funcionalidades artefácticas como sistemas prácticos. Como el artefacto es una mediación que se utiliza en la lejanía del otro (2.2), el otro es quien define los tipos de artefactos. Hay sistemas de artefactos de un nivel político (desde los caminos de una nación hasta las fábricas), erótico o domésticos (desde la casa al tenedor), pedagógicos (desde la escuela al hospital) o religiosos (como el templo o el ornamento). Cada una de estas totalidades estructuradas de artefactos predefinen en cierta manera la coherencia formal de cada producto. El sistema antecede a cada subsistema o elemento.

4.3.6.3 Para poder analizar o evaluar a cualquier producto, hay que saber situarlo previamente en la totalidad instrumental en la que se encuentra cumpliendo una determinada función. Así a un automóvil debe analizárselo dentro del sistema tecnológico industrial avanzado, que juega la función de subsistema dentro del sistema económico de consumo del imperialismo en su actual etapa, que, por su parte, es un subsistema de la totalidad política vigente (que incluye otros subsistemas como el gubernamental, el militar, etc.). Dicho pasaje de la parte al todo y del todo parcial al todo total es lo propio de la dialéctica (5.2). Sin discurso dialéctico no puede haber discurso científico o tecnológico real.

4.3.6.4 Una cosa real (la rama de un árbol) se define desde su sustantividad constitutiva (4.1.4), independientemente del ser humano, mientras que la cosa-sentido (la rama como parte de una flecha) se define desde la sustantividad humana (4.1.5). La totalidad instrumental no es sino un despligue interno del mundo, que es un momento real de la sustantividad humana. Por ello, la esencia de la flecha, y no de la madera real del árbol, es la totalidad mundana o cultural dentro de la cual cumple una función determinada (la de servir para la caza, por ejemplo): el instrumento es un momento de la esencia humana.

4.3.6.5 Cada cosa-sentido, artefacto, por formar parte de un sistema en el que recibe su definición no puede evadirse de las fronteras que fija, por ejemplo, el nivel político. Así, la cultura del centro es un sistema instrumental, lo mismo que la cultura ilustrada neocolonial. De hecho, el diseño de una nación periférica, de un sistema machista o autoritario, organiza funcionalmente los artefactos para que sean operados por y en favor del dominador de dichos sistemas. El diseño aparece así como su sistema de dominación.

4.3.6.6 Fuera del sistema vigente del diseño dominante, se encuentra todo un ámbito que es juzgado por la totalidad opresora como inculto, miserable, no diseñado. En el orden internacional es, metafísicamente, lo considerado por la cultura imperial como barbarie; en el orden nacional es lo considerado por la cultura ilustrada como vulgar, popular. El ámbito no diseñado según la medida del diseño dominador, según su tecnología y arte (medidas de belleza) es, en realidad, lo diseñado de otra manera. Para Estados Unidos las culturas latinoamericana, africana y asiática son, en el mejor de los casos, folclóricas. Para las oligarquías nacionales la cultura y el diseño de los indígenas (indios, comunidades tribales de Africa o culturas tradicionales populares asiáticas) son lo atrasado, incómodo, no moderno, rústico.

4.3.6.7 Sin embargo, si en algo habrá novedad de tecnología y diseño en el siglo XXI, dependerá de que esos ámbitos de exterioridad, no diseñados para el sistema pero en realidad con otro diseño, lleguen a expresarse de manera tal que su técnica popular tradicional ancentral pueda enriquecerse, sin perder su sentido e historia, de los elementos que crea necesarios tener que tomar de la ciencia, para que no florezca una tecnología y diseño vernáculos, propios, innovadores.

4.3.7 Exterioridad poiética
4.3.7.1 La cuestión es de pasar de una exterioridad abstracta, aunque sea como rostro, a una exterioridad concreta a través del

trabajo. El concepto de exterioridad debe complementárselo con el de "trascendentalidad interna" (2.4.8) al mismo sistema como totalidad. La exterioridad se manifiesta en el sistema como una trascendentalidad que no queda enteramente definida desde y por la totalidad; existe un *trabajo* sobrante que el sistema no sólo no puede absorber sino que niega, aliena, reprime.

4.3.7.2 El "trabajo *sobrante*", como trabajo vivo no empleado por un sistema que no sabe qué hacer con él (al contrario del comienzo del sistema, cuando el trabajo sobrante debió esforzarse para llegar a una plus-producción; no había trabajo desempleado, sino pleno-trabajo empleado) es la aparición consciente como praxis-poiética o productiva de un sujeto histórico.

4.3.7.3 La subjetividad, constituida concretamente desde la estructura del sistema, se manifiesta como subjetividad histórica (como clase emergente con conciencia de su exterioridad: por anterioridad y posterioridad: anterioridad histórica de los oprimidos al sistema; posterioridad utópica por la lucha que comienza para instaurar un nuevo sistema) en el espacio que le deja la no-coincidencia de trabajo-producto como trabajo sobrante minus-producto, es decir, tiempo perdido como desempleo, marginalidad, subempleo, que es al mismo tiempo el tiempo subversivo, tiempo en el que se toma conciencia de clase emergente y conciencia de la necesidad de un nuevo sistema.

4.3.7.4 Los sujetos históricos emergen justamente en las coyunturas donde acontece el trabajo sobrante en la crisis del sistema productivo. Exterioridad poiética: emergencia de la trascendentalidad interna de una subjetividad histórica con conciencia de ser capaz de más: sujeto de trabajo creador; conciencia de la persona; rostro que emerge y exige un nuevo sistema.

4.3.7.5 La pura negatividad de la contradicción ni es el origen ni la resolución de la dialéctica. El movimiento dialéctico es pasaje a una nueva totalidad que se da, efectivamente, por superación de la contradicción. La contradicción, sin embargo, aparece cuando

Filosofía de la Liberación

emerge el sujeto histórico de una clase como trabajo sobrante, con fuerza productiva sin uso. Emergiendo el otro en el sistema, como el Otro con exterioridad y trascendentalidad interna (trabajo sobrante más conciencia de clase como capaz de producir más, como historia anterior al mismo sistema, como pueblo), se constituye realmente la contradicción: la oposición se hace real cuando ante la clase dominante, emerge actualmente la clase dominada como clase rebelde; como clase disconforme; como *otra* clase. La negatividad o la contradicción (una clase no es la otra) pasiva, o la negatividad activa (una clase lucha contra la otra), no se origina ni se resuelve en la pura negatividad. La negatividad, tanto pasiva como activa, se origina en la exterioridad de la trascendentalidad interna, en la afirmación analéctica de la alteridad de la clase emergente, que surge realmente como distinta. Se avanza como lo inevitable, temible, nuevo. Su irrupción positiva plantea la oposición y la lucha. El sistema entra en crisis.

4.3.7.6 El proceso dialéctico como pasaje a la nueva totalidad, por otra parte, no puede apoyarse sólo en el movimiento negativo de negación, sino en la afirmación de la alteridad del nuevo sistema que surge desde la manifestación de la exterioridad del Otro en la trascendentalidad interna del trabajo sobrante.

4.3.7.7. De allí que el momento analéctico del movimiento dialéctico es el origen y la resolución de la misma dialéctica y su negatividad. El sujeto histórico, como fuerza poiética o productiva sobrante, es el origen de la afirmación de la alteridad, la manifestación interna de la exterioridad o la anticipación trascendental del nuevo sistema. Sería necesario mostrar cómo la esencia de la subjetividad estriba en poder ser origen de un trabajo sobrante más allá de la totalidad. El Tercer Mundo, miserable, "quiere" trabajar pero no tiene *cómo* hacerlo.

4.3.8 Alienación productiva

4.3.8.1 Las naciones dependientes y explotadas contemplan en su suelo la contradictoria existencia de un hetero-diseño, de una imitación inadecuada de diversas tecnologías (provenientes a veces de potencias del centro con diversos criterios poiéticos). Se ve la triste fisonomía de una aldea campesina, en la que junto al humilde asno atraviesa la calle un Chevrolet de largas dimensiones; junto al campesino con su ropa hilada por su mujer va otro vestido a la última moda occidental... La dependencia cultural, económica, política es contradicción interna de todos sus componentes instrumentales. La negación de la cultura popular niega igualmente su técnica y la posibilidad de una tecnología y diseño que planificara armónicamente la ecología de la nación, región y bienes de los grupos dependientes.

4.3.8.2 Un diseño alienado es un diseño ideológico. Ideológico no es sólo el concepto o la formulación que encubre la dominación (4.2.7). Es igualmente ideológica una forma que engaña al dominado, que lo explota; una forma que oculta la dominación en beneficio del dominador. En diseño el *styling* (estilización del producto en vista de que su apariencia fascine al comprador, mercado, y permita una mayor venta del mismo) cumple la función de forma, signo o significante ideológico. Aparenta la forma de un automóvil de gran potencia, con aletas para desviar o encauzar una posible corriente de aire; siendo que en verdad se trata de un auto de poca velocidad, duración, estabilidad. La disociación entre el valor de uso (funcionalidad estudiada en dicho caso por la ingeniería mecánica) y el puro valor de cambio y de signo de *status* (4.3.4.7), permite descubrir el profundo sentido alienante o ideológico semiótico y tecnológico. La tecnología es puesta por la estética al servicio de la ganancia económica del capital.

4.3.8.3 En las naciones dependientes hay que agregar que dichos productos ideológicamente embellecidos sólo pueden ser adquiridos por los grupos minoritarios y oligárquicamente dominadores, en perjuicio de las balanzas de pago nacionales. Es nuevamente vender oro y plata a cambio de vulgares collares de vidrio.

4.3.9 Liberación productiva

4.3.9.1 Por su parte, la liberación en el nivel de la producción tecnológica y del diseño supone una autodeterminación que sólo pueden tener los pueblos política y económicamente libres. Estas dos libertades se encuentran afianzadas en una auténtica revolución ideológica cultural que sabe valorar la producción nacional adecuada. La "tecnología adecuada" no significa tanto producir folclóricamente, de manera parcial y reformista en el sistema capitalista dominante, artefactos alternativos en pequeña escala. Un poco la solución "hippy". Se trata en cambio de comenzar por una tecnología y diseño que tenga otros criterios, los propios de los países subdesarrollados.

4.3.9.2 El primer criterio de toda tecnología o diseño de liberación en los países periféricos es el de garantizar el derecho absoluto del ser humano al trabajo. El uso de una mano de obra razonable, mucho mayor que en los países desarrollados se hace un imperativo del *pleno empleo*. El derecho a la vida se cumple no a través de garantizarse las necesidades de sobrevivencia (alimento, salud), pero en un grado de indignidad inhumano. El derecho a la vida se lo gana el ser humano por el trabajo.

4.3.9.3 Los otros criterios son: uso mínimo de capital -ya que se trata de países pobres-, uso de tecnología adecuada (aunque de punta cuando sea necesario), uso de recursos nacionales siempre que sea posible. Por ejemplo, usar uranio natural y no enriquecido para la industria atómica, para no depender de los países desarrollados que son los que pueden hasta ahora enriquecerlo. Liberación tecnológica y de diseño es un objetivo esencial y sin embargo a largo plazo. La misma China ha abandonado en parte la creación de una tecnología nacional propia, y se ha abierto a la influencia de una tecnología extranjera que trae consigo todo un mundo de destrucción y consumo innecesarios.

4.3.9.4 Queremos todavía tocar un último punto. Cuando el trabajo económico y tecnológico de los productos que portan valores de cambio, de signo y de uso se revistiera de la significación de ser idénticamente productor del valor estético de la obra de arte, cuando el ser humano trabajara la materia para fabricar un producto económico como el artista modela la misma materia para crear una obra bella, en ese momento se habrían identificado la economía y la estética. Si al mismo tiempo la justicia reinara en la política y la erótica (y por ello en la pedagógica) y ante el Absoluto, la proximidad (2.1) inmediata no dejaría ya lugar para las mediaciones (2.3); es decir, no habría ya alienación (2.5). Sería algo así como la proximidad-liberada en la política-erótica y la economía-estética. Esta utopía imposible en la historia, sin embargo, puede guiar nuestra reflexión aunque no sea más que para poder juzgar la alienación en que vivimos en nuestra época y la necesidad de la liberación en diversos niveles. La utopía escatológica es fuente de clarividencia, de praxis y *poíesis*.

4.3.9.5 Pero mientras la utopía no se realice, y parece que por definición es en este caso irrealizable, lo cierto es que la mayoría de las naciones (las periféricas, dependientes y oprimidas) y en la mayoría de sus habitantes (campesinos, obreros, marginados) el trabajo económico-poiético, el de todos los días, es un vulgar vender su ser, su realidad, su vida por un salario que ni siquiera compensa la energía gastada en dicho trabajo. En ese caso, el pueblo del mundo presente, los condenados de la tierra, viven la más monstruosa escisión entre la económica y la estética: trabajan como animales para producir artefactos que otros utilizarán; comen menos que los animales; no pueden expresar su propia cultura popular; alienan el fruto de su trabajo... Es el infierno en la tierra; la tierra que Europa fundó en el siglo XV cuando envió a los indios a trabajar en las minas para explotar el oro y la plata, a los africanos como esclavos, a los asiáticos como colonias...

4.3.9.6 Por el contrario, en el acto mismo liberador el otro recobra su fisonomía humana, la aparente fealdad (para el Occidente blanco y rubio) del indio cobrizo, del africano negro, del asiático amarillo, la mera posición del objeto sexual, de la mujer prostituida, la pasiva actitud de pura memoria del hijo que repite la cultura paterna, dicha fealdad para la belleza vigente aparecerá pronto como la más esplendorosa y ahora si fascinante (pero no fetichista) belleza. La expresión y exposición de dicha belleza, el rostro del pueblo oprimido, de su cultura, de su realidad, esto es, la estética suprema, popular. Es la coincidencia en el producto o artefacto de la coherencia funcional-estética, de la mediación como creación, de lo útil como servicio y regalo. El regalo de bodas de la erótica, el regalo merecido y trabajado de una patria nueva en la justicia. El pan, el bello y fresco y caliente y sabroso y perfumado pan realimenta la vida para el amor, para el abrazo, la fiesta, el beso... en la libertad, la del libre que se ha liberado de la prisión en realidad.

4.4. ECONOMICA

4.4.1 Sentido de la cuestión

4.4.1.1 La económica no es la "economía" sino que es la parte de la filosofía que piensa la relación práctico-productiva, la relación de la persona-el otro mediado por el producto de la relación persona-naturaleza. Por ello debe decirse que la relación económica es concreta, real, y en relación con la cual la pura relación práctica (3.) o poiético-productiva (4.2-4.3) son abstractas o faltas de realidad histórica, institucional. La "razón práctico-comunicativa" (Habermas) o la "razón tecnológica" o "instrumental" son abstractas en relación a la "razón económica". Debe considerarse, entonces, que las relaciones prácticas son abstractas cuando no están mediadas. La relación práctica cara-a-cara, como momento metafísico en la justicia, es sin embargo la última instancia de la relación económica. Toda producción, distribución, intercambio o consumo se hace por alguien (y éste es el momento práctico-metafísico de la económica, siempre, en todos los sistemas o concepciones económicas). La "razón instrumental" es subsumida por la "razón práctica" en la económica.

4.4.1.2 La económica es entonces la relación del ámbito práctico-comunicativo (política, erótica, pedagógica y antifetichista) con el poiético o productivo (semiótica, tecnología, diseño, etc.). Sin trabajo (ámbito productivo) no hay proximidad (práctico), pero no hay poiética sin referencia práctica. La unidad de ambos ámbitos es la economía: *alguien* regala, vende, compra, roba... *algo* a *alguien*. El primer "alguien" es el punto de partida de la económica, el sujeto económico, el "algo" es el producto de un trabajo; el "otro" es el término de la relación práctica, ahora económica. El "paradigma del lenguaje" queda subsumido en un "paradigma de la vida".

4.4.1.3 La económica estudia los mecanismos de la producción concreta, del intercambio, distribución y consumo de una estructura social dada y las interdependencias entre sus mecanismos y aquellas estructuras. Todo esto en cuanto sistemas vigentes y su puesta en cuestión: en cuanto a la alienación del otro en el nivel productivo-práctico, y su liberación.

4.4.1.4 Se ha caído frecuentemente en el economicismo (olvido de los momentos prácticos o poiéticos, un "paradigma productivista"), o en posiciones ideológicas que niegan la consistencia de lo económico (idealismo que justifican la opresión económica al quitarle aparentemente su consistencia: como el caso de Scheler que coloca a los valores espirituales en tal grado que desvirtúa a los materiales: comer, vestir, habitar...) Ambos extremos deben ser superados por una economía con sentido metafísico, donde lo práctico-productivo tiene una unidad propia que procede de la esencia humana de la misma relación. Un cierto "politicismo" (Habermas) olvida igualmente aprioridad de la "corporalidad" económica.

Esquema 4.4

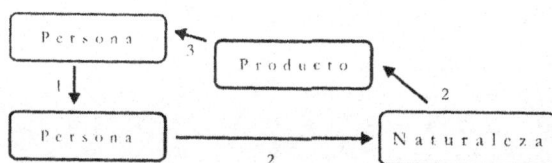

1. Relación práctica-comunicativa
2. Relación productiva
3. Relación práctica-productiva o económica

4.4.2 Económica originaria

4.4.2.1 Desde que la persona es persona recoge o produce a partir de la naturaleza lo necesario para cumplir sus necesidades (poiética), pero siempre en grupo, en familia, clan, tribu, sociedad (práctica). La originariedad de la doble relación (práctico-poiética) hace de la económica una experiencia primaria de la persona: la persona intercambia lo necesario para la vida. Aún el primer mamar inocente del niño es, ya lo hemos dicho (2.1.3.2), una económica utópica: el intercambio de alimento sin trabajo (por parte del recién nacido).

4.4.2.2 La económica utópica del dar alimento al niño y el mamar de éste, tiene su prolongación todavía indiferenciada en las economías primitivas, en las cuales la humanidad durante cientos de milenios de años cumplió en cada individuo todas las funciones del grupo: cazar, recolectar, pescar, hacer el nido o acondicionar el lugar del *habitat*. Productos simples, comunidad primaria. La mediación práctico-productiva de nómadas, perdidos en una naturaleza inhóspita e infinita. El ser humano producía y reproducía la vida del grupo. Aún en estos casos los productos de unos (que portan valor de uso) se cambiaban ya por el trueque con los otros miembros del grupo (apareciendo así el valor de cambio en el mundo de relaciones económicas). Poco a poco era un grupo el que intercambiaba con otro. La inteligencia humana supo bien pronto distinguir entre el valor de uso (el "para-qué" del producto) y el valor del cambio (la capacidad de un producto de intercambiarse "por-otro" de otro).

4.4.3 Sistemas económicos

4.4.3.1 Los intercambios humanos (a partir y como concreción de sistemas productivos y prácticos) fueron lentamente creciendo con los milenios, se fueron sistematizando; reproduciendo, destruyéndose a veces o imponiendo su dominación o hegemonía otras. La totalidad práctico-productiva garantiza así la sobrevivencia (*modos de apropiación y producción* de la vida humana). La distinta manera de relacionarse sus términos, el distinto contenido de la relación misma, fue generando en la historia diversas maneras o modos de la totalidad práctico-productiva: en unos casos permanecían en su simplicidad primitiva (clanes o tribus nómadas de cazadores, pescadores, recolectores), en otros comenzaron ya a ser plantadores, hasta que unos ocho milenios antes de Cristo algunos grupos alcanzaron la agricultura, otros el pastoreo, otros mejoraron las técnicas de la caza y las transformaron en métodos guerreros. Comenzó el tiempo de las totalidades práctico-productivas complejas o modos de producción neolíticos.

4.4.3.2 Por el dominio de la técnica de la guerra (por ejemplo la domesticación del caballo y el uso del hierro), los indoeuropeos dominaron políticamente (prácticamente) a los pueblos agrícolas del valle del Indo, de la Mesopotamia, la Turquía actual, Grecia, Italia, Europa en general. Un ser humano dominó al otro (dominación práctica) y se apropió del producto de su trabajo. Esto de dos maneras; o porque se definió como propietario del ser mismo del otro (esclavitud) y por ello poseyó su vida, su trabajo y el fruto del trabajo, o exigió que se le diera una parte de su trabajo (sistema tributario). Las combinaciones posibles son numerosísimas, pero las totalidades, práctico-productivas, económicas, o modos de producción de la vida del grupo, se pueden reducir hasta el siglo XV a estas dos.

4.4.3.3 Por la crisis del siglo XIV, Europa sufrió el colapso del feudalismo (sistema tributario recesivo); esto coincidió poco después con la apertura colonial. Gracias a la renta del campo y del dinero procedente de las colonias, Europa vio nacer un nuevo sistema práctico-productivo: el capitalismo. En el siglo XVIII, el mercantilismo se hizo industrial, y el producto como mercancía comenzó a reinar.

4.4.3.4 El ente de la economía capitalista es la mercancía: el producto que porta esencialmente valor. Sería ideológico pensar que la mercancía o el valor de cambio son un momento absoluto; por el contrario, son relativos a una totalidad que los explica y sustenta: el sistema capitalista. El sistema económico, entonces, tiende siempre a un proyecto (en el capitalismo un "estar-en-la-riqueza" por la valorización del capital), al fundamento desde el cual se abren las posibilidades o mediaciones que son como los puentes que nos permiten acceder a su realización. Dichas mediaciones en la económica son los productos o frutos de trabajo humano (4.3.4.5), que se los ha elaborado, justamente, como mediación para un proyecto. Desde el más simple, el alimento (el fruto de la tierra, la naturaleza, por la agricultura: cultura del agro), para saciar el hambre. En el capitalismo, sin embargo, todo producto es producido para cumplir primeramente no una necesidad, sino para ser mediación de aumento del capital, de ganancia: es mercancía antes que satisfactor. La mercancía, entonces, como mediación nos remite al sistema económico como totalidad. Toda la realidad económica se cumple en un sistema concreto; sea microeconómico (como el ámbito de la economía erótica o la empresa industrial), macroeconómico nacional, regional o mundial. En realidad los sistemas menores no son sino subsistemas del sistema económico mundial, hoy ya real y vigente por la gestión imperialista de los capitales y las dimensiones planetarias de los conglomerados trasnacionales; el sistema hegemónico es el modo de producción capitalista actual, central, que Wallerstein describe históricamente.

4.4.3.5 Si todo lo económico se da en sistema, descubrir el fundamento del sistema es lo que nos permite explicar las partes desde el todo. Es necesario saber elevarse de lo abstracto (la parte: la empresa, por ejemplo, o la nación) a lo concreto (el todo histórico: la economía nacional o mundial). La referencia última de todo sistema económico es el trabajo humano todavía no diferenciado; digamos: *la laboriosidad*, el trabajo en cuanto trabajo (formulación indeterminada, incondicionada, indivisa de la relación ser humano-naturaleza). En cada sistema histórico concreto, o formación social compuesto por uno o varios modos de producción, dicha laboriosidad (el trabajo como trabajo) produce el ente, el trabajo cristalizado u objetivado (el producto como producto).

4.4.3.6 Por su parte, un modo de producción es siempre un momento interno o subsistema de una formación social histórica. El modo de producción incluye como hemos dicho, por una parte, una relación persona-naturaleza (un tipo técnico-artesanal o tecnológico de trabajo, 4.3.4 y 4.3.2.5), por otra, una relación persona-persona (práctica, entonces, 4.1). El modo de producción, no sólo práctico (por ejemplo la relación señor-esclavo) ni tecnológico (la metalurgia de la Edad del hierro), sino propiamente económico (5.9.3.5), en tanto es la unidad entre la práctica y la tecnología y viceversa. Contra el economicismo diremos que el modo de producción no determina absolutamente lo político o tecnológico, sino que es la condición necesaria condicionada (por la política y tecnología) y condicionante (de ambas).

4.4.3.7 Las formaciones sociales son las estructuras concretas que se organizan histórica y realmente por un modo o varios de producción; siendo uno de ellos dominante y otros sometidos a él. Las formaciones sociales actuales, por su parte, están dominadas por el modo de apropiación y producción social capitalista, como sistema mundial y central. Las formaciones sociales periféricas, de América Latina, mundo árabe, Africa negra, India, Sudeste asiático (exceptuando China, ya que es una formación socialista propia), tienen modos de producción diversos y hasta contradictorios. Hay modos de producción comunitario primitivo, tributario en ciertas zonas, hasta feudal y esclavista en otros, o del pequeño comerciante simple, pero asumido paulatinamente en el modo de producción capitalista dependiente y periférico. Por ello, las formaciones sociales periféricas deben analizarse teniendo en cuenta los momentos precapitalistas y la época y la forma de la agresión del capitalismo (sea mercantil, industrial, imperialista de primera o segunda forma).

4.4.3.8 El contenido histórico-concreto del fundamento define un sistema o formación social. Así el sistema capitalista queda adecuadamente definido por el hecho de que la división del trabajo termina por cristalizarse en un capital que obtiene una plusvalía del trabajo productivo del obrero industrial del centro y de la periferia. Esta descripción dialéctica y ontológica define el comienzo de la explicación o la economía como ciencia.

4.4.3.9 Lo metódico es descubrir que todo producto, mercancía o ente económico se encuentra siempre en un sistema económico o totalidad que puede ser descrita dialécticamente (5.2), desde las partes al todo, y científicamente (5.6) desde el fundamento a sus elementos constitutivos. Esto acontece desde los sistemas del lejano paleolítico o neolítico, hasta la sociedad industrial o posterior.

4.4.4 Exterioridad económica

4.4.4.1 Como en todos los momentos anteriores de nuestro discurso, porque es la realidad misma la que lo impone, surge siempre un momento que no se encuentra comprendido en el sistema. Un momento asistemático, disimétrico, anárquico, una como anaeconomía (como hay un anaedipo o una analéctica). Un más allá del sistema económico vigente. Sin lugar a dudas, lo anaeconómico o la exterioridad del sistema no puede ser sino lo que no ha sido incluído en dicha totalidad. Es lo que guarda autonomía, independencia. Se le denominará, porque no tiene valor para el sistema (recuérdese que valor es la mediación en cuanto tal), es decir, en cuanto ni está en el proyecto del sistema ni puede manipularse como una de sus mediaciones: las economías de la pobreza, del pobre, de las clases oprimidas, las naciones dependientes, subdesarrolladas, "incivilizadas"... en aquello en que no han sido absorbidas por el sistema.

4.4.4.2 Es fácilmente aceptable que los sistemas tributarios, con los que se enfrentaron las potencias coloniales europeas desde el siglo XVI en América Latina, Africa y Asia, eran totalidades económicas exteriores a lo que poco después sería el centro. Lo que es más difícil es seguir descubriendo dicha exterioridad en la periferia después del choque conquistador, colonizador, imperialista. Los sistemas económicos anteriores se transformaron en subsistemas subsumidos en el sistema vigente. Modos de producción dominado o secundario en las formaciones sociales periféricas. Sin embargo, siempre sigue habiendo exterioridad económica, porque hay distintas estructuras (entre indígenas, africanos, asiáticos, masas populares), distintos procedimientos de cambio, distinta significación (el valor de cambio es símbolo cultural o un signo de *status*, 4.3.4.7) del producto, porque, simplemente, hay exterioridad cultural (3.3.3-3.4). La cultura nacional (3.3.8.2) y la cultura popular (3.3.8.3), sujeto humano productor, como exterioridad, instauran una económica de la exterioridad. La economía no estudia sólo modos de producción materiales sino también momentos semiótico culturales.

4.4.4.3 En la experiencia económica (y por ello cultural y viceversa) de la exterioridad nacional y popular simultáneamente con respecto al centro se debe esperar alguna novedad para el sistema económico mundial. De lo contrario dicho sistema será, simplemente el fruto monstruoso de reformistas modificaciones de una totalidad que camina hacia la ruina de la humanidad y la naturaleza.

4.4.4.4 Pero, más radicalmente aún, y a un nivel propiamente esencial -como la contradicción absoluta-, el "trabajo vivo" será siempre, en cuanto sujeto libre (trabajador), el otro que el capital, exterioridad subsumida, temporalmente pero no naturalmente, históricamente pero no "eternamente". El trabajador no tiene valor (si valor es, en el capitalismo, la "productualidad-intercambiable" de la mercancía, o el carácter de "intercambiabilidad-producida" del producto del capital), porque es la fuente creadora de dicho valor: es la exterioridad a todo posible sistema económico de explotación (2.4.6.4).

4.4.5 Sistemas económicos erótico-pedagógicos y su alienación

4.4.5.1 Todo el discurso anterior puede efectuarse en el nivel de la económica erótica (temas sugeridos por Engels en *El origen de la familia* o Freud en aquello de que el trabajo es postergación del deseo) o el de la pedagógica (cuestiones tratadas, por ejemplo, por Illich bajo la hipótesis de la desescolarización o el de la muerte de la medicina). Ambos niveles no son meros subsistemas de la economía política, sino que guardan una relativa exterioridad.

4.4.5.2 En la totalidad de la familia, la casa (*oikonomiké* diría Aristóteles), se da un sistema económico-erótico. El padre sale por la puerta para volver con su salario. La mujer, alienada en el sistema machista, trabaja como "reina del hogar" -haciendo trabajos domésticos: sirvienta gratuita del macho-. Su trabajo, en las clases dominantes, consiste en aumentar el *comfort* y el consumo (ella es objetivo de la publicidad del sistema). A través de la alienación económica de la mujer se maneja la alienación familiar.

4.4.5.3 De la misma manera hay subsistemas económico-pedagógicos o servicios (escuelas, servicio social, médico, etc.). Cada uno de ellos llega a autonomizarse, y en lugar de servir al usuario lo explota sistemáticamente. El sistema médico por su terapia química produce enfermedades nuevas; exige análisis innecesarios, elimina la medicina popular más barata, aumenta los precios de los remedios... La escuela, que igualmente elimina los métodos tradicionales de comunicación educativa, se hace el único medio de educación. Con ello el pueblo queda definitivamente en la situación de analfabeto e inculto (porque no se parte de su cultura popular). Los costosos sistemas de servicios terciarios, en la periferia, no cumplen con sus funciones. Las burocracias son dominadoras.

4.4.6 Alienación económico mundial y nacional

4.4.6.1 Volvemos aquí a una tesis fundamental de la filosofía de la liberación. La expansión europea desde el siglo XVI (1.1.7.1), y posteriormente norteamericana (1.1.8.6), ha alienado las economías de los pueblos que ahora son sus neocolonias (América Latina, el mundo árabe, el Africa negra, la India, el Sudeste asiático, con excepción indiscutible de China, Vietnam, Cuba y algunos contados países). Las formaciones sociales periféricas o las naciones dependientes son dominadas por el sistema imperial. Su dominación consiste en que se extrae una enorme *plusvalía* en la relación centro-periferia. Samin Amin ha mostrado que buena parte de los beneficios reales que el centro logra en sus intercambios comerciales procede de la periferia. El trabajo del obrero y campesino de la periferia, y aún de los capitales nacionales, es continuamente sobreexpoliado. Parte del trabajo se acumula en el centro, por transferencia de valor, por medio de pago de patentes, intereses altísimos de préstamos, tecnología inadecuada, facturación falsa de la venta de los productos de las trasnacionales en los países periféricos a sus propias matrices del centro, etc. La transferencia al centro de la plusvalía del trabajo de la periferia es hoy la disimetría estructural esencial en el mundo actual. La filosofía de la liberación toma este hecho como el origen mismo de una ruptura teórico-epistemológica radical. Es en este nivel en donde se cumple la alienación humana más importante de nuestro tiempo. La alienación de las alienaciones y la condicionante de todas ellas.

4.4.6.2 Aunque de manera abstracta, pero precisa, la cuestión de la dependencia de los países periféricos, tanto al nivel de capital productivo como circulante, podría definirse así. Los países más desarrollados centrales logran "ganancia extraordinaria" en la venta de sus productos; mientras que los países menos desarrollados periféricos "transfieren plusvalía" al vender los suyos. Por la mayor "composición orgánica del capital" el país desarrollado logra producir la mercancía con un valor menor que los países subdesarrollados, ya que los países periféricos tienen menor productividad por la falta de tecnología. Al vender su producto el país más desarrollado a uno menos desarrollado, puede ofrecer sus productos de menor valor con igual precio de venta que el que logra el capital del país subdesarrollado, logrando así una ganancia extraordinaria. Por el contrario, el capitalista de la periferia debe vender su producto en el país central con menor precio que si lo vendiera en su propio país para poder competir con otros capitales en el país central, transfiriendo así plus valor (aunque logre ganancia: siendo ambos plus valor obtenido al obrero de la periferia). Este tipo de ganancia y transferencia es *vida* de los pobres de la periferia que alimenta la economía del centro.

4.4.6.3 Dicha alienación mundial, que la cuestión de la dependencia había descubierto, se dobla en el plano nacional periférico por una dominación y dependencia geopolítica interna. Ciertas regiones (las grandes capitales: Sao Paulo, Buenos Aires, México, Cairo, Bombay, etc.,) ejercen un poder sobre las restantes, alcanzando una ficticia apariencia de alto desarrollo (como p.e., las burocracias de los estados neocoloniales del Africa) que contrasta con el nivel de extrema pobreza de la mayoría de la población. La disimetría externa (imperio-neocolonias) se reproduce internamente (centro neo-colonial-campo o regiones pobres y viceversa). Es evidente que las regiones privilegiadas son las intermediarias geopolíticas del centro.

4.4.6.4 Los modelos económicos desarrollistas hacen creer que el origen del subdesarrollo es el hecho de que los países atrasados no imitan el modelo de los países desarrollados. La solución sería introducir capitales y tecnología en los países pobres (sustitución de importaciones). Esta ideología desarrollista quiere olvidar que el origen del subdesarrollo es un robo, una injusticia estructural internacional que tiene ya cinco siglos: la expoliación de la periferia por transferencia de plusvalía. No habrá desarrollo sin ruptura de la dependencia, sin liberación nacional económica, sin transformar la formación social capitalista, su modo de apropiación y producción mismos.

4.4.7 Alienación capital-trabajo periférico

4.4.7.1 La alienación esencial centro-periférica o trasnacionales-mercados dependientes nacionales, es la que se cumple por medio del capital dependiente (el capitalismo dependiente). La plusvalía capital-trabajo (es decir, el beneficio que el capital extrae injustamente de lo que le corresponde al salario del trabajo del obrero) produce en la periferia una distorsión intranacional que no sólo constituye las diferencias de clases sino igualmente impide la liberación nacional y consolida la presencia del imperialismo.

4.4.7.2 Todas las empresas nacionales neocoloniales dependen por su tecnología, al menos, de las grandes empresas trasnacionales. Pero además viven parasitariamente de su publicidad, organización, expansión. La microeconomía empresarial dependiente no es sino una mediación secundaria de la macroeconomía internacional imperial.

4.4.7.3 Los modelos económicos neofacistas dependientes

(como el brasileño, chileno o argentino en 1976: con represión social, capitalismo dependiente) o populistas (frente de clases bajo la hegemonía de la burguesía nacional y con el apoyo del proletariado, como con Haya de la Torre, Vargas, Cárdenas, Perón o Nasser) pareciera que desconocen que, en su esencia, dichos modelos permiten que la plusvalía capital-trabajo se extraiga y que además salga del país por transferencia de la plusvalía centro-periferia. Si no hay una reestructuración del sistema neocolonial, no habrá liberación económica de la periferia. Es necesario organizar un nuevo modo de producción y apropiación en las naciones dependientes.

4.4.8 Liberación económica de la periferia y sus clases trabajadoras

4.4.8.1 Se trata entonces de una antieconómica; una economía que muestre la significación ideológica de las reformas microeconómicas o de las economías desarrollistas o imperialistas. Como la alienación económica es la realización de todas las alienaciones (por cuanto esclaviza al ser humano a trabajar la naturaleza para el dominador: vaciando su ser mismo, 2.5), la liberación económica es la realización concreta de la liberación humana, proceso por el que el oprimido se lanza a un nuevo proyecto de sistema económico (objetivo f de la flecha d del esquema 2.6) por la afirmación de su exterioridad (C) (flecha e).

4.4.8.2 La liberación económica de la nación dependiente es el primer objetivo. El proyecto de liberación económica debe ser realizado gracias a modelos operativos fruto de una precisa descripción viable. Estos modelos pueden ser, esencialmente, tres: los que formulan el desarrollo por la intervención de las trasnacionales (capitalismo dependiente), por medio de la conducción empresarial de la burguesía nacional (capitalismo independiente), por la gestión de las clases populares (socialismo). Como hemos dicho, el populismo no es sino la segunda fórmula que pretende mezclarse demagógicamente con la tercera, pero que al fin cae en la primera o derivará lentamente a la tercera.

4.4.8.3. De hecho, en la periferia, las mayores empresas nacionales son del estado. Y como las burguesías de la periferia "han nacido demasiado tarde" (ya que no pueden obtener plusvalía de sus colonias, como las burguesías inglesas, francesas; ni tanta plusvalía sobre el proletariado, como explotación obrera de fines de los siglos XVIII y XIX), pareciera que el cambio de la periferia se encamina hacia un capitalismo dependiente (con política facista) o a un socialismo de transición (con política popular, democrática y nacional). Es la transición de un modo de producción a otro.

4.4.8.4 El humanismo burgués, que se apoyó en el trabajo artesanal contra la nobleza hereditaria en sus épocas heroicas, desde el siglo IX hasta la revolución inglesa y francesa, constituye como derecho humano y divino la propiedad privada y la herencia de dicha exclusividad. De esta manera pudo acumularse un cierto dinero, y acrecentarse como capital a través del tiempo, gracias a la producción industrial, y por un modo de apropiación que permitía ser poseída por las mismas manos, las mismas clases. El capitalismo reposa sobre esa fijación, cristalización institucional, posesión exclusiva de terceros y diacrónica por la herencia.

4.4.8.5 De la misma manera, una vez que algunos poseen todo y el resto nada, se decreta la libertad económica de producción, venta, compra, publicidad; la *competition*. Es evidente que el lobo grande se come al chico, según la definición de Hobbes (1.1.7.3). Por ello, la liberación del pueblo o las clases oprimidas supone restablecer primero la justicia para que pueda ejercerse la auténtica libertad económica: no la libertad por la que el poderoso destruye al débil, sino aquélla por la cual los iguales pueden elegir lo justo. Esto exigiría destruir las instituciones en cuya conservación consiste la distorsión y la disimetría de nuestro sistema económico, que permite y promueve que unos realicen ganancias con la compra del trabajo ajeno que debe venderse al mejor postor.

4.4.8.6 El sistema de la empresa capitalista, con propiedad hereditaria del capital por parte de unos y la venta de su trabajo por parte de otros, que se originó lentamente en la Edad Media en las corporaciones de maestros y aprendices, que experimentó un cambio fundamental gracias a la acumulación colonial de capitales, y que volvió a redefinirse desde la revolución industrial, financiera y monopolística, no puede imitarse ya en la periferia. La liberación de la clase obrera y campesina requiere una revolución económica completa. La filosofía de la economía debe clarificar esta problemática, la de la transición a otro sistema mundial, y ya sin periferia, más allá del modo de producción capitalista.

4.4.9 Económica de la liberación

4.4.9.1 La económica o el servicio (*habodáh*) al otro como otro, al oprimido, al pobre, a la mujer y la juventud, es la económica de la liberación; el acto por excelencia en que se realiza históricamente la metafísica (2.6.7) y el culto al Absoluto (3.4.7). Y esto, porque la praxis, el mamar pedagógico, el beso erótico, el abrazo político, la plegaria religiosa, son equívocos hasta tanto no sean probados por la mediación fáctica, real, efectiva. No se trata de oír que el oprimido tiene hambre; es necesario darle buen pan al hambriento. El pan supone el trabajo del campo, el sembrar la semilla, cuidarla, cosecharla, triturarla, amasar la harina, cocer el pan, almacenarlo, transportarlo y ponerlo en el plato del hambriento. Supone trabajo, sufrimiento, técnica, tecnología, diseño, arte... *poíesis*, justicia, estructuras, igualdad, libertad, *habodáh*, servicio, cultura y culto.

4.4.9.2 La económica liberadora es el servicio justo, la mediación realizativa del otro, la innovación técnica, tecnológica para el otro, para su crecimiento, desarrollo, felicidad. Sin económica todo es ilusión, anarquismo, utopía (en el sentido de la veleidad: anunciar lo imposible porque nos se construyen las mediaciones). La liberación no sólo supone un proyecto y un entusiasmo, sino las mediaciones planificadas, fabricadas, viables, tecnológicamente eficaces. Sin liberación económica, que supone invención desde las instituciones técnicas populares, tradicionales, nacionales, no hay liberación real. Si es verdad que la revolución política produce la brecha en el antiguo sistema, sólo con la mediación del trabajo tecnológico diseñante se organiza realmente el nuevo sistema en la justicia. Sin trabajo, y trabajo eficaz con mediación científica, no hay pan; y sin pan el pueblo no se libera... Sueña con la esclavitud en Egipto, donde al menos tenía pan... Pero sin justa distribución el pan lo guarda en el granero el opresor, no lo consume el pobre.

4.4.9.3 La económica como servicio solidario al otro, al oprimido, construye la casa, el hogar de la erótica de la mujer liberada; construye la fábrica y la asamblea de la comunidad donde todos son gestores de sus destinos iguales en la economía política; es el que edifica la escuela, la radio y la televisión... Construyen los templos y el mundo cultural, la historia... en la justicia. "Imaginémonos -ahora- una asociación de seres humanos libres...".

5. DE LA CIENCIA A LA FILOSOFIA DE LA LIBERACION

En esta parte deberemos exponer indicativamente un discurso que tiene por tema los mismos discursos de las partes anteriores (1.4), un metadiscurso. Se trata de la cuestión de los métodos, un saber avanzar por el camino (metà-ódos) de la teoría, de la práctica, de la poíesis, hasta llegar a la indicación del método de la filosofía de la liberación, e intentar así proponer un modelo del proceso propio de su discurso crítico (5.9.4).

5.1. CIENCIAS

5.1.1 La comprensión del mundo y la interpretación cotidiana es ingenua, no crítica; da a los entes un sentido obvio, desde siempre. Sin embargo es crítica, o relativamente tal, con respecto a la interpretación del sentido del ser humano llamado mítico o primitivo. Así, para los aztecas, el sol es el dios Huitzilopochtli, mientras que para el ser humano de la calle actual el sol es un astro en torno al cual la tierra gira constantemente. Por su parte, el interpretar científico es crítico con respecto a la interpretación cotidiana del ser humano de la calle, ya que puede describir al sol de manera mucho más precisa y explicativa. Por ejemplo, puede concluir que el calor que percibimos del sol se debe a la combustión de ochocientas mil toneladas de hidrógeno por segundo. Tener una visión crítica de los entes cotidianos supone una cierta muerte a la ingenuidad cotidiana y el acceso a un nivel propio dentro del cual se mueve metódicamente el ser humano de ciencia.

5.1.2 El método de la ciencia, tradicionalmente, se definía como un camino explicativo, demostrativo. Aristóteles en sus *Analíticas* explicó el proceso demostrativo (apodíctico: etimológicamente un mostrar-desde) a partir de los principios. Kant divide las ciencias sea en analíticas, tautológicas o propiamente demostrativas (las ciencias formales como la lógica y matemáticas), o en aquellas que proceden por juicios sintéticos *a priori*. Estas últimas, se determinan por sus principios, que definen las condiciones de posibilidad del conocer científico *a priori*, tanto con respecto a las categorías del entendimiento como a la materialidad de la experiencia. Para nosotros, hoy, la explicación de los hechos se efectúa desde teorías, llegándose a explicaciones o conclusiones con diversos grados de probabilidad o falsifiabilidad.

5.1.3 Las ciencias fácticas tiene como ámbito de su acción el nivel óntico; semánticamente se refiere a entes naturales (4.1.2.2). Su punto de partida son los hechos. El hecho es la nota real de la cosa por la que se actualiza o aparece en el mundo. El dato, en cambio, es el enunciado de una nota o aspecto fenoménico real de la cosa en cuanto real; es el enunciado de un momento real. Por ello, las ciencias fácticas (hecho en latín se dice *factum*) toman en cuenta como categoría esencial de su discurso a la sustantividad real, sea física (4.1.3), viviente (4.1.4) y aun humana (4.1.5); esta última en cuanto dada naturalmente, y no en cuanto cultural o histórica (5.3).

5.1.4. El proceso epistémico parte del hecho en cuanto fenómeno. El hecho es, entonces, objeto de la experiencia, por percepción o probación directa o indirecta. La ciencia no se ocupa del hecho en cuanto hecho, sino de la explicación o el por qué del hecho. Por ello, un modelo de la ciencia debe partir de una interpretación primera del hecho en su sentido cotidiano, que es inmediatamente confrontada con el marco teórico o teorías existentes.

5.1.5 Repitiendo: el modelo de la ciencia parte de un hecho, el que debe ser confrontado con el marco teórico existente *a priori*. Una vez situado interpretativamente el hecho de manera general (un *caso* a ser estudiado), se le confronta ahora con la realidad a fin de recabar datos para poder interpretar precisa y científicamente el hecho. Se descubre o no un *problema*. Si lo hay, se define clara y precisamente en un código científico apropiado. El problema es ahora confrontado con la teoría, con sus leyes, con la totalidad de sus estructuras sistemáticas. De dicha confrontación podrá o no elaborarse una *hipótesis* de investigación científica. Si es posible, la hipótesis es ahora confrontada, por medio de técnicas apropiadas que implementan en esta fase decisiva el método científico específico y según los casos, nuevamente con el hecho real, con otros hechos, con el sistema concreto y real de los mismos. De las técnicas de explicación, confrontación y probación, el método experimental, deberá sucederse una conclusión o explicación. Si se prueba la hipótesis, con grado diverso de probabilidad, se la integra a la teoría, que por ello mismo recibe alguna modificación, sea porque ha sido corroborada, y entonces tiene mayor fuerza; sea porque ha sido complementada; sea porque ha sido negada (falsabilidad). En todos los casos el nuevo marco teórico retroalimenta al marco teórico antiguo y se constituye en el nuevo marco teórico de la próxima investigación científica.

5.1.6 El principio de la lógica científico-factual no es ya el de causalidad al menos en su sentido clásico ingenuo. Podría decirse que la sustantividad real, por su propia constitución estructural, exige como principio la coimplicancia real de los hechos y datos y de la experiencia. Coimplicancia como principio y sustantividad como categoría, ambas de la realidad, diferencian a las ciencias fácticas de las puramente formales, cuyo ámbito propio es abstracto, ocupándose semánticamente de entes lógicos o de cantidad abstracta, teniendo como categoría propia la pura sistematicidad y por principio la coimplicancia formal (que no debe confundírsela con la real). Por ser tautológicas o analíticas las formales no pueden en realidad denominárselas ciencias de lo real, sino solamente método demostrativo o apodíctica *a priori*. Son metadiscursos instrumentales, mediaciones científicas.

5.2 DIALECTICA NEGATIVA

5.2.1 Si la ciencia es una explicación de datos de la experiencia por teorías, debemos ahora internarnos en un nuevo ámbito metódico que no es apodíctico o epistemático, sino mostrativo o deíctico, ya que por ser el origen mismo no puede partir desde (*apò-*) nada anterior, como lo hace la ciencia. En este sentido estricto, dialéctica es un atravesar (*dià-*) diversos horizontes ónticos para llegar de totalidad (2.5) en totalidad hasta la fundamental. Ya Aristóteles en sus *Tópicos* mostró que la dialéctica era un método más que científico, porque podía pensar argumentativamente los mismos principios de la ciencia a partir de las opiniones cotidianas (*tà éndoxa*). Por su parte Marx, en las pocas páginas sobre el método de la economía política del *Grundrisse*, describe el método dialéctico como el movimiento que se eleva de lo abstracto a lo concreto (*vom abstrakten zum konkreten anzusteigen*), hasta llegar a la más simple categoría (*die einfache Kategorie*), que no es sino el fundamento de la totalidad.

5.2.2 El ámbito propio de la dialéctica es lo ontológico; es decir, el pasaje de un horizonte de entes a otro hasta su fundamento. En el nivel semántico se refiere a sistemas concretos teniendo por punto de partida radical (o de llegada si se quiere) el mundo cotidiano, en su nivel acrítico. La categoría del método dialéctico es la de totalidad. Su principio es el de identidad y diferencia. Es decir, el método dialéctico no parte del principio mismo de la ciencia; puede pensar los supuestos de toda teoría científica, y lo hace desde el mundo, desde el nivel político, erótico, pedagógico, económico, etc.. Puede pensar a la misma naturaleza como un momento en la historia del mundo; puede cuestionar la totalidad de la ciencia. Los supuestos (lo puesto debajo) últimos son el tema de la dialéctica.

5.2.3 El proceso científico parte de la teoría y explica sus resultados: es demostrativo (muestra desde teorías). El proceso dialéctico, con respecto a la ciencia, parte de las teorías o de la ciencia como totalidad y se eleva a sus supuestos históricos, sociales, económicos. Se eleva de lo abstracto (la ciencia) a lo concreto (totalidades prácticas o poiéticas, 3.1-4.4). No demuestra el fundamento, sino que lo muestra como lo primero, por el absurdo, por sus corolarios, por su coherencia final en la identidad del sistema como totalidad, en el cual todas las diferencias (entes, partes, funciones) cobran su sentido último.

5.2.4. El método dialéctico puede usarse en todo tipo de discurso, sea político, erótico, pedagógico o antifetichista, o en el esclarecimiento de las ciencias de la naturaleza, semiótica, económica o tecnológico-estéticas. Es, por otra parte, el método ontológico en filosofía. Cada horizonte es el ser que funda todo lo comprendido en dicho ámbito. Es un método crítico con respecto al cual el método científico es frecuentemente tan ingenuo como ingenuo es el ser humano de la calle para el científico. Hemos alcanzado un cuarto nivel de discurso: después del ser humano primitivo, del ser humano de la calle y del científico está el nivel del dialéctico. Cada uno es ingenuo con respecto al posterior, y crítico con respecto al anterior.

5.2.5 Llamamos dialéctica "negativa" al método o movimiento metódico que surge desde la negación de lo negado en la totalidad, y por ello su limitación estriba en tener en la misma totalidad la fuente de su movilidad crítica.

5.3 MOMENTO ANALÉCTICO

5.3.1 Como hemos visto en 2.4, la exterioridad es el ámbito que se sitúa más allá del fundamento de la totalidad. El ámbito de la exterioridad es real sólo por la existencia de la libertad humana (2.4.6). La mera sustantividad natural del ser humano (4.1.5) adquiere ahora toda su peculiaridad, su indeterminación propia, su esencia de portar una historia, una cultura; es una cosa que se autodetermina libremente, responsablemente: es persona, rostro y misterio. Analéctico quiere indicar el hecho real humano por el que todo ser humano, todo grupo o pueblo (3.4.6), se sitúa siempre "más allá" (*anó-*) del horizonte de la totalidad. La dialéctica negativa no es ya suficiente. El momento analéctico es el punto de apoyo de nuevos despliegues. El momento analéctico nos abre al ámbito metafísico (que no es el óntico de las ciencias fácticas ni el ontológico de la dialéctica negativa), refiriéndose semánticamente al otro. Su categoría propia es la de exterioridad; por ello, el punto de partida de su discurso metódico (método más que científico y dialéctico positivo), es la exterioridad del otro; su principio no es el de identidad sino el de separación, distinción. El saber pensar, p.e. desde el hecho de pauperismo (*el pauper* como efecto de la disminución del tiempo necesario para que el trabajador reproduzca su fuerza de trabajo, por el aumento de la productividad), desde la dignidad del "expulsado" *fuera* (en la exterioridad; 2.4.6.4) del capital un sistema utópico viable futuro más justo, es una cuestión analéctica.

5.3.2 El momento analéctico del método dialéctico positivo o metafísico, cuyo ejercicio y desarrollo concreto es práctico, poiético o científico crítico al nivel de las ciencias humanas (pero no en el nivel de las ciencias fáctico-naturales en donde no hay exterioridad metafísica sino sólo sustantividad física), sigue una secuencia propia, ya descrita en cierta manera en el proceso de la revelación y comunicación en la proximidad (esquema 4.2 y No.4.2.5.2). En primer lugar, la totalidad es puesta en cuestión por la interpelación provocativa (apocalíptica) del otro. Saber escuchar su palabra (2.4.5) es tener conciencia ética (2.6.2); no poder interpretar adecuadamente dicha palabra, porque irrumpe desde más allá del fundamento, es aceptarla simplemente por respeto a su persona (2.4.8). Saber jugar hasta la vida a fin de cumplir los requerimientos de dicha protesta, y lanzarse a la praxis por el oprimido (2.6.7), es parte del proceso del momento analéctico. En la analéctica no es suficiente la teoría. En la ciencia y la dialéctica lo especulativo es lo constitutivo esencial. En la analéctica, por cuanto es necesario la aceptación ética de la interpelación del oprimido y la mediación de la praxis, dicha praxis es un constitutivo primordial, primero, condición de posibilidad de la comprensión y el esclarecimiento, que es el fruto de haber efectiva y realmente accedido a la exterioridad único ámbito adecuado para el ejercicio de la conciencia crítica). Marx escribía en el *II Manuscrito del 44*, que eran necesarios "otros ojos" para ver los "fantasmas" que deambulan en la exterioridad del capital. Prestarle oídos, y crear teorías para tal exterioridad es de lo que se trata.

5.3.3 El momento analéctico es por ello crítico y superación del método dialéctico *negativo*, no lo niega, como la dialéctica no niega a la ciencia, simplemente lo asume, lo completa, le da su justo y real valor. El método dialéctico negativo de un Marcuse, Adorno y aún Bloch, es insuficiente con respecto a la criticidad positiva de la utopía de la exterioridad política de los pueblos periféricos, de la mujer popular, de la juventud oprimida, de las sociedades dependientes. Todos los métodos que describiremos a continuación quedan definidos desde el momento analéctico que hemos indicado, sin el cual todo método es sólo científico, lo científico se reduce a lo fáctico natural, lo fáctico natural se reduce por su parte a lo lógico o matemático y esto, al fin, se degrada en el más ingenuo pero gigantescamente peligroso cientificismo (5.7.3).

5.3.4 El momento analéctico es la *afirmación* de la exterioridad: no es sólo negación de la negación del sistema desde la afirmación de la totalidad. Es superación de la totalidad pero no sólo como actualidad de lo que está en potencia en el sistema. Es superación de la totalidad desde la trascendentalidad interna (2.4.8) o la exterioridad, el que nunca ha estado dentro (5.2.4). Afirmar la exterioridad es realizar lo imposible para el sistema (no había potencia para ello); es realizar *lo nuevo*, lo imprevisible para la totalidad, lo que surge desde la libertad incondicionada, revolucionaria, innovadora.

5.4 PRACTICA

5.4.1 La dialéctica en su sentido positivo o la "anadialéctica" nos permite abrirnos a métodos que no sólo no son científicos, sino que ni siquiera son teóricos (ya que la analéctica determina un método cuyo punto de partida es una opción ética y una praxis histórica concreta). Y esto es de la mayor importancia porque, de lo contrario, no se podrá describir el estatuto epistemológico de las ciencias humanas y de hermenéutica (que guardan analogías con las ciencias fácticas pero son distintas, porque los entes naturales no son el ser humano en cuanto historia, cultura, libertad). El método práctico al que nos referimos es el de la política, no como ciencia política (5.6.1), sino como el saber operar prácticamente en el nivel de las decisiones públicas, sociales, gubernamentales, sindicales, militares; de la política como la responsabilidad del ciudadano o la profesión del político. El hábito del saber decidir políticamente fue denominado por los griegos con la palabra *frónesis* (*prudentia* en latín). Ya hemos distinguido entre práctico y poiético; nos estamos refiriendo ahora a la racionalidad metódica de las decisiones que deben saber adoptarse (*orthós lógos praktikós* decía Aristóteles).

5.4.2 Las decisiones prácticas, además del ámbito de la política, se toman igualmente en la erótica, la pedagógica y en el nivel del antifetichismo. Su punto de partida es, pasivamente, la interpelación del otro (del oprimido como exterioridad), operativamente, la negación de la negación (negación de la opresión) y afirmación de la exterioridad. La categoría esencial de este método es, negativamente (metafísicamente), la de exterioridad; afirmativa y operativamente la de liberación (y no ya la mera libertad de Kant). El principio del método práctico es el de la analogía (que incluye el de distinción, pasivamente, y el de innovación, creativamente). Se trata de una lógica operativa, que se refiere semánticamente a decisiones políticas, eróticas, pedagógicas, etc.

5.4.3 El modelo de un proceso de decisión práctica difiere, es evidente, del método científico (5.1) o del poiético (5.5). Los principios o criterios fundamentales dicho modelo expresan o el proyecto existencial vigente (el *télos* de los clásicos) o la interpelación de la exterioridad, de todas maneras se trata de los fines estratégicos de la acción práctica, se tenga o no conciencia explícita de ellos, el nivel estratégico es la luz que esclarece (u obnubila, como en el caso del maquiavelismo) todo el proceso posterior. Desde ellos se determina el *caso* como *problema* a resolver. Es aquí, como también en las fases posteriores del modelo, que debe entenderse una cuestión de la mayor importancia. El ser humano de acción, práctico, político, debe echar mano de las ciencias (fácticas, formales y humanas) para resolver más adecuadamente la cuestión de la autoconciencia de sus principios, los modos inequívocos de definir sus problemas, de maniobrar con las hipótesis alternativas, etc. En todos estos momentos le puede ser muy útil conocer y servirse de la teoría de sistemas, de la matemática de conjuntos, del uso de las computadoras, de la cibernética, etc., pero teniéndose en cuenta que este modelo no es una aplicación de la ciencia pura de la praxis, sino una utilización que realiza la praxis de aquello que le conviene de la ciencia. El discurso es esencialmente práctico y no, en cambio, un nivel concreto de la ciencia.

5.4.4 El momento esencial del proceso de decisión práctica se encuentra en el momento de la *deliberación*. Los clásicos hablaban de un argumento o silogismo práctico, por el cual se aplicaba *(applicatio o Anwendung)* el principio al caso concreto. Para ello se detuvieron griegos y latinos en describir éticamente este momento esencial de la praxis. En primer lugar, era necesario tener un buen *coup d'oeil*, "ojo clínico" de la situación real *(aisthesis)*; un uso cuidadoso de la memoria (historia, experiencias pasadas análogas, ciencias humanas, etc.); intuición de fuerzas aliadas o enemigas *(ratio particularis* propio de la *cogitativa)*; disciplina en el saber plegarse dócilmente a lo real; velocidad mental en el encontrar la solución imprevista, genial, inesperada *(sollertia)*; sentido realista o práctico *(ratio)*; perspicacia o aptitud para prever los medios necesarios en el futuro; circunspección o mirada en torno que no pierde detalles; cautela o precaución en el saber sospechar, desconfiar. Dadas estas condiciones se puede elegir el medio táctico a ejecutar. La decisión es así un juicio práctico querido; es un querer juzgado.

5.4.5 Las ciencias contemporáneas han desarrollado, por su parte, toda una implementación metodológica basándose en ciertas técnicas que pueden ayudar a saber manejar un número inmenso de variables, constituyendo modelos que permiten evaluar gran número de alternativas hipotéticas, considerando sus resultados por simulaciones muy precisas. Sin embargo, se debe tener clara conciencia que las mejores computadoras no pueden suplantar a los catorce mil millones de neuronas (con hasta sus doscientas mil conexiones de cada una con las otras) situadas sólo en nuestra corteza cerebral. El método para la mejor decisión práctica es práctico. Puede usar mediaciones científicas pero integradas en un discurso práctico que echa mano de la ciencia cuando lo cree conveniente, como lo cree conveniente y hasta que lo cree conveniente. Los científicos matematizantes, es sabido, son pésimos políticos. No es lo mismo manejar entes de razón que respetar seres humanos que se ocultan en el misterio de su exterioridad.

5.4.6 Después de la toma de decisiones es necesario *planificar* su implementación con todos los medios que la ciencia y la tecnología ofrecen hoy al ser humano práctico. Por último, se ejecuta lo decidido y se lo *evalúa*. La obra práctica efectuada se vuelca en la realidad para corroborar el sistema vigente, o para gestar un nuevo orden. En este último caso la obra es revolucionaria, liberadora. Por su parte, la correcta evaluación de la decisión ejecutada modifica el criterio práctico fundamental, que retroalimentará las futuras tomas de decisiones.

5.5 POIETICA

5.5.1 Ya hemos visto qué son el trabajo, la producción, la técnica, la tecnología y el diseño en un sentido muy general (4.3). En efecto la poíesis o trabajo productor o fabricante de artefactos tiene un método productivo proyectual. Proyectual porque trata acerca de la previsión o realización futura de un artefacto que todavía no tiene realidad. La teoría descubre lo que los entes "ya" son; la poíesis produce a los entes que "todavía-no" son. Por ello, el ámbito propio de la poíesis es óntico natural o material, como punto de partida, pero se refiere semánticamente a artefactos o al mundo cultural. La categoría propia es la de coherencia formal del artefacto; su principio operativo es el de la proyectualidad poiética.

5.5.2 Volvamos a la cuestión planteada numerosas veces con anterioridad. Es un error pensar que la ciencia pura, a partir de sus propias exigencias y por no se cuál principio de generosa expansión, aplica ella misma alguna de sus conclusiones, apareciendo la tecnología como su concreta creación. Muy por el contrario, es el discurso técnico artesanal o tecnológico el que ante una dificultad, limitación, ambigüedad, falta de precisión, echa mano, por razones técnicas, de conclusiones o teorías científicas. El proceso de la utilización tecnológica de la ciencia no parte de una intención científica, sino, por el contrario, de una decisión técnica. Veremos hasta qué punto es ideológico el procedimiento irreal que propone el modelo de la aplicación de la ciencia pura. En realidad, son las técnicas o tecnologías concretas las que han lanzado en los tiempos modernos a las ciencias a buscar nuevas soluciones a partir de nuevas teorías. Y como los principios prácticos están incluidos en los poiéticos, la política no estará ausente en el origen mismo de las ciencias, aun de las que se pretenden ser "puras", al menos en la elección de sus temas.

5.5.3 El modelo de proceso tecnológico es asumido en el diseño, que por incluir todas las dificultades del modelo tecnológico y el estético, nos permitirá descubrir el sentido proyectual productivo del método poiético (*recta ratio factibilia* decían los latinos). Como en los casos anteriores resumiremos

Esquema 5.5.2

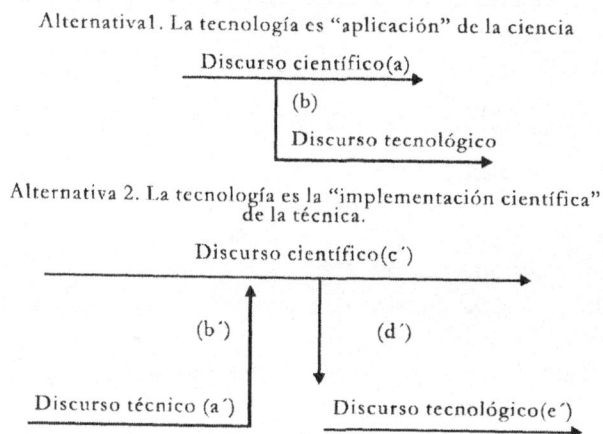

Alternativa1. La tecnología es "aplicación" de la ciencia

Discurso científico(a)

(b)

Discurso tecnológico

Alternativa 2. La tecnología es la "implementación científica" de la técnica.

Discurso científico(c´)

(b´)   (d´)

Discurso técnico (a´)   Discurso tecnológico(e´)

al mínimo la cuestión. El modelo de diseño tiene un doble marco de confrontación. Por una parte, los criterios proyectuales que incluyen como elementos implicados ciertos momentos teóricos y prácticos; al mismo tiempo exigencias del sistema o criterios vigentes, y requerimientos procedentes de la exterioridad: criterios críticos.

5.5.4 Es desde la cotidianidad que se propone una obra a diseñar, que es interpretada como un *caso* posible y definida como tal con precisión. El *caso* es confrontado con la realidad, de donde se recaban datos que permiten definir un *problema*. Confrontando con los criterios proyectuales, se abre la fase de estudio de las diversas *hipótesis* alternativas. Tomando el partido por una de ellas, se formaliza específicamente la alternativa como un *proyecto* a ser producido. La *fabricación* de lo proyectado y su respectiva evaluación cierran el proceso, cuyas conclusiones son integradas en los criterios proyectuales, y cuya obra viene igualmente a modificar la realidad. Si ha sido respuesta a requerimientos de la exterioridad se constituye como cultura nueva, inventada en el servicio del oprimido: revolución tecnológica, artística o de diseños entonces.

5.6 CIENCIAS DEL HOMBRE

5.6.1 El pasaje metódico entre las ciencias fácticas y las del ser humano (y no sólo las sociales) se ha efectuado a través del momento analéctico que permite integrar al análisis la variable *sui generis* de la exterioridad o libertad en su sentido metafísico y tal como lo hemos descrito hasta ahora. La libertad del otro no es una variable más; es una variable de distinta sustantividad, estatuto, significado. Además, desde la exterioridad ha surgido todo el ámbito práctico (político, erótico, pedagógico, fetichista) y el poiético (tecnológico, estético, diseñante), el mundo histórico cultural. De esta manera el mero hecho natural tiene ahora como contrapartida el hecho cultural, histórico. Estos hechos, los que dependen no de la mera naturaleza humana (lo dado en su mera sustantividad vegetativa animal precultural, la que por otra parte es una mera abstracción, porque todo en el ser humano es cultural e histórico) sino de una historia cultural, son objetos de una "interpretación" en cuyo método se deben introducir esenciales momentos de distinción. No son ciencias fáctico naturales, sino humanas.

5.6.2 A diferencia de los métodos prácticos o poiéticos se trata en estos casos de métodos teóricos, de ciencias entonces. Pero de ciencias cuyos objetos no son entes naturales sino seres humanos, su ámbito no es sólo óntico sino también metafísico; su referencia semántica es el ser humano en el cual la libertad es una realidad; su punto de partida es un hecho, pero un hecho ambiguo. Las categorías esenciales son las de totalidad o estructura social, exterioridad (pasivamente) y liberación (como categoría operativa). Su principio es el de coimplicancia estructural pero igualmente el de analogía en la descripción de nuevos órdenes históricos práctico-poiéticos. Las ciencias políticas (desde la sociología, el derecho, las llamadas ciencias políticas, etc.), las pedagógicas (desde la pedagogía, etc.), historia, ciencias de la comunicación, economía, etc., todas ellas no pueden usar el modelo indicado para las ciencias fácticas. En dicho modelo hay que introducir el momento dialéctico (5.2), para saber situar cada hecho en su contexto o totalidad condicionante, y el momento analéctico (5.3), para poder saber detectar las interpelaciones disfuncionales que lanza continuamente el oprimido desde la exterioridad o la utopía del sistema constituido.

5.6.3 Por ello, el modelo de las "ciencias humanas", y aun más las sociales, tiene como componente propio una opción ético-política; es una "hermenéutica". Cuando se identifican sin más las ciencias fácticas y las humanas quiere decir que se ha tomado como único horizonte de estudio el horizonte de la totalidad vigente. El funcionalismo es un claro ejemplo de identificación. Al eliminarse los momentos dialéctico y analéctico la ciencia humana, con pretensión de cientificidad, ha caído en el cientificismo ideológico.

5.7 METODOS IDEOLOGICOS

5.7.1 La cultura del centro nos tiene acostumbrados a la oposición obvia entre ideología y ciencia (Althusser). Cuando hay ciencia no puede haber ideología. Esta exclusión es ella misma ideológica: la totalidad de un discurso metódico, teórico, científico, puede ser ideológico, no por su intrínseco desarrollo (aunque también) sino por su pretensión, por su punto de partida, por su proyecto, por el hecho de servir de mediación a un contexto que lo explica y le marca su sentido. Por ello, tanto la ciencia fáctica y aun el método dialéctico, las ciencias humanas, y los métodos prácticos o poiéticos pueden *ser ideológicos*. Veamos en qué situación todo acto humano (teórico, práctico, poiético y sus respectivos métodos) y sus obras (sean ideas, palabras, signos, formas, decisiones, artefactos, etc.) se torna ideológico.

5.7.2 Toda mediación significante, semiótica, es ideológica cuando oculta, y por ello justifica, la dominación práctica que el ser humano ejerce sobre el ser humano (en el nivel político, erótico, pedagógico o fetichista). Es decir, toda teoría o significante teórico, toda práctica o significante práctico, toda poíesis o significante poiético en función de encubrimiento de la dominación ideológica. Por ello, puede ser ideológica la ciencia, la praxis, la tecnología, el arte, el diseño, etc. Necesitamos entonces neologismos: cientificismo, tecnologismo, esteticismo, politicismo, eroticismo, pedagogismo, etc., expresan la posición ideológica de diversos métodos, que es el que ahora nos ocupa.

5.7.3 La ideología es así el conjunto de expresiones semióticas que encubren la dominación; cuando son metódicas la justifican más acabadamente. La función ideológica, en su esencia, es la relación del signo o significante como justificación de dicha praxis dominativa. Por ello, cuando es científica es más ideológica que nunca. La ciencia, por ejemplo, cuando prescinde de sus condicionamientos sociales, económicos, políticos (condicionamientos dialécticos), y cuando olvida su estatuto ético, convierte su ciencia en

cientificismo. Cree que tal como está constituida la ciencia
tiene autonomía absoluta; sería válida en todas partes; sus temas
se habrían originado por las exigencias internas del discurso
científico; que podría ser imitada por todos los países del globo
como una mediación pura, incontaminada, neutra. Oscar
Varsavsky u Orlando Fals Borda han demostrado el sentido del
discurso cientificista. El mismo Althusser cae en el error de no
descubrir el sentido concreto ideológico de la ciencia del centro,
y de su propia filosofía.

5.7.4 La ciencia y la tecnología son necesarias para el
proceso de liberación de las naciones periféricas y las clases
populares. pero la peor lacra y peso para la inteligencia y el
desarrollo son los cientificistas que importan ciencia
pretendidamente incontaminada (en la pretensión estriba su
cientificismo y en su desubicación la incapacidad de ser
viables), y los tecnologistas que predican la necesidad de
importar tecnología (con lo cual introducen una técnica extraña,
criterios práctico-políticos, económicos y poiéticos que son los
que causan esencialmente el neocolonialismo en el que se
subdesarrolla la periferia mundial), en vez de inventar o
rediseñar con criterios prácticos y poiéticos nacionales, propios,
populares. Las ideologías metódicas son las más ideológicas,
porque fundamentan científicamente la praxis de la
dominación. El científico que no logra articular realmente el
ejercicio de su ciencia con los condicionamientos efectivos y
dialécticos de la política, descubrir su autonomía *relativa*, y
que no sabe escuchar claramente las interpelaciones que lanza
contra el sistema el pueblo oprimido, es un cientificista. Ejerce
ciencia, es verdad, pero para encubrir y justificar la dominación
que el centro y las clases opresoras ejercen sobre las naciones
periféricas y los pueblos oprimidos.

5.8 METODOS CRITICOS

5.8.1 Ante las ciencias fácticas, y en su propio ejercicio,
se puede poseer una conciencia crítica de los temas, de sus
condicionamientos, del uso que pueda hacerse de los resultados.

Filosofía de la Liberación

Todo ello permite al ser humano de ciencia, con conciencia ético política, poder dar cuenta responsable de sus actos. Esa conciencia crítica le permite no ser un cientificista, pero no constituye a la misma ciencia como ciencia crítica, ya que por tener por objeto entes naturales y no seres humanos en cuanto tales, su criticidad es dialéctica (por sus supuestos como hemos dicho) y no intrínseca. Por el contrario, en los métodos prácticos (político, etc.), poiéticos (tecnológico, etc.), en las ciencias humanas, y como veremos dentro de poco en la misma filosofía, la criticidad es intrínseca al objeto específico del método, porque se trata del ser humano. Si sólo se toma la totalidad dialéctica como último horizonte, la crítica puede sólo y por último afirmar el proyecto del sistema. Por el contrario, si se parte de una interpretación de justicia de la exterioridad, la misma totalidad funcional es puesta en cuestión por exigencias y en vista de la construcción de un nuevo orden, futuro, utópico, pero ya proyecto actual en el pueblo. El mismo Marx, teniendo siempre ante los ojos la utopía (el "Reino de la libertad", la "asociación de seres humanos libres", etc.), abre un ámbito de referencia analéctica desde donde puede desarmar críticamente la ciencia económica de un Smith, Ricardo, Malthus, etc. Sin ese ámbito de exterioridad era imposible una "crítica de la economía política", o, lo que es lo mismo, una "economía política" crítica.

5.8.2 El maquiavelismo o facismo político, el pedagogismo dominador de los sistemas educativos, el tecnologismo imitativo, el cientifiscismo del funcionalismo sociológico, etc., es decir, el establecer el propio sistema como único, suficiente, fundamental, definitivo, constituye al método en ideología, en alienación de la inteligencia, en mediación de dominación. Por el contrario, una socioeconomía que parte de la cuestión de la dependencia como Samir Amin, una sociología de la liberación como la que propone Fals Borda, una psicología que cambia sus principios para estudiar las patologías de los países dominados como Frantz Fanon, o de las clases populares, una historia que describe el proceso protagonizado por los oprimidos, una ciencia política que desenmascara el estado imperial (en torno al poderoso *National Security Council*, que coordina en el secreto más absoluto las actividades del Pentágono, el Departamento de Estado, las trasnacionales y la CIA, con relación a cuyo poder el Congreso de los Estados Unidos es tan impotente como el Senado de Roma ante el emperador Augusto), una tecnología y un diseño que formulan criterios de liberación industrial nacional contra la pretendida tecnológica universal y el *styling* de las trasnacionales (que pretenden máxima ganancia para el productor, máximo de capital y tecnología para disminuir al mínimo el uso de la mano de obra, con un despilfarro y destrucción agresiva de los recursos no renovables), una ciencia humana crítica es auténticamente ciencia porque puede dar cuenta de la totalibilidad con una conciencia máximamente crítica posible en esta formación en la que vivimos. Sólo el que puede interpretar los fenómenos del sistema a la luz de la exterioridad puede descubrir la realidad con mayor lucidez, acuidad, profundidad. Sólo los métodos críticos, los que se constituyen en un proceso anadialéctico (desde la exterioridad, *anó-*, se produce el despliegue, *diá-*, de la comprensión de un nuevo horizonte, *lógos*), son hoy aptos para investigar provechosamente en favor de las naciones periféricas, de las clases populares.

5.9 FILOSOFIA DE LA LIBERACION

5.9.1 Sentido de la cuestión
5.9.1.1 El método de la filosofía es teórico analéctico, no es intrínsecamente práctico ni poiético, aunque está condicionado por ambos. El método ontológico o dialéctico *negativo* no es suficiente, y además, cuando se lo supone como el de la filosofía primera, justifica el sistema y funda toda teología. El método de la filosofía de la liberación sabe que la política es la filosofía primera, porque la política es el centro de la ética como metafísica (la exterioridad *ético-metafísica*, 2.4 y 5.3, se concreta privilegiadamente en la política 3.1), superando así la mera ontología (2.4.9). Entre la ciencia en situación ideológica o cientificismo y la ciencia crítica existe

una análoga diferencia como la que se da entre la filosofía de la dominación, del sistema u ontología, y la filosofía de la liberación.

5.9.1.2 En la periferia, y en especial en América Latina, además de las filosofías ontológicas (como la fenomenología, el existencialismo, etc.), hay filosofías que, al absolutizar uno de los accesos posibles a la realidad, permanecen en posición ideológica. En primer lugar, la filosofía analítica cuando pretende que con solo estudiar lógica, filosofía del lenguaje, epistemología o filosofía de la ciencia, ya ha dado cuenta *de todo* lo que pueda pensar la filosofía en su posibilidad de crítica política e histórica. Es necesario asumir la valiosa filosofía analítica dentro de un marco político y dialéctico positivo que la abra al ancho mundo de la realidad de los oprimidos, como naciones, clases y personas.

5.9.1.3 En segundo lugar, el marxismo por la cuestión de la dependencia nos permite descubrir la transferencia de plusvalía centro-periferia, distinguiendo las formaciones sociales del centro y las de la periferia. Pero es necesario aún colocar a la cuestión de la dependencia en un marco histórico, real, concreto. La especificidad o exterioridad periférico nacional (3.1.3) no se explica sólo por el hecho de sufrir la dominación imperial, sino por una historia nacional. De no ser así se cae en una nueva ideología, y, sobre todo, cuando no se está articulando históricamente a las clases populares.

5.9.1.4 En tercer lugar, numerosos análisis histórico filosóficos de la periferia, con inmenso material positivo, tienen necesidad de un marco teórico o estructura bien trabada de categorías hermenéuticas. La interpretación histórica sin un preciso marco categorial puede caer en un historicismo sin hipótesis de lectura y, sobre todo, sin conclusiones esclarecedoras para una praxis de liberación, nacional y popular. El cientificismo de la filosofía analítica sin marco político, el marxismo cuando no tiene marco histórico y articulaciones reales con el pueblo en el estado de conciencia en que se encuentra, y la historia sin marco teórico, son las tres posiciones en las que cae y puede caer la filosofía de la periferia en nuestros días.

De la Ciencia a la Filosofía de la Liberación

5.9.1.5 La filosofía de la liberación pretende asumir dichas posiciones desde una actitud creadora, pero no ecléctica. Pretende proponer un discurso que incluya orgánicamente los discursos enunciados, sin desnaturalizarlos, sino más bien dándoles su profundo sentido. Pretende además, histórico filosóficamente, superar el fisiologismo griego, el teologismo medieval y el conciencialismo moderno del centro, para discernir una antropología, una filosofía que tenga como pivote central al ser humano como libertad, como exterioridad, como persona, como oprimido. Por ello la política, en su sentido ético metafísico, es su mismo centro; claro que política popular de las clases explotadas.

5.9.2 Problema e hipótesis de la filosofía de la liberación

5.9.2.1 De todos los hechos de la experiencia mundana cotidiana, la filosofía de la liberación debe interpretar a uno como el que puede originar su propio discurso. En los tiempos recientes, a partir de 1965 aproximadamente, se fueron levantando entre los filósofos latinoamericanos algunas voces que se preguntaban lo siguiente: ¿Es posible hacer filosofía en países subdesarrollados? Poco después la pregunta se formuló de otra manera: ¿Es posible filosofar auténticamente en una cultura dependiente y dominada? Es decir, los hechos del subdesarrollo y de la dependencia, y el de la filosofía, aparecieron como excluyentes o difícilmente incluyentes. Los hechos se transformaron en problema, en el problema central de la filosofía de la liberación. ¿Es posible una filosofía latinoamericana? Con el tiempo creció: ¿Es posible una filosofía latinoamericana, africana, asiática: del mundo periférico?.

5.9.2.2 El desaparecido Augusto Salazar Bondy, del Perú, respondió valientemente: ¡No! No, porque una cultura dominada es aquélla en donde la ideología del dominador ha sido adoptada por el dominado, por el colonizado diría Memmi. El problema se agotaría en una negación rotunda. Sin embargo, hay otra posibilidad; la posibilidad afirmativa, pero, en este caso, se transformaría en una hipótesis de trabajo.

5.9.2.3 Esta hipótesis fue lanzada por un grupo de

pensadores del cono sur de América Latina, en Argentina, bajo el título de "Filosofía de la liberación". La hipótesis es la siguiente: Parece que es posible filosofar en la periferia, en naciones subdesarrolladas y dependientes, en culturas dominadas y coloniales, en una formación social periférica, desde las clases explotadas, sólo si no se imita el discurso de la filosofía del centro, si se descubre otro discurso. Dicho discurso, para ser otro radicalmente, debe tener otro punto de partida, debe pensar otros temas, debe llegar a distintas conclusiones y con método diverso. Esta es la hipótesis. El presente trabajo pretende ser un bosquejo de lo que debiera ser un marco teórico filosófico provisorio primero de un tal discurso. Es decir, es necesario no sólo no ocultar sino partir de la dismetría centro-periferia, dominador-dominado, capital-trabajo, totalidad-exterioridad, y desde allí repensar todo lo pensado hasta ahora. Pero, lo que es más, pensar lo nunca pensado: el proceso mismo de liberación de los pueblos dependientes y periféricos. El tema es la misma praxis de liberación; la opción por dicha praxis es el comienzo de un protodiscurso filosófico. La política intro-duce a la ética, y ésta a la filosofía.

5.9.3 Marco teórico filosófico

5.9.3.1 Este corto trabajo, este libro, es un primer, lejano y provisorio intento de describir resumidamente algunas tesis posibles de lo que debiera ser un marco teórico filosófico de la filosofía de la liberación. El marco teórico de la filosofía debe incluir las categorías esenciales, los momentos necesarios del discurso que se establece con dichas categorías teniendo en cuenta la realidad (mundana y cósmica, como naturaleza o cultura). Este marco es el punto de partida de la interpretación en cuanto interpretación, y no en cuanto a lo interpretado.

5.9.3.2 Dicho marco teórico es, él mismo, un discurso, aunque abstracto. Comenzamos su despliegue por la *historia* (1); descripción de un hecho, la filosofía misma en este caso, por su desarrollo en la historia humana. Es necesario, sin em-bargo, tener siempre en cuenta en la descripción histórica todos los demás temas del marco teórico. Lo propio de una descripción histórica de la filosofía de la liberación es el uso de categorías tales como centro-periferia, clases opresoras-clases populares; toda descripción deberá tener presente un método histórico que considere a las ideas como ideologías o como críticas antideológicas. Hoy es imposible, por ejemplo, evitar el problema de la ideología imperial de la *national security* que justifica el ejercicio de un poder geopolítico mundial.

5.9.3.3 En segundo lugar, se interna el discurso en lo que pudiera ser llamado: la *metafísica*, si ésta es ética, o ética, si ésta es metafísica (2), donde se describen las categorías, en el menor número posible pero suficiente, que nos permitirán continuar el discurso para dar cuenta estructural de la *omnitudo realitatis* (la realidad en su sentido pleno). Entre dichas categorías hay unas como prioridades: la fundamental es la totalidad (ontológica) (2.2); la primera es la de exterioridad (metafísica o ética) (2.4); la de proximidad (2.1) se explica por la de exterioridad; la de mediación (2.3) es una esfera óntica (que no es la de sustantividad, 4.1.3-1.5, que es cósmica o real); la de alienación (2.5.) es puramente negativa, pasiva; la de liberación (2.6) es la categoría anadialéctica operativa, para explicar la cual hemos necesitado todas las anteriores (y a ella la necesitamos para describir la praxis de liberación histórica, real, la que cumple el pueblo y que es el objeto central de nuestra reflexión).

5.9.3.4 En tercer lugar, el discurso da cuenta del nivel que podríamos denominar: la *práctica* (3). En ella hay momentos privilegiados, como la política (3.1.) y la erótica (3.2.); como mediación entre ambas la pedagógica (3.3.); y como total acabamiento el antifetichismo (3.4), que se cumple en los tres anteriores como absolutización o crítica al sistema político, erótico o pedagógico. Guardan entonces diversas relaciones coimplicantes por exterioridad.

5.9.3.5 En cuarto lugar, la *poiética* (4) o la filosofía de la producción continúa el discurso intrapráctico (o condicionado por la praxis), como relación ser humano-naturaleza, partiendo de la naturaleza (4.1) y de la categoría de sustantividad, para abrirse al primer ámbito de la poiética: la expresión de significantes, signos, la semiótica (4.2.). Por su parte, así como la pedagógica era mediación entre la política y la erótica, así la económica (4.4) es la mediación primordial entre la práctica y la poiética o tecnología (4.3.) La política da criterios prácticos a la economía; la economía da los criterios fundamentales a la tecnología o al diseño. Pero, por otra parte, la tecnológica (por ejemplo, la Revolución Industrial) condiciona la economía, la que por su parte condiciona a la política. Cualquier ingenua simplificación es igualmente ideológica (4.4.3.6)

Esquema 5.9.3.5

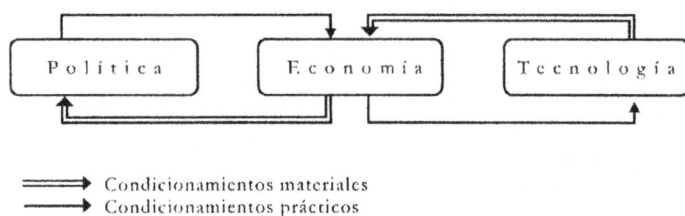

⟹ Condicionamientos materiales
⟶ Condicionamientos prácticos

5.9.3.6 El marco teórico filosófico se cierra en la reflexión sobre el mismo discurso, en el metadiscurso metodológico. Los objetos de los que se ocupan. Hemos así recorrido las ciencias fácticas y formales (5.1.), el método dialéctico negativo u ontológico de la totalidad (5.2.), el momento analéctico o de la exterioridad (5.3.), los métodos prácticos (5.4.) o poiéticos (5.5.), de donde hemos indicado el estatuto de las ciencias humanas, la hermenéutica (5.6.). La alienación metódica es la ideología en sus diversos niveles (5.7), y su contrario los métodos críticos (5.8). Entre los métodos críticos se encuentra la filosofía de la liberación. Su método no es operativo ni productivo, es teórico o especulativo; a diferencia de las ciencias fácticas o formales no sólo se ocupa del ámbito óntico, sino igualmente del ontológico; a diferencia del método dialéctico negativo se ocupa también del ámbito metafísico o de la exterioridad. Su tema entonces es la *omnitudo realitatis*: todo. Su punto de partida es una opción ético-política en favor del oprimido de la periferia: respeto por la exterioridad del otro, geopolítica y socialmente hablando, escucha de su palabra. Las categorías esenciales que usa en su discurso han sido descritas en 2, y en 4.1. Su principio es el de analogía (y no sólo el de identidad y diferencia). La lógica de la liberación todavía debe ser escrita; se hace cada día más necesaria.

5.9.4 Un modelo para la reflexión filosófica

5.9.4.1 En la primera línea de este trabajo indicábamos que este marco teórico filosófico se dirigía al que se inicia en filosofía. En efecto, su finalidad es la de poder servir para que el que quiera aprender a pensar siguiendo los pasos del discurso de la filosofía de la liberación. Al que se inicia, entonces, le proponemos un modelo o conjunto de fases del desarrollo lógico, según la lógica de la liberación, del pensamiento de un tema. El filósofo debe poder pensar todo tema. Sin embargo, solo podrá, en el curso de su corta vida, pensar un número muy reducido de temas, cabalmente, profundamente, prototípicamente. Como los temas son infinitos y el tiempo corto, es necesario saber perder tiempo para elegir los temas fundamentales de la época que nos toca vivir. Es necesario saber perder tiempo para comprometerse en las luchas de los pueblos periféricos y las clases oprimidas. Es necesario saber perder tiempo en escuchar la voz de dicho pueblo; de sus propuestas, interpelaciones, instituciones, poetas, acontecimientos... Es necesario saber perder tiempo, del corto tiempo de la vida, en descartar los temas secundarios, los de moda, superficiales, innecesarios, los que nada tengan que ver con la liberación de los oprimidos.

5.9.4.2 Es decir, deberíamos describir los criterios para la elección de los temas a ser pensados. En primer lugar el criterio absoluto es: pensar un tema real, entre los reales los más esenciales, entre los esenciales los más urgentes, entre los urgentes los que tienen mayor trascendencia, entre los trascendentes los que se refieren a los pueblos, los más numerosos, los más oprimidos, los que están al borde de la muerte, muerte de hambre, de desesperación. Sin lugar a duda el tema político, económico, tecnológico, es un ciclo de temas que debe ocupar preponderantemente a la filosofía hoy. Pero y al mismo tiempo, tan importante como saber elegir un tema es saber descalificar falsos problemas. La filosofía del centro nos da una amplia gama de falsos problemas, con sus tácticas de distracción, con sutileza, modas; pareciera *a veces* los bufones del sistema que lo entretienen, lo admiran con sus ocurrencias, juegos lógicos de prestidigitación. Tales temas son los del *homo ludens* cuando otros mueran; ciertas filosofías del lenguaje cuando llegan a malabarismos que al fin reducen el grito al silencio, al no poder ya hablar ni interpelar, ni siquiera como exposición del dolor del oprimido. Los temas ideológicos son los temas que no deben tratarse, si no es para mostrar cómo y por qué son ideológicos. Algunas ontologías fenomelógicas, buena parte de la filosofía analítica, ciertos marxismos dogmáticos, son lujos, fuegos artificiales. No son temas de la filosofía hoy exigida. Una vez elegido un tema, un hecho, puede comenzar a deplegarse un discurso preciso mostrativo a veces, demostrativo otras, y siempre crítico, para dejar esclarecida la brecha, y si fuera posible el mismo camino de la praxis liberadora.

5.9.4.3. Si se tiene en cuenta el modelo esquematizado aquí, podrá comprenderse que la filosofía de la liberación, aunque es un método de un pensar teórico, guarda sin embargo analogía con el conocer práctico o poiético, porque es analéctico. Las ciencias humanas críticas se acercan aún más metódicamente a la filosofía, pero ésta guardará distancia por las diversas técnicas que usa para explicar la hipótesis. En nuestro caso el *tema* a ser pensado surge de la realidad, sea mundana o como interpelación de la exterioridad. La realidad es siempre para la filosofía de la liberación, de manera inmediata, la praxis misma de liberación, todo lo que impide o promueve. Como lo más real de la *realitas* es la *praxis*, la praxis del filósofo determina su modo de plantear el *problema*. Si es interpelado solo desde las exigencias ontológicas del sistema, todo su pensar será ideológico, encubridor. Si el problema es definido desde las exigencias de la exterioridad, será un problema real, crítico, fecundo en posibilidades especulativas, operativas. Definido el problema críticamente se lo confronta al mismo tiempo con el marco teórico filosófico, en la historia del tema y de la filosofía (1), y con la realidad a través de la experiencia, de las ciencias, de donde surgirá la hipótesis de reflexión filosófica.

5.9.4.4 Una vez determinada la hipótesis de trabajo se despliega el momento esencial del método filosófico. En primer lugar, se piensa el tema en la totalidad (2.2.). En segundo lugar, se lo sitúa como mediación (2.3). En tercer lugar se pone en cuestión desde la exterioridad (2.4.). En cuarto lugar, negativamente, se juzga o no como *alienación* (2.5.). Por último se describen las condiciones reales de posibilidad de liberación de lo pensado (2.6.). La conclusión es el claro discernimiento de un tema o hecho real (o abstracto) en toda su estructura y contexto.

5.9.4.5 La conclusión o el tema discernido, se vuelca por una parte en la realidad como esclarecimiento de la praxis o poíesis de liberación. La conclusión filosófica, entonces, fecunda y modifica la realidad (una transformación que va constituyendo la historia del mundo); pero, por otra parte, integrada al marco teórico filosófico o modifica igualmente (progreso de la historia de la filosofía). El mayor compromiso del filósofo con la praxis de liberación, y su trabajo en la definición de un marco teórico filosófico más preciso, le permitirá atacar un nuevo tema con mayores recursos, claridad, realismo, criticismo. El discurso renacerá con nuevo entusiasmo ya que sus frutos se verifican.

5.9.5 Descripción y validez de la filosofía de la liberación
5.9.5.1 Pretender describir lo que sea la filosofía de la liberación es difícil; pero intentar dar algunas razones de su validez puede ya parecer una tarea ingenua, imposible. Por ello, sólo propondremos algunas reflexiones finales, sugerencias, aproximaciones. La filosofía de la liberación es una operación pedagógica, desde una praxis que se establece en la proximidad maestro-discípulo, pensador-pueblo, intelectual orgánico, diría

Gramsci, en el pueblo. Aunque pedagógica, es una praxis condicionada por la praxis política (y también erótica). Sin embargo, como pedagógica, su esencia es especulativa, teórica. La praxis teórica, o la acción poiético intelectual esclarecedora del filósofo, se encamina a descubrir y exponer (en la exposición y el riesgo de la vida del filósofo), ante el sistema, todos los momentos negados y toda la exterioridad sin justicia. Por ello es una pedagógica analéctica (2.4 y 5.3) de la liberación. Es decir, es el magisterio que cumple en nombre del pobre, del oprimido, del otro (2.4.6), el que como rehén (Lévinas) dentro del sistema testimonia el fetichismo de dicha totalidad y predice su muerte en el acto liberador del dominado. *Pensar todo a la luz de la palabra interpelante del pueblo*, del pobre, de la mujer castrada, del niño y la juventud culturalmente dominado, del anciano descartado por la sociedad de consumo, con responsabilidad infinita y ante el Infinito, eso es filosofía de la liberación. La filosofía de la liberación debería ser la expresión del máximo de conciencia crítica posible.

5.9.5.2 Si el método dialéctico negativo permite acceder al fundamento del mismo pensamiento científico, el hecho de acceder a la exterioridad del sistema como totalidad permite poder alcanzar la máxima crítica posible. Si la filosofía de la liberación es el pensar mismo de la praxis de liberación, en la militancia como intelectual orgánico del pueblo, la filosofía se transforma en crítica de toda crítica; crítica radical, metafísica, más allá que la propia crítica dialéctica negativa. Por ello la filosofía es muerte, muerte a la cotidianidad, a la segura ingenuidad del sistema; es riesgo, riesgo de muerte, porque en este caso la filosofía se levanta, dentro del sistema, como su rehén, como testimonio de un orden nuevo futuro, y formula claramente su provocación, la misma que la del oprimido pero ahora con el mismo código del sistema dominador.

5.9.5.3 ¿Qué pertinencia tiene este pensar metódico? No argumentaremos. Sólo repetiremos lo que respondimos improvisadamente a un estudiante que en Bogotá nos preguntó en 1975: "¿Qué garantía puedo tener de la validez de esta filosofía?". Certeza absoluta, la del 2 + 2 = 4, nunca la tendrá ninguna filosofía. Pero no porque no sea metódica, sino porque el tema que piensa es el ser humano, su historia, la realidad de la libertad. Sin embargo, hay razones, muchas, fundadas para mostrar su validez. Veamos algunas.

5.9.5.4 La validez de una filosofía se muestra por su capacidad negativa, crítico destructiva. Pareciera que esta filosofía tiene una tremenda potencia destructiva, porque no sólo puede asumir los métodos críticos (como el de la filosofía analítica, marxista, de la teoría crítica, etc.), sino que además puede criticar a dichos métodos críticos, al menos desde un ángulo nuevo: desde la exterioridad geopolítica mundial; desde la periferia, que sobredetermina la dominación capital-trabajo.

5.9.5.5 En su aspecto positivo una filosofía debe poseer una eficaz capacidad teórico constructiva. Pareciera que esta filosofía llega a formular un marco teórico filosófico mínimo, aunque provisorio, que permite pensar los temas que más urgen al mundo oprimido, al pueblo, a la mujer, a la juventud.

5.9.5.6 Pareciera que los temas que trata son reales, ya que esclarecen la praxis de los militantes en el proceso de liberación de la periferia. Ante la exposición de temas de filosofía de la liberación el militante, aun el más simple y aparentemente inculto, comprende su situación, sus problemas. Recibe luz que operativiza su acción. Metafísicamente (es decir, ética y psicológicamente), es fácilmente comprensible, teniendo un poco de cuidado en el uso del lenguaje, para el ser humano sencillo, analfabeto; para el índigena, campesino, obrero, que interpreta el sentido esclarecedor de una reflexión que explica su situación real de oprimido y le esclarece, aunque no sea más que estratégicamente, un camino de liberación.

5.9.5.7 Pareciera que el discurso no se contradice, tiene una sistematicidad propia, una complicancia lógica, que es el significante de la coherencia del significado.

5.9.5.8 Desde un punto de vista histórico, empírico, si esta filosofía es crítica, si critica al sistema, éste debe criticarla, debe perseguirla. Los filósofos que la practican en muchos casos

han sido, en cuanto tales, objetos de persecusión; han sido
expulsados de sus universidades, de su patria; han sido
condenados a muerte por los agentes del fascismo, de las
extremas derechas.

5.9.5.9 De todas maneras, una filosofía nunca debió
justificarse en su presente. Su justificación fue su clarividencia,
su clarividencia fue su operatividad; su operatividad fue su
realismo; su realismo fue el fruto de la praxis; su praxis de
liberación fue la causa de su inhóspita posición a la intemperie,
fuera del sistema. La exterioridad es el hontanar insondable de
la sabiduría, la de los pueblos vernáculos, dominados,
pobres...Ellos son los maestros de los sabios, y la filosofía es
sabiduría. Con Pedro Mir, el poeta del Caribe, en su Contracanto
a Walt Whitman, queremos cantar:

"Y ahora,
ahora es llegada la hora del contracanto.
Nosotros los ferroviarios,
nosotros los estudiantes,
nosotros los mineros,
nosotros los campesinos
nosotros los pobres de la tierra,
los pobladores del mundo,
los héroes del trabajo cotidiano,
con nuestro amor y con nuestros puños,
enamorados de la esperanza"

INDICE ALFABETICO DE NOCIONES

El objetivo de este índice es el de permitir, al que se inicia en la Filosofía de la Liberación, poder contar con un vocabulario mínimo donde se pueda ir consultando las definiciones o descripciones más esenciales a medida que avanza en su lectura. De esta manera, cuando en el texto encuentra una noción que no puede interpretar, es necesario ver en este índice la palabra correspondiente y leer primeramente la referencia colocada en primer lugar, que es la más importante; después puede consultar las otras referencias. No se encuentra en este indice toda noción usada en el texto, sino las más importantes para interpretar el discurso.

Absoluto 3.4 (→antifetichismo)
Absolutizarse 3.4.2.1. (→totalizarse)
Acrítico 2.3.4, 5.2.2
Acronía 2.1.5
Alegría 3.4.9.2-3, 3.4.9.5
Alienación 2.5, 2.5.5
    -política 3.1.5-l.6, internacional 3.1.5, social nacional 3.1.6
    -de la mujer 3.2.5
    -pedagógica 3.3.5
    -cultural 3.3.6
    -semiótica 4.2.7
    -económica 4.4; mundial 4.4.6, capital-trabajo 4.4.7
    -del diseño y tecnología 4.3.8
Alimento 4.1.6.4
Alternativa práctica 5.4.3
Alteridad 2.3.4.1, 4.1.5.2 (→el otro, exterioridad, metafísica)
Amor de justicia 2.6.4.1, amor (→2.6.8.2)
Anadialéctico 2.6.9.3, 5.3, 5.4.1
Analéctico 5.3, 5.3.1, 5.3.4, 5.6.2
Analogía 5.3, 2.4.7.3, 2.6.9.3, 3.1.9.3, 3.1.9.4, 3.2.8.2, 4.1.6.1, 4.2.9.2
    (→exterioridad, metafísica)
Anárquico 2.1.2.2

Filosofía de la Liberación

Aniquilación 2.5.3 (→alienación)
Anterioridad 2.1.2.2, 2.2.2.1, pasiva 2.6.5.1, metafísica 3.3.3.2
        (→responsabilidad)
Antiedipo 3.3.7
Antifetichismo 3.4, 3.4.1.2 (→metafísica)
Apertura ontológica 2.4.7.4, 2.6.3.2.
        -metafísica 2.4.8.4, 2.6.3.2, al otro 4.1.5.2
        (→exposición)
        -mamaria-bucal 3.2.7.2
        -clitoriana vaginal 3.2.7.2
        -fálica 3.2.7.2
Apocalipsis 2.6.1.1, 4.2.6.1, 5.3.2 (→revelación)
Apodíctico 5.1.2
Apofántico 4.2.3.3
Arqueológico 2.1.6, 2.1.4.3, 3.4.1.1 (→arjé)
Arte 4.4.3.7, 4.3.6.6., 4.2.8.4 (→estética)
        -popular 4.2.9.3, 4.3.2.4
Artefacto 4.3.6, 4.3.1.2, 4.3.4.5, 4.3.5.1, 4.3.6.5
Artesano 4.3.2.3
Ateísmo 4.3.2, 3.4.4, 2.6.2.3, 3.4.3.3
Autoerotismo 2.5.8.2, 3.2.5.3
Avaricia 2.5.8.1
Barbarie 1.1.4.1, 4.3.6.6
Belleza 4.2.8.4, 4.3.1.2
        natural 4.1.6.4, erótica 3.2.9.3, popular 4.2.8.4, futura
        2.4.5.2
Beso 2.1.5.1, 3.2.3.1
Bien ontológico 2.5.2.3
Boca-succión 3.2.7.2, 2.1
Burguesía de la periferia 4.4.8.3
Capital 2.2.2.3, 2.3.3.5
Capitalismo 4.4.3.4, 4.4.8.6, 2.5.9.3
        -imperialista 4.1.7.2
        -dependiente 3.1.6.3
Cara-a-cara 2.1.2.6, 2.1.5.1, 2.2.1.1 (→proximidad, exterioridad,
        persona, inmediatez)

210

Indice Alfabético de Nociones

Biblioteca Testimonial Del Bicentenario

Dirección: Eugenio Gómez de Mier

Fermín Chavez

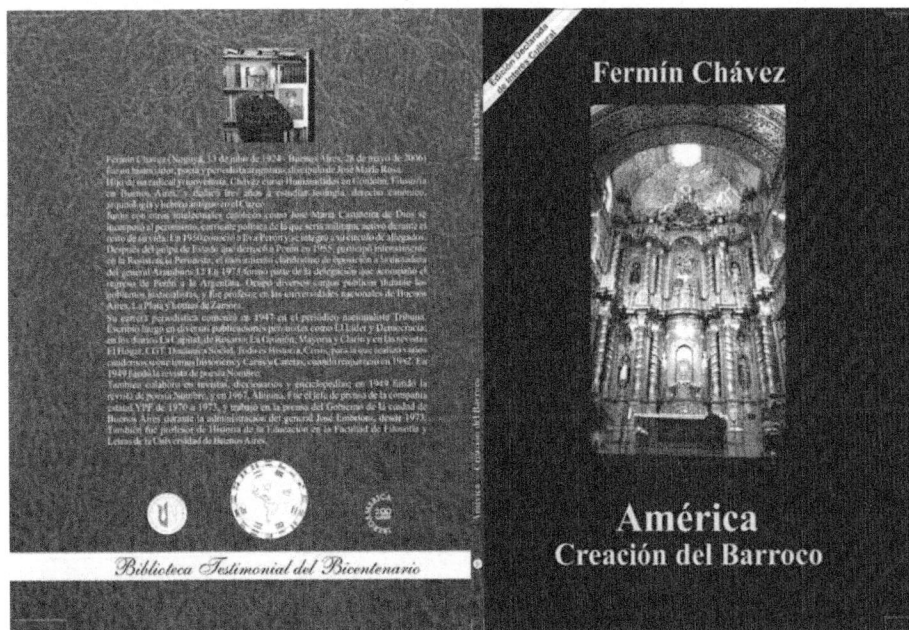

América - Creación del Barroco

INDICE ALFABETICO DE PALABRAS EN OTRAS LENGUAS

Este índice complementa el anterior y permite considerar la palabra en su alfabeto original (en el caso del griego o del hebreo), y su traducción mínima. Abreviaturas: latín: lat.; griego: gri.; alemán: al.; inglés: ingl.; francés: f.; hebreo: heb.; aymara (Perú): aym.

A se, lat.: por sí 4.1.4 (→ex se)

Abgrund, al.: abismal, sin fundamento, más allá del fundamento 3.4.1.1

Absolute Wissen, al.: saber absoluto 1.1.7.2

Aísthesis, gri.: sensibilidad, sensación, intuición, 5.4.4

Agibilia, lat.: lo que se obra, lo operable 4.3.2.1 (→factibilia, praktikós)

Anánke, gri.: necesario por oposición a contingente

Anó, gri.: más allá, más arriba 5.3.1, 5.8.2 (→ analogía, apodíctico)

Anarjía, gri.: más allá del origen, fundamento 2.6.5

Apátheia, gri.: impasibilidad, indiferencia 3.2.9.1

Applicatio, lat.: aplicación de la conciencia ética 5.4.4

Apo-, gri.: desde 5.2.1

A priori, lat.: lo anterior, previo 5.1.2, 4.1.3.1

Arjé, gri.: origen, principio, causa 2.1.2.1, 3.4.1.1

Ars, lat.: arte 4.3.2.3 (→téjen)

Ataraxía, gri.: serenidad 3.2.9.1

Autó, to, gri.: lo mismo, idéntico 3.2.2.2

Basar, heb.: carne, ser humano 3.2.3.2

Begriff, al.: concepto 2.3.7.2

Bíos praktikós, gri.: vida práctica 2.3.4.1

Bíos theoretikós, gri.: vida contemplativa 2.2.4.1

Boúlesis, gri.: apetito fundamental 2.4.9.3

Conceptus, lat.: concepto 2.2.7.2

Cogitativa, lat.: instinto por el que el cordero, por ejemplo, huye del lobo 5.4.4

Cogito, lat.: pienso, concientizo 2.1.1., 1.1.7.2 (→ego)

Competition, ingl.: competencia, lucha en el mercado 3.3.5.4, 4.4.8.6

Comfort, ingl.: placer del lujo 3.1.9.5, 2.6.8.3-4

Continuum, lat.: continuo 4.2.4.2

Contradictio terminorum, lat.: contradicción en lo términos 1.1.8.3

Dabár, heb.: palabra, cosa, revelar 4.2.6.2, 4.2.8.1

Dasein, al.: ser-ahí, ente, existente 1.1.7.2

Deíctes, gri.: el que muestra, indica, señala 4.2.8.1

Design, ingl.: diseño 4.3.2.5

Diaconía, gri.: servicio, ayuda, trabajo 2.6.7.3

Dia-, gri.: a través de 5.2.1, 5.8.2, 2.3.8.1

Dialetiké, gri.: dialéctica 5.2.1, 5.8.2

Ego cogito, lat.: yo pienso 1.1.2.1, 1.1.7.2, 2.3.3.3

Ego conquiro, lat.: yo conquisto 1.1.2.2

Ego fálico 3.2.2.1

Eídos, gri.: idea, modelo, esencia real 2.3.7.2, 4.3.4.5

Eigentlichkeit, al.: autenticidad 2.5.2.1

Einklammerung, al.: poner entre paréntesis 3.4.9.4

Endoxa, ta, gri.: lo opinable, cotidiano 5.2.1

Ens, lat.: ente 2.3.8.2

Ergon, gri.: trabajo 4.3.4.5

Eros, gri.: amor, pulsión 3.2.4, 3.2.2.2, 3.2.7.1

Esse, lat.: 2.4.3

Ethos, gri.: costumbre, hábito, carácter 2.1.4.1, 2.3.4.3, 3.1.5.5, 3.1.9.5, 3.3.2.2.3, dominador 2.5.8, liberador 2.6.8, de liberación pedagógica 3.3.9.4

Ex nihilo, lat.: de la nada 3.4.5.2

Ex se, lat.: desde sí 4.1.4.1 (→a se)

Existere, lat.: existencia, estar puesto fuera del origen (ex-sistere) 3.4.7.2

Facere, lat.: hacer, producir, fabricar 3.4.2.1

Factibilia, lat.: lo factible, productible, fabricable 4.3.2.1 (→pietikós)

Factum, lat.: hecho 5.1

Fôs, tò, gri.: la luz 1.1.5.1

Indice Alfabético de Palabras en Otras Lenguas

Frónesis, gri.: sabiduría práctica, prudencia 5.4.1

Fysis, gri.: naturaleza, cosmos, ser 2.1.1, 2.5.2.2, 4.1.2.3

Generative grammar, ingl.: gramática generativa 4.2.3.4

Gewissheit, al.: certeza 2.5.4.1

Gnôsis, gri.: conocimiento del iniciado, gnóstico 2.5.2.1

Gott ist mit uns, al.: Dios está con nosotros 3.4.2.2

Grund, al.: fundamento, razón (ratio), ser 3.4.1.1

Habodáh, heb.: trabajo, servicio, culto 2.6.7.3, 3.4.8.5, 4.4.9.1

Homo, lat.: especie humana 2.3.2.1, 2.2.3.2, 4.1.5.1
  -ludens: el ser humano que juega, festeja, se alegra 3.4.9.1,
  5.9.4.2
  -habilis, sapiens: denominaciones antropológicas del
  primer   tipo humano y del actual 4.1.5.1, 4.1.5.4
  -homini lupus: el ser humano lobo del ser humano 1.1.7.4
  -naturae lupus: el ser humano lobo de la naturaleza 4.1.7.1

Hybris, gri.: confusión, mezcla, mal, barbarie 2.5.2.3

Ich denke, al.: yo pienso 1.1.7.2

Ich wünsche, al.: yo deseo, aspiro, anhelo 3.2.2.1

Ideatum, lat.: lo ideado, pensado 1.8.4.2 (→cogitatum: pensado)

Imago patris, lat.: imagen del padre 3.2.5.2

Innate mental structure, ingl.: estructura mental innata 4.2.3.4

Intellectus (arquetipal), lat.: inteligencia divina 4.1.3.1

Kitsch, al.: expresión que indica lo vulgarizado, masificado
  3.3.6.4

Lógos, gri.: habla, razón, comprensión, horizonte 1.1.5.2

Lumpen, al.: marginal 2.5.6.3

Man, al.: pronombre impersonal "se" 4.2.5.1

Manifest Destiny, ingl.: destino manifiesto de la *american way
  of life* (el modo de vida americano) 2.4.8.1

Metà-ódos, gri.: caminar a través del camino, método 5.

Métier, f.: oficio 4.3.2.4

Morfé, gri.: forma, estructura 4.3.4.5

Natura, lat.: nature, f., Natur, al.: naturaleza 2.1.1, 4.1.2.3
  -naturata, lat.: naturaleza creada 4.1.2.3

Nature même des choses, la, f.: la naturaleza misma de la cuestión
  2.5.9.2

Noumenon, noción kantiana: lo pensado, lo real 4.1.3.1

Ob-audire, obedire, lat.: oír lo que se tiene delante, obedecer

Offenheit, al.: apertura 3.2.7.2

Oikía, gri.: casa, habitación 4.1.6.3

Oikonomiké, gri.: lo referente a la casa, económico 4.4.5.2

Onmitudo realitatis, lat.: la realidad en su totalidad 5.9.3.3

On, tò, gri.: el ente, lo que es 2.2.8.2

Onta, tà, gri.: los entes 1.1.5.1

Ordo cognoscendi, lat.: orden de la comprensión existencial, del conocer interpretativo 4.1.2.1

    -operandi, lat.: orden de la praxis, primeramente política 4.1.2.1

    -realitatis, lat.: orden de la anterioridad cósmica, o de la exterioridad, orden constitucional, esencial 4.1.2.1

Orthós lógos poietikós gri.: el recto saber de lo que se producirá 4.3.2.2

    (→factibilia)

Orthós lógos praktikós, gri.: el resto saber, lo que se operará 5.4.1

    (→agilibia)

Otium, lat.: descanso, tiempo para pensar 3.4.9.1

Ousía, gri.: substancia, esencia, ser 4.1.3.5

Pacha mama, aym.: la madre tierra 2.3.2.2

Parousía, gri.: hacer su aparición, aparacer, presentarse 4.2.2.1, 4.2.6.1

Parténos, gri.: virgen 3.2.9.1

Páthos, gri.: pasión, pasividad, sufrimiento 2.4.6.2

Pauper, lat.: pobre 2.4.2.4, 2.4.9.3, 5.3.1 (→pobre)

Phylon, gri.: rama zoológica en la evolución 4.1.4.5

Pním, heb.: rostro, cara, persona 2.4.4.2 (►prósopon)

Poíesis, gri.: trabajo, fabricación, producción, operación

    (→poíesis)

Poietikós, gri.: la factible, viable, productible 4.3.2.1

Pólis, gri.: ciudad-estado 3.1.8.3

Prágmata, tà, gri.: los útiles, cosas-sentido 1.1.5.1

Praktikós, gri.: lo operable, operación, obrar 4.3.2.1

Indice Alfabético de Palabras en Otras Lenguas

Prius, lat.: lo ya dado, anterior, real 3.4.7.1
Prinziphoffnung, al.: el principio de la esperanza 2.2.4.2
Prósopon, gri.: rostro, máscara, cara, persona 2.4.4.2
Prudentia, lat.: prudencia 2.5.8.3, 5.4.1 (→frónesis)
Pulchritudo prima, lat.: la belleza primera 3.2.3.1
Ratio, lat.: razón fundamento 5.4.4; -particularis: particular, concreta,
     individual 5.4.4
Realitas, lat.: realidad 5.9.4.3
Rechtlos, al.: sin ningún derecho 1.1.4.2
Recta ratio factibilia, lat.: el recto saber, lo que se producirá 5.5.3
     (→poietikós)
     -agibilia: el recto saber de lo que se opera (→praktikós)
Res, lat.: cosa 2.3.8.1, -eventualis: cosa que tiene evento, historia
     3.4.7.4, 4.1.5.5
Semeíon, gri.: signo, señal 4.2.2.2
Sexualobjekt, al.: objeto sexual 3.2.3.1
Sjolé, gri.: retiro, soledad 3.4.9.1
Sollertia, lat.: ingeniosidad, sutileza 5.4.4
Sorge, al.: cuidado, ayuda, tender el fundamento 2.4.9.3
Speculum, lat.: espejo 2.4.9.1
Status, gri.: estado, rango social, como las cosas se encuentran
     (status quo: estado en el cual) 3.1.5.4, 4.3.4.2
Styling, ingl.: estilización, estetización, embellecimiento 4.3.2.5,
     4.3.5.3, 4.3.8.2, 5.8.2
Substantia, lat.: substancia, esencia 4.1.3.5
Symbolon, gri.: símbolo 4.2.6.2
Systema, gri.: poner junto a, sistematizar, colocar con 2.3.1.1
Téjne, gri.: técnica, artesana, arte 4.3.2.2
Télos, gri.: fin, término, fundamento, ser 2.5.9.1, 5.4.3
Terra mater, lat.: la madre tierra 2.3.2.2, 2.1.7.1
Theoría, gri.: teoría, contemplar los dioses 4.3.4.4
Trieb, al.: pulsión, deseo, instinto
Ursache, al.: causa, origen, principio 3.4.1.1
Veritas prima, lat.: verdad primera 4.2.2.1
We trust in God, ingl.: nosotros confiamos en Dios 3.4.2.2
Wünsche, al.: deseo, pulsión 3.2.2

Biblioteca Testimonial Del Bicentenario

Dirección: Eugenio Gómez de Mier

Fermín Chavez

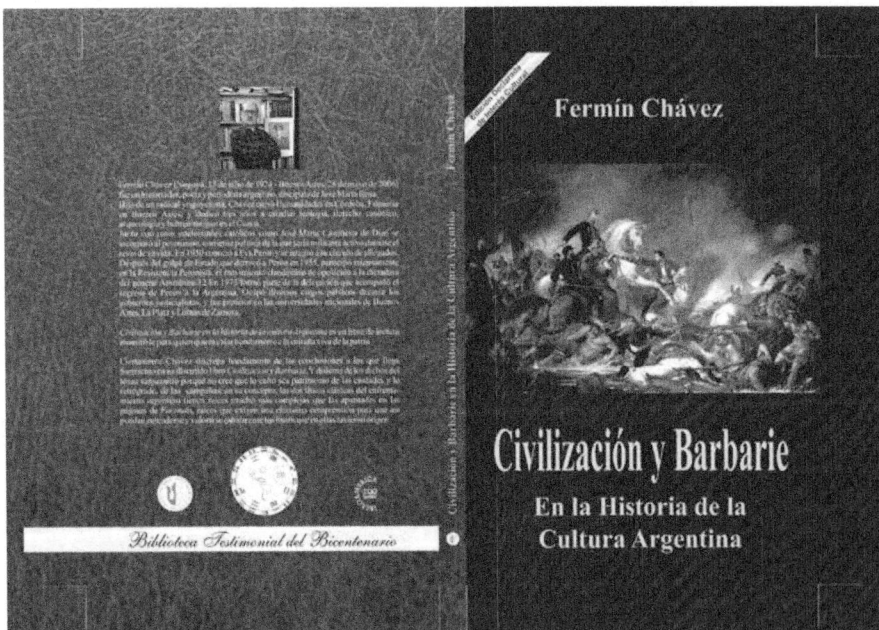

América - Creación del Barroco

Printed in Great Britain
by Amazon